절대 실패하지 않는
부동산 투자

자본금 1억으로 5년 만에 순자산 40억을 만들다

절대 실패하지 않는 부동산 투자

리치판다 지음

빌리버튼 billybutton

공부하는 투자자는
절대 실패하지 않는다

재테크는 이제 우리 삶에서 선택이 아닌 필수가 되었다.

주위를 둘러보면 재테크로 부자되었다는 사람들의 성공담을 너무도 쉽게 접할 수 있다. 상승과 하락을 반복하는 다른 재테크 상품과 달리 최근 몇 년간 부동산은 흔들림없이 지속적으로 상승했다. 그야말로 대한민국에는 부동산 투자 열풍이 불어 사회초년생, 대학생까지도 부동산 투자에 뛰어들고 있다.

한편으로는 이미 너무 많이 상승해버린 부동산 가격을 원망하며, 가격이 떨어지기만을 기다리는 무주택자들도 많다.

처음 투자를 시작했을 때 스스로 물었던 질문이 있다.

"부동산 가격이 너무 비싼 것 같은데, 지금이라도 사야 할까?"

사실 이 질문은 어느 시대에나 무주택자들의 공통된 고민이었다. 그리고 많은 전문가들이 "실거주 한 채는 언제나 옳다"라고 말하며 "고민하지 말고 매수하라"고 조언한다.

나도 같은 생각이었지만, 지금 같은 부동산 상승장 후반에는 생각이 다르다.

난 같은 질문에 실거주 한 채를 사기 위해서 평생 모은 돈에 대출까지 받아야 집을 살 수 있는 시대에, 부동산 투자를 만만하게 보지 말아야 한다고 강조한다. 그러고는 좀 다른 질문을 한다.

"스스로 생각하기에 부동산 투자할 준비가 되어 있는가?"

이 질문에 사람들은 대부분 "투자금은 '영끌' 하면 5억 원까지 준비할 수 있다" 같이 금전적인 부분을 말한다.

그러나 사실 그보다 중요한 건 본인이 부동산 투자를 할 마음가짐과 성공적인 투자를 할 실력을 갖추었느냐다.

감사하게도 나는 부동산 상승장 초반에 투자를 시작하여 4년 만에 경제적 자유를 달성했다. 매년 사고팔고를 반복하고 있지만 단 한 번도 실패를 경험하지 않았다.

부동산 상승장 후반으로 갈수록 성과를 내기가 쉽지 않다고 한다. 나도 투자를 시작했을 때는 불안하고 고민이 많이 되었지만, 해를 거듭할수록 점점 더 성공을 확신하게 되었다.

'어떻게 하면 성공을 확신하는 투자를 할 수 있을까?'

나 역시 이 질문에 해답을 찾기 위해 투자자로 다시 태어났고, 부동산 투자와 공부가 취미이자 특기가 될 정도로 몰입했다. 그리고 '실패하지 않는 투자'라는 나만의 투자철학을 만들었다.

큰 수익을 노리는 투자보다는 확실한 수익을 볼 수 있는 방법을 찾기 위해 노력했고, 마침내 성공을 확신하는 투자를 위한 나만의 원칙을 세우게 되었다.

'좋은 타이밍에 진입장벽이 높은 곳을 싸게 매수하는 것.'

지극히 당연하고 단순한 이야기이지만, 실전에서 단순한 논리를 실행하기란 생각보다 쉽지 않다.

나는 이 한 줄의 투자원칙을 지켜가며 투자를 지속하고 있고, 매수를 하는 순간마다 설렘으로 가득 차 있다.

당신이 부동산 투자를 할 때 고민이 되고 망설여진다면, 아직 투자를 결정할 준비가 부족하다는 뜻이다. 나는 당신도 성공을 확신하는 투자자로 성장하길 바라며 나의 투자철학과 경험, 노하우를 이 책에 모두 담았다. 이 책이 당신의 인생을 바꿀 수 있을지 장담할 수 없지만, 적어도 당신이 평범한 소비자에서 노련한 투자자로 다시 태어나는 데 조금이나마 도움이 되었으면 좋겠다. 부디 이 책을 읽으며 고개만 끄덕이지 말고, 책에 담긴 내용을 함께 실천해보았으면 좋겠다.

당신은 혼자가 아니다. 당신이 언제 이 책을 읽게 될지 모르지만, 부동산 하락장이 온다 해도 나는 여전히 투자자로 활동하고 있을 것이다.

투자자로 성장한 당신과 함께 실패하지 않는 투자자의 길을 걷게 될 날을 기대하겠다.

− 리치판다

1부 | 소비자에서 투자자로 다시 태어나기

1장 | 부동산 투자, 꼭 해야 하나?
: 경제적 자유를 얻는 법

2장 | 투자자로 다시 태어나자

: 100일간의 마인드세팅

3장 | 좋은 물건을 어떻게 찾는가

: 임장의 기술

4장 | 포지션에 따라 전략이 달라진다
: 내 처지에 딱 맞는 투자 전략 세우기

2부 | 실전 투자, 이렇게 한다

5장 | 생초보, 부동산 전문가 되다
: 리치판다 리얼 투자기

6장 | 앞으로 5년, 시장은 어떻게 변할 것인가?

: 새 정부 맞은 부동산 시장 분석

7장 | 시장의 변화에 재빨리 대응하라

: 절대 실패하지 않는 투자 전략

1부

소비자에서

투자자로

다시 태어나기

부동산 투자, 꼭 해야 하나?

: 경제적 자유를 얻는 법

01
돈을 좋아하는 아이

나는 어릴 적부터 돈을 좋아하는 조금 특이한 아이였다.

돈이 생기면 우선 저축부터 하고 보는 아버지, 저축하고 남은 돈으로 생활하기 위해 절약이 몸에 밴 어머니 밑에서 자랐기에 돈을 아끼고 사랑하는 것을 어깨너머로 배웠던 것 같다.

꼬마 리치판다는 코찔찔이 유치원 시절 때부터 돈을 쓰는 재미보다 돈을 모으는 재미와 성취감을 느꼈다. 내 통장 잔고가 처음으로 10만 원 단위로 바뀐 초등학생 시절 어느 날, 난 너무 기분이 좋아 어머니에게 고백했다.

"엄마, 난 돈이 너무너무 좋아."

어머니도 같이 기뻐하며 대견하다며 칭찬을 받을 것이라 생각했는데 어머니의 화들짝 놀라는 모습에 뭔가 이상하다는 생각이 들었다.

어머니는 조용히 말씀하셨다.

"판다야. 너같이 어린아이는 돈, 돈 하면 안 되는 거야. 돈만 밝히는 사람들을 속물이라고 해. 너는 속물이 되면 안 된다. 돈 같은 거 신경 쓰지 말고 그저 아빠 엄마 말씀 잘 듣고 공부 열심히 해서 좋은 대학 가면 되는 거야. 그럼 자연스럽게 돈도 생기고 부자도 될 수 있어."

과연 부모님 말씀처럼 공부 열심히 하는 것이 부자 되는 비법이었을까? 나는 그러지 못했다. 그토록 염원했던 대기업에 입사를 했지만 현실은 전혀 달라지지 않았다.

'공부 열심히 해서 좋은 대학 가면 예쁜 여자 친구 생길 거야'에 이어 '스펙 열심히 쌓아서 대기업 취업하면 금방 부자 될 수 있어'라는 말을 믿은 내 잘못이었다.

나보다 학벌 좋고, 능력 좋은 동료들 사이에서 인정받고 살아남기 위해서 나는 더욱 더 노력해야만 했다. 월급을 받을 수 있어서 좋았지만, 월급만 가지고는 결코 부자가 될 수 없다는 걸 알게 되었을 뿐이었다. 부자가 되기 위한 투자 공부를 할 시간적, 심리적 여유는 어디에도 없었다.

사실, 부자의 길을 배우는 방법부터 잘못 되었던 것이다. 아버지는 주 6일 근무하며 직장에서 인정받는 직장인이었지만, 부자가 아니라 성실한 샐러리맨이었다. 어머니는 모든 걸 희생하고 자식 교육에 힘 쓰고 자식 잘되기만을 바라는 한결같은 분이었지만, 부자가 아니라 온화한 가정주부였다. 그래도 난 대기업에 취업했으니 내가 가는 길이 정답이란 확신을 갖고 버티고 버텼다.

그렇게 하루하루 시간이 흘렀고, 사랑하는 사람을 만나 결혼을 하여 한 집안의 가장이 되었으나, 돈을 좋아하고 부자를 꿈꿨던 내 현실은 전혀 달라진 게 없었다. 아니, 오히려 내집 마련, 출산, 자녀 학비, 병원비, 노후대비 등 앞으로 돈 들어갈 일이 점점 더 늘어날 거란 불안감에 답답했다. 그러나 뚜렷한 대책이 없었기에 미래를 외면하고 현실에만 집중했다.

'그래도 난 대기업에 다니고 있으니 행복한 거야. 여기서 열심히 일하다보면 회사에서 인정받고 임원도 되고, 부자도 될 수 있을 거야.'

자기 최면과 같은 위로를 하며 살아가던 내 생각을 완전히 깨트린 사건이 일어났다.

02
플랜B를 준비하다

입사 후 줄곧 내 목표는 임원 승진이었다. 회사에서 누구나 꿈꾸는 최고의 위치였고, 연봉도 상당했기에 임원을 목표로 최선을 다했다.

근면 성실하게 30년 이상 직장생활을 했던 아버지의 조언에 따라 직장에서는 궂은일도 마다하지 않았고, 상사의 무리한 업무지시에도 'Yes!'라고 밝게 웃으며 승낙했다. 그것이 성공과 출세의 지름길이라 생각했다.

하지만 현실은 달랐다. 직장생활에 일을 잘하면 일이 몰렸고, 업무지시를 받을 때 싫은 소리 안 하면 또 일이 몰렸다. 매일 야근하고 녹초가 되어 퇴근하려 하면, 선배들이 고생했다고 술을 사줬다. 술 마시는 걸 싫어했던 나에게 회식 자리는 야근보다 더한 고통이었다.

그래도 나에겐 직장생활의 롤모델과 같은 K부장이 있었다. 회사의 일원이 아니라 내가 회사의 주인이라는 주인의식을 갖고 업무에 임하는 분이었고, 바쁜 와중에도 후배들을 위해 하나하나 세심하게 가르쳐주는 자상한 리더였다.

지금 생각해봐도 그분 밑에서 일을 배운 건 내 직장생활에서 가장 큰 복이었다. 나도 함께하는 기간 동안 최선을 다해 일했다.

K부장은 항상 늦은 시간까지 일했고, 임원 보고를 위해 새벽에 일찍 일어나 가장 먼저 출근했다. 뛰어난 업무 역량과 리더십을 보유한 그야말로 문무를 겸비한 장군과 같은 그였지만, 오랜 기간 지속된 과도한 업무로 건강이 나빠졌고, 점점 야위어 가며 지쳐 보였다.

K부장은 일밖에 모르는 워커홀릭이었고 재테크에 신경 쓸 여력도 없었다. 당연히 임원이 될 줄 알았는데, 건강상의 이유와 운이 닿지 않아 임원이 되지 못했고, 부장 자리도 후배에게 물려주고 부서원으로 밀려나고 말았다. 일이 전부였던 K부장은 비참한 현실에 심한 충격을 받았고, 인사발령이 난 다음 날 퇴직하고 말았다.

회사에 모든 걸 다바쳤고, 임원이란 직급에 가장 가까이 다가갔던 그였기에 회사에서 밀려났다는 현실을 받아들이기에는 자존심에 난 상처가 너무 컸으리라.

K부장을 롤모델 삼아 앞뒤 안 가리고 업무에만 몰입하던 내게 그의 퇴직 소식은 충격 그 자체였다. 서운하기도 하고 허탈한 마음에 제대로 작별인사를 건네지 못하고 있던 나를 K부장이 따로 불렀다.

"판다야. 회사가 전부가 되면 안 된다. 회사는 회사고, 너는 너야."

회사에 인생을 걸었던 그의 쓸쓸한 말 한마디에 담긴 많은 의미가 그대로 전해졌다.

충격은 거기서 끝나지 않았다.

K부장은 그야말로 회사 일에만 특화된 인재였다. 항상 시간에 쫓기듯 살아왔기에 이렇다 할 취미도 없었고, 회사 업무 외에 할 줄 아는 일도 없었다.

K부장이 퇴직한 후 3개월이 지났을 때, 선배들과 함께 K부장이 개업한 음식점을 찾아간 적이 있다. 정장 차림의 젠틀한 모습은 온데간데없었고, 앞치마를 두르고 직접 서빙을 하고 있었다. 직장생활을 할 때는 그렇게 스마트하고 일 처리가 명확했던 분이었는데, 음식점을 운영하는 데 그의 역량은 큰 도움이 되지 않는 것처럼 보였다.

음식점은 손님이 없었고, 밤늦게까지 야근을 하면서도 당당했던 K부장의 어깨는 축 늘어져 있었다. 우리와 오랜만에 대화를 하는 중에도 손님이 오지 않는지 음식점 문을 흘깃흘깃 쳐다보는 모습이 안쓰럽기까지 했다.

"평생을 바쳐온 회사를 떠나고 보니 내가 참 할 줄 아는 게 없더라."

허탈하게 웃는 모습이 내 미래일지 모른다고 생각하니, 머릿속이 복잡해졌다.

'난 저분처럼 회사가 곧 나인 것처럼 일할 자신이 없는데, 내 미래는 어떤 모습일까?'

아직 일어나지도 않은 미래의 일이지만, 그렇게 쓸쓸하고 마음이

먹먹해지는 경험은 처음이었다.

스스로 대기업 다니는 직장인이라는 자부심이 있었고, 회사에서도 인정받고 있었기에 내 인생은 탄탄대로일 거란 착각에 빠져 살아왔다. 이때 경험을 통해 회사만 바라보고 살다 잘못되면 대책 없이 무너질 수 있다는 걸 깨닫게 되었다.

나에게 회사는 전부가 될 수 있지만, 회사 입장에서 직원은 언제든 갈아 낄 수 있는 부속품에 불과하다는 걸 깨닫게 되자 플랜B를 대비하는 삶을 살겠다는 각오를 다졌다.

마침 결혼도 했고 가족의 보금자리인 집을 사고 싶었는데, 아파트 값이 너무 비싸 충격에 빠진 시기이기도 했다. 냉정하게 내 월급을 갖고 계산을 해보니 서울에 내가 살고 싶은 집을 사기 위해서는 20년이 걸려도 불가능했다. 숨이 턱 막혀왔다.

그때부터였다. 인생의 플랜B는 경제적 자유를 달성하는 데 초점을 맞추었다.

아무리 바쁘고 힘들어도 재테크를 위한 돈 공부를 했다. 저축과 절약만으로는 부자가 될 수 없다는 현실을 깨달았기에 아무리 회사에서 승승장구해도 한순간에 버려질 수 있다는 공포감이 오히려 자극제가 되었다. 그렇게 직장인이면서 투자자로 살기 시작했고, 4년 만에 난 경제적 자유를 달성하게 되었다.

당신도 부자가 되고 싶은가? 그럼 이미 부자가 된 사람의 발자취를 쫓기보다 당신보다 한발 앞서 부자의 길을 묵묵히 걷고 있는 사람의 이야기를 먼저 들어보는 건 어떨까?

　내가 경험한 일이 당신의 삶을 변화시키는 작은 동기부여가 되었으면 한다.

03
경제적 자유를 달성하다

나는 부자의 길을 걷고 있는 평범한 40대 가장이다. 난 아직 부자가 되진 못했지만, 내 기준으로는 경제적 자유를 달성했다. 돈 걱정 없이 원하는 걸 모두 살 수 있는 부자는 아니지만, 노동을 하지 않아도 행복한 삶을 즐길 수 있는 자산을 확보했다.

돈이 인생에 발목을 잡지 않게 되니, 아이들이 성장하는 시기에 함께 추억을 쌓겠다는 용기가 생겼다. 남성이 한 명도 육아휴직을 사용한 적 없는 부서에서 남성 육아 휴직자 1호가 되었다. 치열한 경쟁에서 살아남았고, 아무리 힘든 일도 주어진 일을 마다한 적 없었던 내가 육아휴직을 신청하자 부서 전체가 발칵 뒤집혔지만, 경제적으로 든든한 뒷받침이 있었기에 난 모든 걸 내려놓고 소중한 가족과의 시간을 누리고 있다.

그렇다. 난 비록 물질적으로 풍족한 부자는 아니지만, 경제적 자유를 달성했고, 다른 사람 눈치 보지 않고, 내 시간을 오롯이 원하는 대로 사용할 수 있는 시간 부자로 살고 있다.

많은 사람이 시간은 공평하다고 한다. 부자나 빈자나 누구에게나 평등하게 하루 24시간이 주어진다. 인정하고 싶지 않지만, 대다수의 직장인들은 돈을 벌기 위해 시간을 사용한다. 직장생활에 불만을 갖고 있지만, 살아남기 위해 끊임없이 경쟁하고, 자신의 존재 가치를 입증하고, 승진하기 위해 노력한다. 그래서 직장에서 인정받고 성공하기 위해 퇴근 이후에도 자기계발을 지속하면서 경쟁에서 살아남기 위해 끊임없이 몸부림치고 있다.

하지만 회사에 없어서는 안 될 잘나가는 임원이나 회사에서 암적인 존재로 취급받는 놀고먹는 부장 할 것 없이, 우린 모두 노동력을 제공하고 회사로부터 월급을 받는 건 다를 바 없다.

대부분의 직장인에게 월급은 마약과도 같고, 외제차, 명품, 해외여행과 같은 소비는 평범한 삶을 마법처럼 화려하고 돋보이게 만들어준다. 어떤 때는 주객이 전도되어 소비하기 위해 돈을 벌 수밖에 없는 길을 걷기도 한다.

그럼 부자들의 삶은 어떻게 다를까? 그들은 돈에서 자유로워져 행복하고 즐거운 삶을 누리고 있을까? 그런 삶을 사는 부자들도 있겠지만, 내가 만나고 겪어본 대다수의 부자들은 전혀 그렇지 않다.

물론 그들은 평범한 직장인들처럼 청소, 요리, 운전 등을 직접 하지 않을 수 있고, 전문가들에게 비용을 지불하면서 상대적으로 자신의 시간을 더욱 많이 확보하고 있다. 하지만 대부분의 부자들은 직장인들보다 훨씬 더 바쁘게 살고 있다.

기업의 총수와 같이 모두가 알고 있는 재벌뿐 아니라 개인사업을 통해 부자가 된 서민 갑부들 역시 시간에 쫓기듯 일을 하고 있다.

예전에 동인천 재래시장에서 판매하는 닭강정이 너무 맛있어서 자주 방문했다. 한참 동안 줄을 서야 닭강정을 맛볼 수 있었는데, 현금을 긁어모으는 가게 사장님이 너무 부러웠다.

거대한 가마솥 여러 개에 닭을 계속해서 튀겨대는데 닭을 튀기는 남자 직원들의 외모가 비슷비슷했다. 나중에 알고 보니, 장사가 워낙 잘되다보니, 아들, 며느리, 사위들이 함께 닭도 튀기고, 서빙도 하는 가족 기업이었다.

가족이 함께 오손도손 일하고 장사가 잘되는 모습이 너무 인상 깊어서 부럽다고 인사를 드렸더니 땀을 뻘뻘 흘리며 닭을 튀기던 사장님이 쓴웃음을 지으며 말했다.

"제조 비법이 유출될까봐 어쩔 수 없이 가족끼리 가게를 운영하고 있어요. 돈은 많이 버는데, 매일 아침부터 밤늦게까지 일만 하니 돈 쓸 시간도 없네요."

그 말을 듣고는 부자라고 다 여유 있고 행복한 건 아니란 걸 깨달았다. 사실, 돈이 잘 벌리는데 돈 버는 활동을 그만하고 멈출 수 있는 사람이 얼마나 될까?

부자들은 항상 투자, 사업, 인맥 관리를 위해 바쁘다. 그들은 이미 돈을 능수능란하게 다루는 기술이 있고, 돈 벌 기회를 놓치고 싶어하지 않는다. 더 큰 성공, 더 많은 부, 명예를 위해 시간을 헛되이 쓰지 않기 위해 분 단위로 스케줄을 관리하며 빈틈없이 살고 있다.

경제적 자유의 진정한 의미

앞선 두 가지 사례와 달리 난 부자는 아니지만 경제적 자유를 누리고 있다.

'부자랑 경제적 자유가 뭐가 다른데? 똑같이 돈 많은 것 아니야?'라고 생각하는가?

먼저, 내가 생각하는 경제적 자유에 대해 명확하게 정의해두겠다.

경제적 자유란 일을 하지 않고, 남은 인생 신나게 놀고먹는 것을 말하는 건 아니다. 나에게 있어 경제적 자유란 나와 내 가족이 돈 때문에 스트레스받지 않는 수준이면 족하고, 돈벌이가 되지 않아도 내가 가치 있어 하는 삶에 시간과 열정을 투자할 수 있게 만드는 힘이다.

그래서 난 원치 않는 회사 일의 스트레스를 벗어나기 위해 육아휴직을 사용했고, '리치판다'란 내 분신을 브랜드화하고 재테크를 어려워하거나 두려워하는 사람들에게 할 수 있다는 자신감을 심어주기 위해 글을 쓰고 강의를 하고 있다.

월급쟁이로 마지못해 일해왔던 지난 10년의 내 삶을 돌이켜보면, 인내와 경쟁, 시기와 질투의 연속이었다. 하루하루를 버티기 위해 최선을 다했다. 그리고 회사생활을 하며 원치 않는 순간에도 웃는 법, 모멸감을 느끼는 상황에서도 쿨한 척하기, 상사의 기분에 따라 보고 타이밍 잡는 법, 상사의 눈에 잘 보이는 법 등 업무 스킬보다 대인관계 스킬만 늘어갔다. 이런 처세술이 늘수록 놀랍게도 회사 생활도 잘 풀렸으며 내가 지닌 능력보다 더욱 인정받게 되었다.

대기업에서 '인정받는 회사원'이란 타이틀을 유지하기 위해 건강, 가족, 아이들과의 소중한 추억도 내려놓아야만 했다. 하지만 투자자의 삶을 산 이후 내 인생과 삶의 방식이 완전히 달라졌다. 직장에서 성공하겠다는 야망을 내려놓으니 가족, 건강, 자존감이 내 가슴을 채워주었다.

삶의 우선순위에서 일이 1번이 아니게 되고, 살아남기 위해 익혔던 처세술보다는 내가 하고 싶은 일에 진심을 다해 일하다보니, 힘들지만 보람을 느끼고 성과도 요행을 바랐던 과거보다 훨씬 좋다.

경제적 자유를 달성하니 내 삶과 가치관에 더욱 더 집중할 수 있게 되었고, 일보다 가족을 우선시하게 되었고, 돈을 떠나 가치 있는 일에 시간과 정성을 쏟게 되었다.

당신의 꿈이 부자라면, 먼저 꿈을 조금 낮추라고 조언해주고 싶다.

사고 싶은 걸 마음껏 사고, 먹고 싶은 걸 마음껏 사먹고, 즐기고 싶은 걸 마음껏 즐길 수 있는 부자를 목표로 하게 된다면, 당신은 일확천금을 노리거나 부자란 허상만 쫓다 현실의 벽 앞에 무너지고 포기해버리기 쉽기 때문이다.

당신도 경제적 자유를 달성하는 걸 최우선 목표로 삼길 바란다. 그리고 경제적 자유를 향한 당신의 목표를 가족구성원과 공유하기 바란다.

가족구성원이 당신의 목표와 결심에 얼마나 공감하고, 동참하는지 여부에 따라 경제적 자유를 향한 당신의 여정이 고되고 힘든 외로운 싸움이 될지, 함께 즐기며 소통하는 피크닉 같은 설렘이 될지가 결정된다.

우리는 그동안 결과가 모든 걸 입증하는 시대에 살아왔다. 공부하는 과정보다 시험에서 몇 점을 받았는지가 중요하고, 사람의 됨됨이, 업무 역량보다 직장의 간판이 당신의 실력을 대변해주고 있는 사회에 살고 있다. 하지만, 경제적 자유를 향한 여정은 결과보다 과정이 훨씬 중요함을 잊지 않았으면 좋겠다.

로또당첨을 통해 한번에 경제적 자유를 달성할 수 있다. 하지만, 중요한 건 목표 액수를 달성하는 결과가 아닌 목표를 달성하기 위해 당신과 가족구성원의 삶이 변화되는 그 과정이다.

올바른 과정을 통해 경제적 자유를 달성한다면 당신이 이룩한 자유가 가족구성원 모두의 자유로 이어질 것이고, 그렇지 못하다면 경제적 자유가 당신에게 무서운 독약이 될 수도 있을 것이다.

자산이 얼마나 있어야 부자일까?

서울 집 한 채만 있어도 세계에서 2% 순위에 드는 부자다.

국제투자은행 크레디트 스위스가 발간한 〈2021 세계 부 보고서〉에 따르면 한국의 백만장자가 약 105만 명으로 전세계 백만장자의 2%를 차지한다고 추산하고 있다. 100만 달러는 11~12억 수준이며 서울의 웬만한 집 한 채 가진 사람이라면 누구나 세계 상위 2퍼센트 안에 드는 부자라 볼 수 있다. 물론 11억 원도 적지 않은 액수임에 분명하다. 그럼 다른 통계를 한 번 확인해보자.

전 세계 성인 인구의 약 55%에 해당하는 29억 명의 순자산은 1만 달러 미만으로 집계되었다. 당신의 자산이 1,000만 원이 넘는다면 글로벌 시장에서 봤을 때 당신은 이미 상위 50%의 자산을 형성하고 있다는 말이다. 재벌 수준의 부자를 원하는 것이 아니라면 누구나 부자가 될 수 있다고 생각한다. '나도 경제적 자유를 달성할 수 있다'는 사고의 전환이 부자가 되기 위한 첫걸음이다. 꿈이 지나치게 크면, 쉽게 포기할 수 있다. 경제적 자유를 달성한 후 당신은 파이어족과 같은 여유 있는 삶을 선택할 수도 있고, 더 큰 부자로 가기 위한 새로운 도전을 선택할 수도 있다. 부디 부자의 삶을 동경만 하는 노예의 삶에서 벗어나기 바란다.

돈을 사랑할 준비가 되었는가

당신이 경제적 자유를 목표로 나아가기 위해서 반드시 거쳐야 하는 관문이 있다.

바로 이 질문에 솔직하게 답하는 것이다.

"당신은 돈을 좋아하나요?"

아마 대부분의 사람이 'Yes'라고 생각할 것이다. 그리고 아마 경제적 자유를 위해 이 책을 읽고 있는 당신의 마음은 조금 더 돈에 대한 욕심이 있을 것이다.

'돈 싫어하는 사람이 어디 있어? 난 돈을 너무너무 사랑하고 돈이 간절하다고!'라고 나처럼 돈을 사랑하는 사람도 있을 것이다.

자! 그럼 조금 무대를 바꿔보려 한다.

이제는 당신의 마음속이 아닌 회사 동료들과 함께하는 자리에서 같은 질문을 받았다고 가정해보자, 동료들이 모두 주목하는 자리에서 답변을 해야 하는 상황이면 같은 답이 나올 수 있을까?

"돈? 돈 싫어하는 사람이 어디 있어. 근데 너무 돈, 돈 거리는 사람들 보면 솔직히 좀 아닌 것 같아."

"돈만 밝히는 사람들은 속물이지. 인간미가 없어. 사람이라면 따뜻한 정이 있어야지."

왜 속마음과 다른 답변이 나올까?

우리가 돈에 대한 속마음을 솔직히 밝히지 못하는 이유는 돈 버는 일을 천하게 여긴 우리 조상들의 잘못된 인식 때문이다.

우리나라는 선비의 나라이다. 어렸을 적에는 청렴결백하게 살며 학문의 길에 몰두하는 선비의 삶을 존경했다. 학교 숙제 하는 것만 해도 너무 힘들고 귀찮은데, 다 큰 성인이 되어서도 배움의 길을 추구하는 옛 선조들의 이야기를 들으며, 선비의 삶은 귀하고 대단해보였다.

하지만, 재테크에 관심을 갖고 보니 선비의 삶을 다시 보게 되었다. 현실 세계로 대비해보면 과거에 급제한 사람들은 행정고시를 통과한 사람이니 학문으로 성공한 사람들이다. 또한, 양반집 자제들은 수차례 과거에 떨어져도 다시 도전할 수 있는 재력을 갖춘 금수저들이다.

반면, 찢어질 듯 가난하지만 오로지 수십 년째 공부만 하는 선비들은 오로지 관직에 나아갈 날만 바라보며 지속적으로 시험만 준비하는 장기 수험생과 다를 바 없다.

혼자서 버티고 이겨내며 공부에 전념하는 이 시대의 수험생과 달리 과거의 선비들의 경우 부양해야 할 처자식이 있는 상황에서도, 가족의 궁핍한 삶을 외면하고 홀로 고고하게 글만 읽었다. 그런 모습이 과연 존경할 만한 삶인가? 가족 입장에서 생각해보면 울화통이 치밀어 오를 정도로 답답한 상황이다.

선비들은 유교 문화에 심취해 있어 예의와 체면을 중시했다. 본인의 역량과 수준으로는 과거에 합격할 수 없음을 인지해도, 돈을 버는 생산 활동은 천한 것이라 여겼기에 가족의 살림은 점점 궁핍해져만 갔다.

어떤가? 이제 돈에 대해 솔직하지 못한 사람들이 처한 현실을 조금은 알게 되었는가?

한 가지 더 말하고 싶은 것이 있다.

〈한국을 빛낸 100명의 위인들〉이란 노래를 기억하는가? 우리나라를 빛낸 위인들에 대해 소개하는 노래인데, 유독 지금 생각해보면 화가 나는 위인이 있다.

'황금을 보기를 돌같이 하라! 최영 장군의 말씀 받들자'라는 구절을 기억하는가?

물론 최영 장군은 고려의 충신이자 청렴결백의 산증인이다. 당연히 존경받아 마땅한 위인이다.

하지만 조금 더 들여다보면 최영 장군은 고려의 개국공신인 최준옹의 후손으로 그의 집안은 철원 최씨라 불린 명문 귀족 집안이었다. 이뿐만 아니라 최영 장군은 나라가 혼란한 시기에 혁혁한 공을 세운 무관이었으며 그로 인해 상당한 권력과 재산을 보유했을 것으로 추정된다.

다시 말해 황금 보기를 돌같이 해도 될 정도로 부유한 집안 출신이었고, 원한다면 언제든 수많은 황금을 취할 수 있는 권력과 배경을 겸비한 존재였다는 것이다.

우리 시대로 보면 워런 버핏 같은 부자가 "황금 보기를 돌같이 하라"라고 말하며 자신의 재산을 기부하는 모습과 비슷하다.

물론 가진 자들이 더하다고, 탐욕스러운 탐관오리들과는 격이 다른 위인 임에는 분명하지만, 최영 장군의 귀한 말씀이 현대 사회에는 다른 의미로 퇴색되고 있다.

부자가 되지 못한 자들이 부자에 대한 시기와 질투가 가미되어, 돈을 좋아하고 부자가 되고자 하는 사람들을 속물 취급하며 색안경을 끼고 바라보기 시작한 것이다.

그래서 우리는 돈을 좋아한다는 사실을 감추고 있다. 하지만 돈을 좋아하는 티를 내고 싶어하진 않지만, 자신의 부유함을 과시하고 싶은 욕망은 내재되어 있다보니 명품 백, 외제차, 고급의류 등 사치품을 소비하는 데 돈을 낭비하고 있다.

당신의 삶이 위에 장황하게 언급한 삶과 크게 다를 바 없다면, 당신의 인생에 경제적 자유가 찾아올 확률은 사실상 희박하다고 말해주고 싶다.

돈에 대한 잘못된 선입관이 없이 있는 그대로 돈을 사랑하고 원하는 진실한 마음가짐이 돈을 귀하게 여기는 태도로 이어진다. 작은 돈을 귀히 여기고 다룰 수 있다면, 큰돈을 투자할 때도 잘못된 선택을 하지 않을 확률이 높다.

'돈은 더럽다', '돈은 추악하다', '돈은 잔혹하다'라고 생각하는 사람 곁에 돈이 머물 수 있을까? 그런 사람 손에서 돈이 불어날까?

청소년기에 제대로 된 성교육을 받지 못하고, 몰래 숨어서 포르노를 통해 성을 접한 아이들에게 성에 대한 잘못된 인식이 생기는 것처럼, 돈을 제대로 이해하고 다루지도 못하면서 돈을 소비하고 과시하기에만 급급한 사람들에게는 경제관념이 제대로 자리 잡을 수 없을 것이다.

자, 이제 다른 사람들 앞에서도 당당하게 '나는 돈을 사랑하는 사람입니다'고 말할 수 있는 용기가 생겼나? 다시 말하지만 돈을 좋아하는 건 절대 부끄러운 일이 아니다. 돈에 대한 의식 전환이 경제적 자유를 위한 첫걸음이 될 것이다.

돈을 좋아하는 감정을 숨기면서 부자가 되고자 하는 건, 너무 이기적인 건 아닐까?

연예인에 비유하면, 돈이란 전 인류가 사랑하는 그야말로 글로벌 슈퍼스타 같은 존재다. 당신이 슈퍼스타를 사랑하지 않는데, 슈퍼스타가 기적처럼 당신을 찾아와 줄까?

신데렐라와 같은 허무맹랑한 동화 속 삶에서 벗어나길 바란다. 돈이 진짜 더러운지 아닌지는 부자가 된 후에 직접 느껴보는 것이 맞지 않을까?

05
부자 되기가 생각보다 쉬운 이유

당신은 학창시절에 공부 잘하는 학생이었는가? 나는 공부를 잘하는 학생은 아니었다. 하지만 남들 다 하는 공부를 안 하겠다고 선언할 만큼 용기가 있지도 않았고, 공부 말고 다른 걸 하고 싶은 의지도 없었다. 그럴 때마다 의문이 들었다.

'지금 하는 공부가 내 인생에 얼마나 도움이 될까?'

어른들의 삶을 아무리 들여다봐도, 고등학교 시절 날 힘들게 하고 고통스럽게 했던 미적분이 쓰이는 모습을 본 적이 없다. 또한, 당시 누가 툭 치기만 해도 줄줄 외우던 원소기호가 도대체 어디에 쓰이는지 궁금했다. 과거의 역사를 잊지 않는 건 중요하지만, 현재 대한민국이 처한 경제적, 외교적 상황은 전혀 알지 못하면서도 과거 조선시대의 연도별 주요 사건을 달달 외우는 내 자신이 측은하게 느껴졌다.

정작 태어나는 순간부터 우리의 삶과 떼려야 뗄 수 없는 돈에 관련된 공부는 그 어디에서 전문적으로 배울 수 없다. 장장 16년간 다니는 학교생활에서도 돈에 대해 배운 적이 없었고, 친구들과 함께 나눈 수많은 대화 속에서 돈에 대한 진솔한 고민을 나눠본 적이 없었다.

이로 인해 돈에 대해 잘못된 가치관이 생기게 되고, 투자를 도박이나 투기로 치부하는 사람들이 생겨났다. 이런 사회적 인식 탓에 돈 공부를 아예 하지 않는 사람이 많다.

대한민국 국민이라면 누구나 의무교육을 받아야 하고, 누구나 시험을 보아야만 한다. 좋아하던 하기 싫던, 누구나 시험을 보는데 그곳에서 전교 1등을 하고 수능에서 전국 1등을 한다는 게 얼마나 어려울지는 나보다 당신이 더 잘 알 것이다.

하지만, 부자 되는 길은 어떨까?

물론 수능 전국 1등처럼, 대한민국 최고의 부자가 목표라면 불가능한 도전이라 여겨질지 모르지만, 소위 경제적 자유를 누리는 수준의 부자라면 누구나 달성할 수 있다고 말하고 싶다.

정말 감사하게도, 대부분의 사람들이 투자에 대해 제대로 된 교육을 받아본 적도 없고, 돈 자체에 대해서도 깊게 고민하거나 생각해본 적도 없다.

무슨 말이냐면, 부자 되는 게임에 참여하는 사람들이 많지 않기 때문에 부자가 되기로 마음먹고 돈 공부를 시작하는 순간부터 여러분은 이미 게임에 기권한 사람들을 제치고 앞서 갈 수 있다는 것이다.

사실 초, 중, 고 12년 동안 우리가 밤낮없이 공부해왔던 이유는 좋은 대학을 가기 위함이었고, 좋은 대학을 간다는 건 내가 원하는 좋은 직업이나 직장에 들어서기 위함일 뿐이었다.

그렇게 열심히 공부만 하고 졸업하면 대다수는 취업을 하여 회사를 먹여 살리기 위한 직장인의 삶을 살게 된다. 좋은 직장에 취업하기만 하면 행복이 찾아오고 부자가 될 수 있을까?

우리가 초등학교 시절부터 친구들과 경쟁하며 지내온 삶은 자아실현, 성취감 등으로 포장되기도 하지만, 냉정하게 말하면 결국 더 좋은 직장에서 더 많은 돈을 벌기 위한 자격요건을 갖추기 위함이다. 조금 과장해서 말해보면 돈을 더 많이 벌기 위해 그토록 열심히 공부해왔던 것이다.

물론 좋은 직장에 들어가면 남들보다 몇 발 앞서나갈 수 있는 좋은 베이스를 확보한 건 사실이지만, 제대로 된 돈 공부를 하지 않은 상태로 수입만 늘어나면, 그만큼 체면과 과시를 위한 소비도 함께 늘어가기 마련이다. 소득이 많다고 반드시 부자가 되진 않는다.

부자가 되기 위해서는 돈 공부를 하여 남들보다 돈을 잘 다룰 줄 알아야만 한다.

돈을 사용하고, 모으고, 투자하는 것이 모두 돈을 다루는 일이다.

돈을 다루는 일을 배워본 적이 없기 때문에, 충분한 시간을 들여 돈 공부를 해야만 한다.

그러나 우리는 직장생활이 바쁘다는 이유로, 돈이 있어야 돈 공부를 하는데 돈이 없다는 핑계로 어디서부터 어떻게 시작해야 할지 막연하다는 변명과 함께 돈 공부를 포기하고 있다.

그러고는 '주식으로 100배 벌었네', '코인으로 1,000배 수익률 달성!' 이런 벼락부자들의 투자 성과를 동경하며 그들의 발자취를 쫓는다. 극비 정보라고 포장된 허위 정보에 소중한 돈을 잃고, 투자는 도박이란 잘못된 인식만 간직한 채 떠나고 만다.

조급하게 생각하지 말고, 돈을 아끼고 사랑하는 마음을 변치 않고, 돈 공부를 지속하다보면 당신도 부자의 길을 걸을 수 있다.

🐼 생각 바로잡기

돈 공부가 어려운 이유는 정답이 없기 때문이다.

우리는 과거부터 지금까지 5지 선다형 객관식 문제에 해답을 찾는 과정을 훈련해왔다.

수많은 투자처 중 어느 곳을 어느 타이밍에 얼마에 매수, 매도를 하는지와 같이 복합적인 서술형 문제가 주어지면, 대다수의 사람들은 겁을 먹어 답을 적기를 포기하고 빈칸으로 놔둔다.

객관식 문제는 '맞다', '틀리다'로 결정되지만, 서술형 문제는 0점, 10점, 50점, 100점, 경우에 따라서는 출제자도 예측하지 못한 120점짜리 답이 나올 수 있다. 당신이 포기하지 않고 참여만 한다면 당장 100점을 받긴 어렵겠지만, 단 몇점이라도 당신의 인생에 보탬이 될 것이다.

그리고 그런 과정이 쌓이다보면 당신은 넓은 투자 선택지 중에서 스스로 확신을 갖고 의사 결정할 수 있는 힘이 생길 것이다.

06
째테크를 시작하지 못하는 이유

경제적 자유를 달성하기 위해 돈을 사랑하고, 돈 공부를 해야겠다는 마음도 갖췄다. 그럼 이제 경제적 자유를 달성할 수 있는 걸까?

올바른 투자 가치관을 갖고, 강력한 의지와 동기부여를 통해 시작을 잘할 수만 있다면

째테크와 같은 돈 공부가 습관화되고, 투자에 적어도 5년 시간 동안 몰입할 수만 있다면

적어도 돈 때문에 하고 싶지도 않은 일을 억지로 하지 않을 수 있다고 말하고 싶다.

하지만, '부자 되어야지' 마음먹고 수십 권의 책을 독파한 째테크에

관심 많은 직장인을 많이 만나보았지만, 실제로 재테크 공부와 투자에 몰입하는 사람은 쉽게 찾아보지 못했다.

왜 부자가 되고 싶은 사람은 많은데, 돈 공부와 투자에 몰입하는 사람들은 그토록 적을까?

이유는 명확하다.

우리는 시간이 부족하기 때문이다.

우리는 이미 너무도 바쁘다. 대한민국 국민은 아이, 어른 할 것 없이 모두 바쁘다. 어렸을 때는 좋은 대학을 가기 위해 공부하느라 바쁘다. 청년 시절에는 취업을 위해 스펙 업을 하느라 바쁘다. 취업하면 회사에서 살아남기 위해 퇴근 후에도 자기계발을 하느라 바쁘다. 퇴직하고 나면 노후 준비가 되어 있지 않아 먹고 살기 위해 바쁘다.

대다수 사람들이 인생을 위와 같은 정형화된 프레임 안에서 움직인다. 나도 그렇게 살아왔고, 그 안에서 남보다 조금 더 앞서기 위해서 끊임없는 경쟁을 견뎌왔다. 지치고 힘든 와중에도 버티는 것만으로 버거운데 돈 공부를 한다는 건 세상 물정 모르는 순진한 이의 배부른 소리처럼 들릴 수도 있다.

잠시 쉴 수 있는 여유가 생겨도 그동안 치열하게 살아온 나날에 대한 보상심리로 소비를 즐기거나 취미생활을 누리며 힐링의 시간을 보내기도 부족하다.

그렇다. 우리는 부자 될 시간이 부족한 것이다.

참 아쉽다. 하루가 24시간이 아니라 32시간이었으면 짬을 내서 부자 되는 공부도 할 수 있고, 투자도 할 수 있었을 거라 생각하는가?

미안하지만 우리가 치열하게 살아가는 프레임 속에서는 설사 32시간이 있다 해도 당신이 한눈팔 시간을 허용해주지 않을 것이다. 우리는 새롭게 늘어난 시간을 활용해 경쟁에서 조금이라도 앞서기 위해 사용할 수밖에 없는 운명이다. 그게 시간의 주인으로서 살아본 적 없는 평범한 사람들이 할 수 있는 최선이다.

그럼 우리는 평생 부자가 될 수 없는 걸까?

여기서부터가 매우 중요하다.

우리가 말하는 잘나가는 사람, 직장에서 인정받는 유능한 사람일수록 재테크로 눈을 돌리기가 쉽지 않다. 그럴 여력도 없고, 사실 그동안 시간과 노력을 투자해서 일궈낸 모습이 이미 훌륭하기 때문이다. 그들은 우리 사회가 만들어낸 프레임에서 성공하고 승리하는 법을 익힌 전문가다.

사실 그들은 재테크를 잘할 이유도 없다. 그저 본인이 몸 담고 있는 프레임 속 세상에서 최고로 인정받는 존재가 된다면, 어느 분야에서든 성공과 돈은 따라오기 때문이다.

하지만 대다수 사람들은 열심히 공부한 만큼 성적이 나오지 않고, 회사 생활에 최선을 다하지만 인정받지 못한다. 그럼 그 안에서 스트레스를 받고, 다른 사람의 성과와 실력을 시기하고 질투하게 된다. 어느덧 '나는 왜 이럴까' 하는 자괴감을 느끼고, 현실의 삶에 만족하지 못하고 지쳐만 간다.

자신을 탓하고, 남을 질투하느라 인생을 허비하기보다는 직장인의 삶이 아닌 투자자란 세컨드 라이프를 꿈꿔보는 건 어떨까?

그러려면 철저하게 역할 분담이 필요하다.
기존과 같이 회사생활을 열심히 수행하는 본연의 나!
재테크를 공부하고 투자를 실천하는 또 다른 나!

많은 사람이 시간이 부족하다는 이유로 시작조차 하지 않고 있다. 이미 자기 분야에서 성공한 유능한 인재들은 재테크에 한눈팔 시간조차 없다고 하지 않았는가?

그만큼, 하고자 하는 의지만 있다면 충분히 해볼 만하다. 어쩌면 당신이 평생 공부해서 입사한 직장에서 인정받으며 출세하는 것보다, 이제 막 재테크 공부를 시작해서 경제적 자유를 달성할 수 있는 확률이 훨씬 높을지 모른다.

'시간이 부족한데 어떻게 세컨드 라이프를 만드느냐' 생각하겠지만, 우리는 부자 되는 법이란 공식 때문에 재테크를 일과 동일시하는 경향이 있다.

하지만, 생각의 전환만으로도 여러분은 이 프레임을 벗어날 수 있다. 재테크가 당신의 취미이자 특기가 되도록 해보는 것이다.

부자가 되겠다는 최종 목표를 달성하기 위해 재테크를 게임하듯이 즐기면서 하는 건 어떨까? 당신이 경제적 자유를 달성할 수 있을지 어떨지 지금 이 순간에는 장담할 수 없으니, 경제적 자유를 달성하는 순간이 오기 전까지는 기존과 동일하게 회사를 다니고, 그동안 짬이 날 때마다 즐겨왔던 당신의 취미생활, 여가생활, 유흥시간을 재테크하는 시간으로 몰입해보자는 말이다.

몰입의 정도에 따라 극적인 삶의 변화가 찾아올 것이다. 만약, 당신이 사회초년생이거나 이직, 업무전환 등으로 본인의 업무가 아직 손에 익지 않은 상태라면 우선 본인의 업무를 장악하는 것이 우선이다.

결코, 직장인의 삶을 가치없다고 생각하지 않길 바란다.

경제적 자유를 달성하기 전까지는 당신 직장의 간판과 연봉이 아주 중요한 무기가 된다. 좋은 직장에 연봉을 많이 받을 수 있다면, 대출도 저렴한 금리로 많이 받을 수 있기 때문이다.

당신이 재테크 공부에 몰입하여도 업무 공백이 발생하지 않는 수준이 된다면, 그때부터 진정한 새로운 세계가 열린다고 이야기하고 싶다.

대부분의 평범한 직장인은 업무를 완전히 장악할 정도의 역량을 갖추게 되면 나태해진다. 회사에 출근하면 커피 한 잔하며 인터넷 서핑하다가 점심시간만 기다리고, 어차피 저녁 늦게 퇴근할 거 쉬엄쉬엄 천천히 일을 하고 있지 않은가? 어차피 열심히 해봐야 달라지는 건 없다는 생각 때문에 의욕이 생기지 않는다.

하지만, 당신이 재테크 공부에 몰입하게 된다면 최대한 효율적으로 업무를 처리하기 위한 고민과 노력을 하게 될 것이다. 그것이 오히려 업무역량을 높여주고 성과도 좋아지는 시너지 효과가 발생하게 된다.

재테크 공부에 몰입하라는 이야기가 직장생활을 대충하라는 의미가 아니란 것을 명심했으면 좋겠다.

🐼 생각 바로잡기

'시간 나면 꼭 재테크 공부 해보고 싶어요'라는 말만큼 어리석은 생각은 없다. 우리 삶에서 돈보다 중요한 것이 무엇인가? 돈에 연연하지 않고 사는 유일한 길은 부자 되기밖에 없다.

그럼 경제적 자유를 달성하는 것이 먼저일까, 아니면 맛있는 것 먹고, 외제차 타고 다니며 골프 라운딩 즐기고, 해외여행하는 것이 먼저일까?

사실 우리 인생에 있어 경제적 자유를 얼마나 빨리 달성하느냐에 따라 인생의 질이 달라진다고 생각한다. 평생 시간과 돈의 노예로 살고 싶은가? 아니면 시간과 돈을 마음껏 누리는 자유인으로 살고 싶은가?

한번 경제적 자유를 달성하면 돈과 시간이 당신을 대신해 일한다.

당신의 인생에서 경제적 자유를 달성하는 것만큼 시급한 일은 없다고 단언한다.

07
돈이 없어도 부동산 공부를
해야 하는 이유

한 사람이 인생을 살아가는 데 있어서 부동산 매매를 몇 번이나 하게 될까? 부동산 전문 투자자의 경우에는 1년에도 수차례 매매를 진행한다. 나 역시 매해 부동산 사고팔기를 반복하고 있다.

반면, 투자가 아닌 실거주 목적으로 접근할 경우 결혼, 출산, 자녀 결혼, 은퇴 등 삶에 있어 굵직한 변곡점이 있을 때에만 부동산 매매를 진행하기에 평생 한 손가락에 꼽을 정도만 매매를 경험한다.

또한, 평생 무주택으로 전세나 월세에서 살며 매매를 한 번도 하지 않는 사람도 상당히 많다.

당신이 다주택 투자자를 꿈꾸든, 무주택자로 살아가든 변치 않는 한 가지가 있다. 안전한 보금자리가 필요하다는 것이다. 당신이 노숙자가 아닌 이상 지붕 있는 집 아래에서 거주해야만 한다.

부동산은 너무 큰 목돈이 들어가기 때문에 돈이 없다는 핑계로 공부를 하려 하지 않는다. 그리고 돈이 있는 사람들도 부동산 가격이 너무 올랐다는 이유로 공부를 하려 하지 않는다. 이건 분명히 아주 커다란 착각 때문에 일어나는 일이다.

돈이 없거나 부동산 가격이 너무 오른 상태라면 부동산을 매수할 수 없을 뿐인데, 왜 공부를 할 수 없다고 하는 건가?

공부를 하면 꼭 매수를 해야 하는 건 아니지 않은가? 시장을 보는 안목이 있어야 당신이 돈이 생겼을 때, 혹은 생애 주기상 부동산을 매수해야 할 타이밍이 왔을 때, 부동산을 매수할지 말지를 판단할 수 있는 기준이 정립되는 것 아닐까?

그런데 안타깝게도 대다수의 사람들은 전세 가격이 너무 오르거나, 자녀의 교육 문제로 이사를 갈 수밖에 없는 급박한 상황에 처하면 제대로 공부가 되어 있지 않은 상태에서 부동산을 덜컥 구입한다. 그리고 뒤늦게 후회하면서 부동산 공부를 시작한다. 왜 이런 일이 벌어지는 걸까?

이는 부동산이 우리 삶에서 떼려야 뗄 수 없는 자산이기 때문이다.

지금부터 당신이 다른 투자보다 우선적으로 부동산을 공부해만 하는 이유를 설명해주겠다.

부동산은 필수재다

부동산 소유 여부를 떠나 집은 인간이 생존하는 데 필요한 필수재이다.

어렸을 적 학교에서 배운 인간이 생활하는 데 반드시 필요한 3요소 의식주 중 하나에 해당한다.

의식주는 옷과 음식과 집인데, 이중 옷과 음식은 전형적인 소비재다. 투자자로 다시 태어난 당신의 입장에서 볼 때 옷과 음식은 매력적이지 않을 것이다. 나 역시 명품 옷, 호화로운 식사보다는 합리적인 가성비 높은 소비를 선호한다.

반면, 집은 어떤가? 집은 우리 삶에 가장 기본인 요소임과 동시에 투자자산이다. 같은 투자자산인 주식과 코인과 비교를 해볼까? 물론 실력 있는 투자자라면 주식과 코인으로 부동산 투자보다 훨씬 더 단기간에 큰 수익을 낼 수 있을 것이다. 다만, 주식과 코인은 필수재가 아니다. 따라서 다른 사람이 주식을 통해 수십 배, 수백 배 수익이 생겼다 해도, 그 사람과 나를 비교하지 않으면 그걸로 끝이다. 살아가면서 주식 투자를 한 번도 하지 않는다 해도 불편할 게 없다는 말이다.

다만, 부동산은 매수를 하던, 전세나 월세를 살던 부동산 정책의 변화와 개발 호재와 같은 상황 속에 대응을 해야만 한다.

집주인이 전세 계약 2년 만기가 되지도 않았는데, 집을 팔게 되었다고 나가달라고 하면 어쩔 건가?

좋은 집주인 만나 낮은 전세 가격으로 잘 살아왔는데, 어느 날 갑자기 집주인이 바뀌고, 전세 가격을 크게 올려달라고 한다. 지금이라도 대출받아 집을 사야 되나? 조금 더 외곽 지역으로 전세를 옮겨야 되나?

아이가 공부를 곧잘 하는데, 아내가 학군이 좋은 지역으로 이사를 가고 싶어한다. 우리집 자산으로 어느 지역으로 이동할 수 있을까?

이와 같이 우리는 살아가면서 무주택자라 할지라도 부동산과 관련된 현실적인 고민과 선택의 기로에 놓일 수밖에 없는 것이다.

우리 가족의 보금자리인 집과 관련되어 언제 어느 순간에 갑작스럽게 의사결정을 강요받는 시기에 직면한다는 말이다. 갑작스럽게 돌변하는 상황 속에서도 최선의 선택을 하기 위해 우리는 부동산 공부를 해야만 한다.

특히나, 다주택자가 적폐 취급받는 것에 비해 무주택자의 경우 정부에서 정책적으로 지원해주는 혜택이 상당히 많다. 똑같은 무주택자라 할지라도 부동산 공부를 하는 사람들은 정부의 지원책을 상당히 잘 활용하여 집이 없어도 설움을 겪지 않는다.

당신이 그동안 부동산 투자를 해본 적이 없고, '부동산 투자는 돈이 많이 필요하고 위험하다'는 선입견이 있어서 그렇지, 공부를 하다보면 내 돈 한 푼 들이지 않고 투자를 하는 방법도 있다는 것을 깨닫는 순간 신세계가 펼쳐질 것이다.

다시 한 번 말하지만 부동산은 필수재이기 때문에 우리 삶에 평생 영향을 직간접적으로 주는 자산이다. 그러기 때문에 당신에게 있어 부동산 투자는 주식과 같은 선택 옵션이 아닌 반드시 공부해야 하는 필수요소임을 잊지 말아라.

버티다보면 오른다

자본주의 사회에서 모든 투자자산은 인플레이션과 함께 상승한다는 말을 들어보았을 것이다. 정도의 차이가 있겠지만, 내 월급도 물가도 오르는 것처럼 부동산, 주식과 같은 자산도 상승한다.

하지만 항상 고민되는 문제는 지금 부동산을 투자하기에는 이미 너무 오른 것 같다는 판단이 들어서다. 실제로 전국 주택 매매가격 동향 자료를 통해 확인해보면 2014년부터 무려 만 7년 이상 집값은 상승을 지속해 오고 있다.

사회초년생이나 신혼부부처럼 과거 집값을 피부로 체감하지 못하는 사람들은 '영끌'해서 주택을 매수할 수 있겠지만, 과거에도 가격이 너무 비싸다고 판단하여 집을 사지 못했던 무주택자의 경우 '이제는 진짜 너무 가격이 올라서 매수를 하고 싶어도 할 수 없게 돼 버렸다'고 안타까워한다.

정부에서는 금리 인상, 가계대출 규제, 공급 폭탄이라는 규제와 공급책을 통해 집값을 반드시 안정화시키겠다고 공언해왔기에, 이제 와서 무리해서 집을 사기보다는 집값이 안정화되길 기다려보자는 심리가 더욱 강할 수밖에 없다.

시장의 전문가들 역시 '집값이 더 오를 것이다', '아니다, 이제는 떨어질 일만 남았다'라며 주장이 양분되고 있다. 매우 혼란스러울 수밖에 없는 시기다.

하지만, 적어도 당신이 무주택자라면 3기 신도시보다 도심에 가까운 쪽에 있는 집을 사는 데 망설일 필요가 없다고 말하고 싶다. 집값은 단기적으로 오르락내리락을 반복할 수 있겠지만, 결과적으로는 꾸준히 우상향할 수밖에 없기 때문이다.

통계청에 공개된 주택 매매가격 동향 자료를 확인해보면, 1986년부터 전년 동기 대비 주택가격의 변동비를 한눈에 체크해볼 수 있다. 전국 주택 매매가격 동향 중 서울만 발췌해서 분석해보겠다.

1989~1990년 88올림픽 직후에는 경제성장과 함께 2년간 주택가격이 40% 폭등했고, 2001~2002년에도 서울의 평균 주택가격이 35%나 폭등했다.

반면, 똑같은 기준으로 적용해볼 때, 2018년 6.2%, 2019년 1.3%, 2020년 2.7% 전년 대비 상승했다. 물론 2014년부터 장기간 조정 없이 상승을 지속한 점을 감안하면, 이미 높은 가격에서 추가로 전년 대비 더 상승한 것이기 때문에 실제 이번 상승장에 누적상승률은 더욱 클 것이다.

전 세계적으로 이번 코로나 사태처럼 유동성이 공급된 사례가 없기 때문에 부동산 가격의 상승만으로 가격이 너무 올랐다고 보는 건 옳지 않다. 부동산의 본질적 가치가 상승한 부분도 있겠지만, 그 이면에

	1986	1987	1988	1989	1990	1991	1992	1993	1994	1995	1996	1997	1998	1999	2000	2001	2002
전국	-2.7	7.1	13.2	14.6	21.0	-0.5	-5.0	-2.9	-0.1	-0.2	1.5	2.0	-12.4	3.4	0.4	9.9	16.4
수도권	-	-	-	-	-	-	-	-	-	-	-	-	-	-	2.3	13.9	21.8
서울	-4.4	2.0	9.1	16.6	24.2	-2.1	-5.4	-3.2	0.5	-0.6	1.5	2.0	-13.2	5.6	3.1	12.9	22.5
강남	-6.2	3.0	15.2	18.1	29.0	-2.3	-4.4	-3.5	0.9	-0.1	2.4	2.9	-15.3	9.1	4.4	17.5	27.4
강북	-2.8	1.4	2.8	14.7	18.2	-2.1	-6.6	-2.6	-0.3	-0.7	0.6	1.0	-11.1	2.0	1.4	7.7	16.3

2003	2004	2005	2006	2007	2008	2009	2010	2011	2012	2013	2014	2015	2016	2017	2018	2019	2020	2021
5.7	-2.1	4.0	11.6	3.1	3.1	1.5	1.9	6.9	0.0	0.3	1.7	3.5	0.7	1.5	1.1	-0.4	5.4	9.9
7.4	-2.9	5.1	20.3	5.6	5.0	1.2	-1.7	0.5	-3.0	-1.1	1.5	4.4	1.3	2.4	3.3	0.5	6.5	12.8
6.9	-1.4	6.3	18.9	5.4	5.0	2.7	-1.2	0.3	-2.9	-1.4	1.1	4.6	2.1	3.6	6.2	1.3	2.7	6.5
10.5	-1.6	9.4	22.7	2.6	1.3	3.4	-1.0	0.3	-3.5	-1.1	1.2	5.2	2.5	4.4	6.5	1.4	2.2	6.8
2.9	-1.2	3.3	14.8	8.7	8.8	1.9	-1.4	0.3	-2.3	-1.7	1.1	3.9	1.8	2.9	5.9	1.1	3.2	6.1

● 1986~2021년 주택 매매가격 동향(출처: 한국부동산원 전국주택가격동향조사)

는 돈의 가치가 떨어져 발생한 착시 효과도 있을 것이다.

그럼 만약, 당신이 부동산을 매수한 다음에 하락장이 온다면 어찌 될까?

통계청 자료에 따르면 1998년 IMF의 영향이 극에 달했을 때 13.2% 하락한 것이 가장 큰 폭으로 하락한 해였다. 평균 13%가 결코 적은 수치는 아니지만, 주식처럼 상장폐지되어 자산을 날려버리는 경우는 없다는 의미다.

특히 주택은 토지와 건물 2가지로 구성되는데, 지은 순간부터 감가 상각이 일어나는 건물을 제외하고 불변하는 토지로 대상을 국한시켜 보면 더욱 더 명확해진다.

통계청 자료의 지가 동향은 27년 동안 집계되고 있는데, 27년 중

	1994	1995	1996	1997	1998	1999	2000	2001	2002	2003	2004	2005
	▲▼■	▲▼■	▲▼■	▲▼■	▲▼■	▲▼■	▲▼■	▲▼■	▲▼■	▲▼■	▲▼■	▲▼■
전국 변동률(%)	-0.570	0.550	0.950	0.310	-13.600	2.940	0.670	1.320	8.980	3.430	3.860	4.986
대도시 변동률(%)	-0.830	0.340	0.840	0.020	-15.330	2.260	-0.090	1.360	10.790	3.710	3.130	5.359

2006	2007	2008	2009	2010	2011	2012	2013	2014	2015	2016	2017	2018	2019	2020
▲▼■	▲▼■	▲▼■	▲▼■	▲▼■	▲▼■	▲▼■	▲▼■	▲▼■	▲▼■	▲▼■	▲▼■	▲▼■	▲▼■	▲▼■
5.617	3.866	-0.319	0.955	1.046	1.166	0.956	1.135	1.964	2.402	2.700	3.880	4.584	3.915	3.678
7.095	4.758	-0.628	1.152	0.792	1.031	0.728	1.245	2.424	2.769	3.021	4.373	5.483	4.714	4.452

● 1994~2020년 지가동향(출처: 국토교통부 지가동향)

전국 평균으로 전년 대비 가격이 떨어졌던 시기가 딱 4번 있다. 가장 많이 떨어졌던 때는 쉽게 예상했겠지만 IMF의 여파가 미친 1998년이다. 이때 13.6%가 가장 큰 폭으로 하락했고, 그 외에는 1994년, 2008년 2번 하락을 했는데, 하락률이 1% 미만에 불과하여 사실상 약보합 수준이라고 봐야 한다.

즉, 국가가 부도 날 상황이 아니라면 토지가격은 꾸준히 우상향 해왔고, 특히나 땅덩이가 좁고 도심에 개발이 집중된 대한민국의 특성상 사람들이 선호하는 입지의 토지가격은 가장 안전한 투자처일 수밖에 없다.

다만, 개별 토지로 접근해볼 경우에는 토지의 가격은 좀처럼 변하지 않다가 개발 호재가 터졌을 때 수십 배, 수백 배 가치 상승을 보이는 특성 때문에 일반적인 투자자는 접근하기 쉽지 않은 것이 사실이다.

어찌 되었건, 대한민국 주택은 건물과 토지로 이루어져 있고, 토지가격이 우상향하고, 건물도 30~40년 지나 낡아지면 재개발, 재건축으로 재탄생할 수 있는 부동산의 특성을 감안하면, 부동산 투자는 장기적으로 봤을 때 우상향할 수밖에 없는 것이다.

다시 본론으로 돌아가자. 무주택인 당신이 집을 사려고 하는데 앞으로 주택 가격이 떨어질까봐 두렵고 걱정되는가?

당신이 1~2년 있다가 이민을 갈 예정이라 국내 부동산을 반드시 처분해야 하는 상황이 아니라면, 집값이 떨어지면 당신 집뿐만 아니라 대부분의 다른 집이 함께 떨어질 것이기 때문에 너무 속상해할 필요가 없다.

당신의 예상과 달리 집값이 상승할 경우 집을 산 사람들은 벼락부자가 되어 있는데 당신은 기회가 있었는데 사지 않았다는 데서 오는 심리적 박탈감으로 더욱 고통받을 수 있다.

원래 살까 말까 고민했던 부동산은 엄두가 나지 않을 정도로 가격이 올라버렸고, 하급지 집을 매수하자니 자존심 때문에 못 사겠다면 또다시 매수할 타이밍을 놓치게 된다. 그러면 초조함에 실거주와 동떨어진 무리한 투자를 하거나, 집 사는 걸 포기하고 무분별한 소비로 이어질 수 있다.

일단 부동산을 매수했다면 직후의 가격변동에 신경 쓰지 않길 바란다. '이 집이 우리 가족의 보금자리다'라는 마음가짐으로 거주하다보면, 부동산은 당신이 매수했던 가격을 훌쩍 넘어 높은 가격대를 형성해줄 것이다.

그래서 우리 주위에는 부동산에 아무런 관심도 없고 투자 공부도 제대로 하지 않는데, 거주하기 위해 예전에 사놓았던 집 한 채가 폭등하여 부자가 된 어르신들 사례를 쉽게 접할 수 있다. 가족을 위해 샀던 실거주 집이 은퇴 후에는 노후를 보장해주는 효자 노릇을 하는 것이다.

서울, 수도권의 부동산은 지금도 비싸지만, 조선시대에도 비쌌고, '나라가 망했다'는 말까지 나왔던 IMF 시기에도 비쌌다. 집은 언제나 비싸다는 게 어쩌면 가장 안전한 투자자산임을 입증하고 있는 것이다.

잊지 말자. 주식은 '존버'하면 휴지조각이 될 수 있지만, 부동산은 존버하면 재개발, 재건축이 된다. 시간은 유주택자의 편이다.

부동산 투자는 성공할 가능성이 높다

부동산은 장기적으로는 우상향하지만 정책, 개발 호재, 수요와 공급, 투자 심리, 인구 변화 등 영향 변수에 따라 상승과 하락을 반복한다. 또 부동산은 주식이나 코인처럼 사고팔기를 수시로 할 수 있는 투자 상품이 아니라 거래 빈도가 상당히 적은 투자상품이다.

똑같은 부동산이라도 어느 타이밍에 매매하느냐에 따라 누군가는 단기간에 큰 수익을 볼 수 있고, 누군가는 보유세와 같은 세금을 내면서도 부동산 가격이 하락하는 경험을 하게 된다.

실거주를 위한 집 한 채를 마련하는 것에는 크게 고민하지 않아도 되지만, 다주택자의 경우에는 사는 시기와 파는 시기를 어떻게 잡느냐에 따라 수익률이 크게 달라지기 때문에 매매 타이밍이 더욱 중요하다.

어떤 전문가라 할지라도 바닥에 사서 꼭지에 파는 것과 같이 정확한 타이밍을 집어내기란 쉽지 않다. 다만 부동산 공부를 지속하고 경험을 쌓아가면 무릎에 사서 어깨에 파는 타이밍은 잡을 수 있게 된다. 당신이 부동산 공부와 투자를 계속하기만 해도 당신은 경쟁자보다 좋은 타이밍에 매매할 가능성이 높다. 먼저 적을 알고 나를 알아야 승리할 수 있지 않을까?

평범한 직장인들이 가장 많이 투자하는 주식시장의 적을 한번 알아보자.

당신의 적은 일류 대학을 나와 개인들의 막대한 펀드자금을 활용하여 투자하는 펀드매니저다. 당신의 적은 국민연금과 같은 거대자본을 휘두를 수 있는 기관투자자들이다. 당신의 적은 국내 증시를 쥐락펴락하는 해외자본이다. 당신의 적은 주식시장의 정보를 조작하거나 허위로 퍼트리는 작전 세력이다.

당신은 동네 친구, 회사 동료에게 고급정보라고 받은 몇 줄의 정보를 신뢰하고 생전 처음 들어보는 회사의 주식에 용감하게 투자하고 있지 않은가? 애초 그들과 당신은 자금력이나 정보력에서 이길 수 없는 싸움에 참여하고 있는 것이다.

당신이 주식 전문가로서 공부를 한 투자자일 경우 분명 큰돈을 벌 수 있겠지만, 그건 앞서 말한 저들과의 승부를 통해 돈을 버는 것이 아니라, 당신보다 실력이 부족한 많은 일반인과의 승부에서 승리하는 것이다.

코인 투자의 경쟁자는 어떨까? 막대한 자금력을 지닌 것뿐만 아니라 그들은 24시간 거래가 일어나는 코인시장에 실시간으로 대응하는 강인함을 겸비하고 있다.

투자는 고도의 집중력과 에너지를 소모하는 활동이기 때문에, 반드시 쉼이 필요하다. 하지만 코인시장의 경우 24시간 급등락을 반복하는 특성상, 일상생활을 영위하기 힘들 정도로 많은 시간이 필요하다.

당신이 전업투자자로서 실시간으로 트레이딩에 참여할 수 있는 상황이 아니라면, 자고 일어났을 때, 회사의 주요 회의를 끝내고 나왔을 때 큰 폭의 가격변동이 있을까봐 항상 불안하고, 조급할 수밖에 없을 것이다. 당신은 자금뿐 아니라 투자에 집중할 수 있는 시간에서부터 경쟁에서 이길 확률이 희박하다.

하지만, 부동산 시장의 경쟁자는 누구인가?

삼성, LG와 같은 대기업이 주택 매매업을 하는 걸 본 적이 있는가? 당신이 집을 사고팔 때 외국인과 거래를 해본 경험이 있는가?

물론, 법인을 내세워 투자를 하는 투자자들도 있지만, 그는 명의를 활용하기 위한 투자일 뿐, 우리가 말하는 기업과는 격이 다른 경쟁자다.

일반적인 케이스라면 부동산을 사고팔 때, 여러분 앞에 계약서를 사인하기 위해 앉은 경쟁자는 동네 아저씨이거나 아줌마, 혹은 한 집에서 30년간 거주하다 자식들 결혼자금 마련하기 위해 집을 매도하는 할아버지일 것이다.

그들은 오래전에 필요에 의해 부동산을 보유한 사람일 뿐 전문적인 투자자가 아닐 확률이 높다. 따라서 현재의 부동산 시장의 분위기와 앞으로 해당 주택의 가격 변화에 대한 분석이 덜 되어 있을 것이고, 그저 필요에 의해 매매를 진행하는 상황이다. 당신이 부동산 공부와 투자를 통해 최적의 매매 타이밍을 알아챌 수 있다면, 실패하지 않는 투자를 할 확률이 그만큼 높아진다.

부동산은 최고의 사치품이다

요즘같이 투자에 대한 관심이 고조된 시기에는 부동산이 곧 자산의 규모를 입증하는 수단이 된다. 대부분의 사람들은 자신의 부를 과시하고 싶어 하는 경향이 있다. 그래서 비싼 외제차도 타고 멋진 명품시계, 가방과 같은 사치품을 사는 걸 아까워하지 않는다.

기본적으로 명품도 소비재이기 때문에 사는 순간부터 감가상각이 일어난다. 예외적으로 공급을 훨씬 초과하는 수요가 있는 명품의 경우 중고가격이 치솟는 기현상이 벌어지기도 하지만, 이는 시장의 일시적 현상에 불과하고, 제품 공급 업체에서 물량과 공급가격을 조절하여 충분히 컨트롤할 수 있다.

투자자로 다시 태어난 당신이 당장의 비현실적인 가격 논리에 편승해 명품 소비를 합리화하지 않는다면 당신은 명품 소비에는 크게 관심이 없을 것이다.

그럼, 주식과 코인 시장에 참여한 부자들은 어떨까?

언론 기사나 유튜브 등을 통해 보면 주식과 코인으로 수백억 부자가 된 사람들은 흔히 볼 수 있고, 심지어 직장동료들 중에도 수십억 부자가 된 사람들을 볼 수 있을 것이다.

다만, 그들의 경우 본인이 직접 자산 규모를 언급하거나, 계좌 인증을 하지 않는 한 어느 정도의 부자인지 가늠할 수가 없다. 물론 진짜 리얼 부자들의 경우에는 자신이 부자인 걸 알리고 싶어하지 않지만, 대부분은 투자를 통해 수익이 발생하면 자신의 실력을 인정받고 싶어하는데, 보여줄 방법이 쉽지 않다.

하지만, 부동산 투자는 어떨까?

어떤 사람을 처음 만났을 때 하는 기본적인 질문이 있다.

"어디 사세요?"

이 짧은 질문에 대한 답변만으로 상대의 자산 규모를 파악할 수 있다.

"아크로 리버파크 살아요."

"압구정 현대아파트 살아요."

이렇게 대답하는 사람이 있다면, 남루한 옷차림에 평범한 외모라 할지라도 사람들이 보는 시선이 달라질 수밖에 없다.

부동산 상승장이 지속되고, 부동산 보유 여부에 따라 자산 격차가 크게 벌어지다보니 부동산 투자를 하지 않는 사람들이라도 부동산 시세를 알고 있는 경우가 많다.

과거에는 직장동료가 청첩장을 가지고 오면 신혼여행은 어디로 가는지, 배우자 직장은 어딘지와 같은 게 질문 1순위였다면, 이제는 신혼집은 어디로 구했는지가 더욱 큰 관심사가 되었다.

인생 선배들은 어느덧 신혼여행지, 배우자 직장보다 삶의 첫 출발을 어디서 시작하느냐가 훨씬 더 중요하다는 걸 잘 알고 있기 때문이다. 신혼집이 어딘지에 따라 '결혼 잘했네', '부럽다' 같은 즉각적인 반응이 나온다.

또한, 직장을 은퇴한 노부부의 경우에는 복잡한 서울을 벗어나 신도시와 같은 곳에서 조용히 여생을 보내고 싶은 마음이 있어도, 자녀의 혼사를 위해 서울을 벗어나지 못하는 경우가 늘어나고 있다.

결혼을 앞두고 맞선이나 소개팅을 할 때, 부모님이 어디에 사시는지 여부가 그만큼 중요해졌다. '부모님 자산은 얼마 정도 되셔?'라고 직접 물어볼 순 없지만, 거주하고 있는 지역만 알아도 대략적인 자산 규모를 파악할 수 있다. 이 같은 현실은 물질만능주의로 치닫는 사회적 분위기를 여실히 보여주는 것 같아 씁쓸하지만, 부동산이 얼마나 소유자의 자산 규모를 잘 대변해주는 수단인지를 알 수 있다.

부동산 투자는 안전하고 유리하다

주택은 투자자산이기 이전에 필수재이기 때문에 1주택자의 경우 매수 후 가격이 크게 상승했어도, 매도시 세금을 내지 않아도 되는 특혜가 있다.

예를 들어 조정지역 내 1주택자가 4억 원에 매수하여 실거주하며 2년이 흘렀는데, 주택가격이 크게 올라 12억 원이 되었다고 가정해보자.

이런 경우 2년만에 양도차액이 8억 원이나 발생하였기 때문에 국가에서 양도세란 명목으로 세금을 거두어갈 것 같지만, 실거주 목적의 1주택자는 투자자가 아니란 이유로 양도세를 전혀 내지 않아도 된다. 반면, 2주택인 경우 4억6,000만 원, 3주택인 경우 5억3,000만 원 가량의 양도세가 발생한다.

1주택자는 실거주와 자산 증식 효과뿐 아니라 절세 효과도 있기 때문에 다른 어떤 투자보다 부동산 투자가 매력적일 수밖에 없다.

또한, 정부에서는 지속적으로 '집값을 안정화시키겠다', '집값을 잡겠다'고 선언하고 있다. 하지만 정부의 사정을 알고 나면 그들이 '집값을 안정화시키겠다'고 하는 말의 의미가 무주택자의 바람처럼 '문재인 정부 초기 가격으로 가격을 떨어뜨리겠다'가 아님을 알 수 있다.

코로나 사태 장기화로 인해 2021년은 많은 자영업자들이 힘든 시기를 견뎌야만 했다. 모두가 어렵고 힘든 상황이었지만, 정부는 엄청난 국세 수입 실적을 초과 달성했다.

기획재정부에서 발표한 2021년 회계연도 총세입, 총세출 마감 결과에 따르면 2021년 국세수입 실적은 344조782억 원으로, 전년 대비 58조5,320억 원 증가했다. 이 중 양도소득세, 증여세, 종부세, 상속세와 같은 부동산 관련 세금 증가분이 20조2,000억 원에 달한다. 금액으로도 매우 큰 상승이지만, 전년 대비 상승률로 보았을 때, 평균 20% 상승한 다른 항목 대비 부동산 관련 세금은 50% 이상 큰 폭으로 상승했다. 특히 종부세의 경우 2020년 대비 70% 이상 상승했다. 즉, 정부 예산 중 부동산 관련 세금이 차지하는 비중이 높다는 의미다.

만약, 무주택자의 바람처럼 집값이 폭락하고 미분양 사태가 대거 발생한다면, 집값이 당연히 떨어질 수 있겠지만 건설업, 중개업을 비롯한 수많은 부동산 관련 산업이 커다란 타격을 입게 되고, 규모가 큰 부동산 시장의 특성을 감안하면 경제에 미칠 파급력은 훨씬 클 것이다. 또한, 주택담보대출을 받고 집을 매수한 수많은 사람이 하우스푸어가 된다. 이는 집을 매수할 여력이 있는 중산층이 무너진다는 의미이고, 집값이 오르는 것보다 정부에 훨씬 부담으로 작용하게 된다.

이와 같은 현상이 발생하면 무엇보다 정부가 거둬들이는 부동산 관련 세금이 크게 줄어들 수밖에 없고 이는 정부, 기업, 국민 모두가 불행해질 수밖에 없기 때문에 어느 정부도 집값이 폭락하는 상황이 발

구 분	'20년 실적	'21년 예산	'21년 결산	'20년 실적대비 증감액	증감률	'21년 예산대비 증감액	증감률
총 국 세	2,855,462	3,142,816	3,440,782	585,320	(20.5)	297,966	(9.5)
소 득 세	931,087	994,743	1,141,123	210,036	(22.6)	146,380	(14.7)
・종합소득세	160,730	164,776	159,902	△828	(△0.5)	△4,874	(△3.0)
・양도소득세	236,558	254,648	367,072	130,514	(55.2)	112,424	(44.1)
・근로소득세	409,051	435,228	472,312	63,261	(15.5)	37,084	(8.5)
법 인 세	555,132	655,465	703,963	148,831	(26.8)	48,498	(7.4)
상속증여세	103,753	119,298	150,062	46,309	(44.6)	30,764	(25.8)
부가가치세	648,829	693,474	712,046	63,217	(9.7)	18,572	(2.7)
개별소비세	92,181	100,655	93,638	1,457	(1.6)	△7,017	(△7.0)
증권거래세	87,587	82,820	102,556	14,969	(17.1)	19,736	(23.8)
인 지 세	9,652	9,467	9,598	△54	(△0.6)	131	(1.4)
과년도수입	41,651	45,920	51,465	9,814	(23.6)	5,545	(12.1)
교통에너지환경세	139,379	156,903	165,984	26,605	(19.1)	9,081	(5.8)
관 세	70,585	83,472	82,270	11,685	(16.6)	△1,202	(△1.4)
교 육 세	46,937	53,066	51,039	4,102	(8.7)	△2,027	(△3.8)
종합부동산세	36,006	51,138	61,302	25,296	(70.3)	10,164	(19.9)
주 세	30,084	32,492	26,734	△3,350	(△11.1)	△5,758	(△17.7)
농 특 세	62,596	63,903	89,000	26,404	(42.2)	25,097	(39.3)

(단위 : 억 원, %)

● 세목별 국세수입 실적(단위: 억원, %, 자료=기획재정부)

생하도록 방치할 수 없다. 즉, 집값이 갑자기 폭락하게 되었을 때 정부가 해결해야 하는 부작용이 훨씬 더 심각하기 때문에 집값을 의도적으로 하락시키지 못한다는 의미다.

마지막으로, 대한민국에만 유일하게 활성화되고 있는 '전세 제도'가 유지되는 한 집값 하락을 기대하긴 쉽지 않다. 사실 전세 제도는 임차인에게 너무도 유리한 제도이기 때문에 한국을 제외한 다른 나라에서는 운영되고 있지 않다.

쉽게 생각해보면 고급 스포츠카를 목돈을 주고 2년간 빌려서 마음껏 사용하다가 다시 돌려줄 경우, 맡겨둔 목돈을 그대로 다시 돌려받을 수 있다는 뜻이다.

모든 상품은 시간의 흐름에 따라 감가상각이 발생할 수밖에 없고, 중고의 가격은 새 제품 대비 가격이 떨어질 수밖에 없는 상식을 대입해보면 전세 제도는 임대인에게 지극히 불리한 제도인 것이다.

그럼에도 불구하고 대한민국에 전세 제도가 활성화될 수 있었던 근본적 이유는 기업이 아닌 개인이 대출을 받기 힘들었던 과거 대한민국의 경제시스템 때문이었으며, 또한, 10%가 넘는 고금리의 영향으로 전세보증금을 무이자 대출로 생각하는 투자자가 있었기 때문이었다.

결국 투자자는 노후화에 따른 감가상각보다 부동산 가격 상승분이 더 클 것이라는 기대감이 있기 때문에 전세 제도가 유지될 수 있는 것이다. 부동산의 미래 가치가 현재보다 떨어질 것이라 생각한다면 누가 전세를 주겠는가? 부동산을 매도하거나 감가상각을 최대한 반영하여 월세를 받으려 할 것이 분명하다.

그나마, 대한민국의 주거비용이 선진국 대비 저렴한 이유는 전세보증금을 보장받을 수 있는 전세 제도의 덕이 크다. 정부는 전세 제도 유지를 위해서도 집값이 폭락할 징조가 보이면 서둘러 부양책을 통해 집값 하락을 막으려고 안간힘을 쓰는 것이다.

이 모든 걸 감안했을 때, 부동산은 안전하면서도 큰 수익을 기대할 수 있는 훌륭한 투자처임이 분명하다. 그래서 나는 부동산 투자에 몰입하고 있다.

2장

투자자로
다시 태어나자
: 100일간의 마인드세팅

01
첫 투자 실패의 추억

지금부터 부알못이었던 내가 부동산 투자자로 성장할 수 있었던 비법을 소개하려 한다. 어렸을 적부터 돈을 좋아했던 나는 경제적 자유를 달성하겠다는 포부를 갖고 없는 시간 쪼개가며 재테크 공부를 시작했다.

처음 투자 공부를 할 때는 부동산 투자는 엄두가 나지 않았다. 부동산 투자는 이미 돈이 많은 사람이나 할 수 있을 것 같아 겁이 나 시작조차 하지 못했다. 그래서 적은 돈으로도 쉽게 할 수 있는 주식 공부를 시작했다.

주식 책 3권을 독파하니 우선 주식 용어가 익숙해졌고, 뉴스에 언급되는 회사들의 주식 시세가 얼마인지 궁금해졌다. 여러 기업의 차트도 분석해보고 재무제표도 찾아보다보니 재미있고 신기했다.

시장은 빠르게 흘러가고 있는데, 나만 걸음마 단계에 머물러 있는 것 같아 한심하기도 하고 조바심이 생겼다. 투자에 확신을 갖기 위해 전문가들의 유튜브 방송을 찾아서 보다보니 그들의 신화적 투자 성공기에 부러움을 넘어 나는 감히 넘볼 수 없는 경지라는 생각이 들었다.

주식 공부를 하지 않았을 때는 남의 일이었기에 전혀 관심 없었는데, 매일 시시각각 변하는 주가 흐름을 보면 언제 사고 언제 팔아야 성공할 수 있을지 확신이 들지 않았다.

내 실력에 자신이 없으니 한 가지 꾀가 떠올랐다. 이미 성공적 투자를 하고 있는 믿을 만한 전문가와 함께 주식 투자를 들어가면 실패하지 않을 거란 생각이었다.

그렇게 내가 아는 지인 중 가장 주식 투자를 잘한다고 소문이 난 친구를 찾아가 비싼 밥을 사주며 투자 소스를 공유해달라고 부탁했다.

이미 이런 부탁을 많이 받아본 듯 친구는 몇 번 사양하다가 절대 소문 내면 안 된다며 특정 종목을 언급하며 세력이 매집할 예정인 종목이니 곧 급등할 거라는 고급 정보를 알려주었다.

평생 만나기 어려운 기연을 얻었다는 확신을 했다. 내가 아무리 공부를 해도 이미 투자를 통해 많은 돈을 번 친구의 정보력과 경험을 결코 따라갈 수 없으리라 판단했기에 당시 적금이 만기되었던 1,000만 원으로 친구가 추천한 주식을 모두 매수했다.

절약하고 저축하며 모아왔던 나에게 1,000만 원은 엄청난 거금이었다. 어찌 그렇게 아무 고민 없이 투자를 했는지, 지금 생각해보면 용감하다 못해 무모하기까지 했다. 아니, 정확히 말하면 아무런 사전 준비 없이 친구 말만 믿고 따라 샀으니 투자가 아니라 투기에 불과했다.

처음 며칠은 분위기가 좋아 주가가 10% 이상 상승했지만, 이내 곧 두박질치기 시작했고, 불안함과 초조함에 친구에게 어찌된 상황이냐고 물어보았지만, 친구는 자기도 미치겠다며 주포가 장난질 치는 것 같으니 그냥 버틸 수밖에 없다는 말만 반복했다.

처음엔 그를 원망했고, 운이 나빴던 것이라고 아쉬워했지만, 다시금 냉정히 돌이켜보니 난 친구가 추천해준 회사가 무엇을 서비스하는지조차 모르고 있었다. 재무제표를 보는 법을 공부했지만, 매수했던 것보다 20% 이상 가격이 빠지고 나서야 뒤늦게 그 회사의 재무제표를 찾아볼 정도로 무책임했던 자신이 부끄러웠다.

야근한 후에도 없는 시간 쪼개며 그렇게 열심히 공부를 했는데, 결국 실제 투자할 때는 공부한 내용을 전혀 활용하지 못하고, 그저 친구의 말만 듣고 샀던 날 원망해야지 다른 누굴 원망할 문제가 아니었다.

심지어 주가가 10% 이상 상승했을 때, 성공적인 투자를 자랑하고 싶어 아내에게 주식 계좌를 보여주며, 아직 팔지도 않은 미실현 수익에 기뻐하며 비싼 외식을 하며 멋진 신랑이자 투자자로 인정도 받았었다.

불과 며칠 지나지 않아 주가가 20% 이상 하락하자, 주식을 전혀 하지 않는 아내도 내가 인증한 회사의 주가는 기억하고 있었기에 아내의 걱정하는 모습이 또다른 부담감으로 다가왔다. 전혀 모르는 회사에 묻지마 투자를 했으니, 얼마나 더 떨어질지 가늠조차 할 수 없었다.

주가가 회복할 기미를 보이지 않자, 그 회사의 단점이 하나둘 눈에 들어왔다. 주식 종목토론방에서는 주식이 한참 더 떨어질 것이라는 경고와 주식을 매수해서 물린 사람들을 조롱하는 글만 눈에 들어왔고, 그렇게 2주간 제대로 된 직장생활을 하지 못할 정도로 초조함에 시달렸다. 그렇게 버티고 버티다, 이러다간 절반도 지키지 못할 거란 부담감에 30%의 손실을 감수하고 매도를 했다.

첫 투자부터 커다란 손실을 봤다는 생각에 화도 나고 부끄러웠다.

다시는 주식을 하지 않겠다는 생각으로 남은 돈을 다 찾아버리고, 휴대폰에 설치했던 증권사 앱도 삭제했다. 손실로 끝난 가슴 아픈 투자였지만, 이미 끝난 일이라 스스로 위로하며 일상으로 복귀해 생활하고 있었는데, 며칠 뒤 친구에게 전화가 왔다. 친구의 목소리는 격앙되어 있었다.

"나만 믿으라고 했지? 상한가 먹은 거 축하한다!"

눈이 핑 돌아가고 정신이 아찔해졌다. 내가 팔고 난 이후 주가는 상승세를 이어갔고, 난 작전 세력의 개미 털기에 휘둘린 희생양이었던 것이었다. 사람 마음이 참 간사한 것이 주식이 떨어질 때는 한없이 떨어질 것 같고, '왜 샀을까?'라는 후회가 엄습했는데, 막상 주가가 폭등하고 나니 그 주식이 오를 수밖에 없었던 여러 이유가 하나둘 보였다. 정말 미치고 환장할 노릇이었다.

"내 주제에 무슨 투자야. 에이, 이번 생에 부자 되긴 글렀다. 난 다시 태어나지 않는 이상 부자 될 가능성은 없다. 휴……."

그렇게 포기하려 했을 때, 아내의 임신 소식을 들었다. 우리 가족에 새 생명이 찾아온 거룩한 순간에도 기뻐하는 마음과 함께 가장으로서의 책임감과 부담감이 엄습해왔다.

다행히 아내는 손실을 보고 매도한 주식이 상한가를 갔다는 걸 알지 못했고, 새 생명이 찾아온 기쁜 날에도 축 처져 있던 날 위로해줬다.

"오빠! 우리 건강이에게 어디서나 당당한 아빠가 되어줘요."

아내는 입덧으로 고생하면서도 단 한 번의 불평불만 없이 삶의 모든 가치와 기준을 아이에게 맞췄다. 아내가 조금이라도 아이에게 해가 될까봐 절제된 생활을 하며 희생하는 모습을 보니, 제대로 시작도 해보지 못하고 포기부터 한 자신이 부끄러웠다.

부자가 되기 위해 내가 한 유일한 투자는 친구 따라 주식 산 게 전부였다. 투자자가 되기 위해 난 어떤 노력도 어떤 희생도 감수하지 않고, 그저 성과만 기대한 철부지였다.

건강이가 태어날 때, 당당한 아빠가 되고 싶었다. 지금의 난 한참 부족하고 부끄러운 모습이었다.

'다시 태어나지 않는 이상 부자가 될 수 없다고? 그럼 까짓것 다시

태어나면 되잖아!'

그렇게 주식으로 30% 가까이 손실을 봤던 나는 과거의 투자 실패 경험을 깨끗이 잊고 다시 태어나기로 결심했다.

당신도 만약 부자 되는 길이 쉽지 않다고 포기하고 있다면, 스스로 부자가 되기 위해 얼마나 많은 노력을 하고 희생을 했는지 되돌아보기 바란다. 나는 4년 만에 경제적 자유를 달성했다. 당신도 다시 태어날 각오만 되어 있다면 충분히 부자의 길을 걸을 수 있다.

🐼 생각 바로잡기

투자에는 본래 리스크가 동반된다. 어떤 성공한 투자자라도 실패할 수 있다. 만약, 투자에 대한 실패가 두려워 시작조차 하지 못한다면, 다 잃어도 큰 지장이 없는 작은 금액으로 시도해보라. 단, 요행을 바라고 다른 사람의 의견을 듣고 투자하는 우를 범하지 않기 바란다.

설사 정말 뛰어난 투자자에게 좋은 정보를 듣고 투자하여 좋은 성과가 있어도 그건 좋은 일이 아닐지 모른다. 당신은 첫 투자의 좋은 기억만 가지고 스스로 공부하고 투자할 기회를 평생 잃게 될지 모른다. 당신에게 좋은 투자 정보를 알려준 투자자가 평생 당신 옆에서 종목을 추천해주고 매수, 매도 타이밍을 알려줄 리 없다는 걸 명심하기 바란다.

02
다시 태어나기 위한 서약서

다시 태어나기로 결심한 이상, 이 의지가 꺾이기 전에 뭔가 빨리 실행에 옮겨야만 했다.

매년 새해 다짐은 어학 공부와 다이어트였다. 그리고 몇 주 지나지 않아 내 다짐은 무용지물로 끝나고 말았다. 이번에는 결코 그러고 싶지 않았다. 의지박약의 삶을 벗어나기 위해 나는 오랜 고민 끝에 서약서를 쓰기로 마음먹었다. 그리고 투자를 위해 다시 태어나기로 결심을 했지만, 그 과정에서 스트레스를 받기보다는 게임처럼 한 단계 한 단계 성취하고 성장해나가는 즐거움을 느끼고 싶었다.

〈새 생명 탄생 서약서〉

나는 오늘부터 소비자의 생을 마감하고, 투자자의 삶을 살기 위해 다시 태어난다.

100일 동안 다시 태어날 나 자신을 위해 태교에 집중할 것을 약속한다.

〈일일일 실천〉

나는 지금부터 1일 동안 금식한다.

나는 지금부터 1주일 동안 소비하지 않는다.

나는 지금부터 100일 동안 태교훈련에 집중한다.

내가 만약 중도 포기할 경우, 아내에게 내 용돈으로 샤넬 백을 선물하기로 한다.

난 다른 사람의 의견을 듣고 투자하지 않는다.

또한, 반드시 투자하기 전에 아내에게 투자에 대한 설명을 하고, 아내도 동의할 경우에 한해 투자를 결정한다.

별 볼 일 없는 내용일지 모르겠지만, 당시 나는 진심이었고, 한 집안의 가장으로서 가족의 구성원인 아내도 설득하지 못한 상태에서의 투자는 의미가 없다고 생각했다.

이제 진짜 승부가 시작된 것이었다.

먹는 걸 좋아하는 내가 일일일 실천을 하기로 마음먹은 건, 머릿속에 있는 다짐을 몸과 마음에 또렷하게 각인시켜 주고 싶었기 때문이었다.

다이어트를 하기 전에 몸에 있는 나쁜 독소를 빼기 위해 디톡스를 하는 과정처럼, 투자자로 다시 태어나기 위해 모든 소비와 음식 섭취를 중단하는 것부터 시작했다.

24시간 금식을 해본 적이 있는가? 처음엔 허기지고 신경질이 나기 시작하는데, 신기하게도 24시간이 지나고 난 뒤에는 허기가 사라지고 음식에 대한 욕구가 줄어든다.

24시간이 지난 뒤, 빈속을 달래기 위해 첫 끼로 야채죽을 먹었는데, 일부러 밥알 한 알 한 알을 느끼기 위해 천천히 음미하며 곱씹으며 먹었다. 그때 그 맛을 잊을 수 없다.

소비도 마찬가지였다. 원래 절약과 저축이 익숙했기에 큰 어려움이 없을 것이라 생각했는데 현실은 크게 달랐다. 1주일 동안 소비를 전혀 하지 않는다는 제약이 걸리자, 생각보다 금단 증상처럼 안절부절하지 못하게 되었고, 그동안 무의식적으로 사용했던 돈이 적지 않았다는 사실을 깨달았다.

당장 출근하는 길부터 대중교통을 이용하지 못하니 평소보다 1시간이나 일찍 일어나 자전거를 타고 출근을 해야 했고, 회사 동료들과 함께하는 커피타임도 가지지 못하고 산책을 했다. 1주일간 어떤 모임에도 참여하지 못했고, 점심식사도 사먹지 않기 위해 집에서 싸간 과일과 빵으로 대체했다.

누군가 기준을 정해준 것도 아니었지만, 1주일간 소비를 하지 않으니 처음에는 불편하고 답답했지만, 나중에는 그 생활도 익숙해지기 시작했다. 소비를 하지 않았을 뿐인데 자유시간이 늘어났다.

돈이 없으면 자유시간이 생겨도 특별히 할 수 있는 게 없었기에, 걸

으며 투자 관련 방송을 듣는 게 즐거움이었다.

딱 1주일간 소비를 끊었을 뿐인데, 체중도 3킬로그램이나 빠지고 걷고 공부하는 습관이 자연스럽게 자리 잡게 되었다. 억지로 시간을 만들어 공부를 하는 것이 아니라 걷기와 병행했기에, 재테크 관련 오디오 방송과 경제 뉴스를 듣다보니 조금씩 내용이 이해되기 시작했다.

물론 '내가 왜 이렇게 사서 고생을 할까'라는 생각도 해봤지만, 고생으로 내 인생에 있어 부정적 영향을 미치는 건 전혀 없었다. 난 더욱 건강해지고, 절약한 돈만큼 자산이 늘었으며, 매일 투자 공부를 하는 자연스러운 습관이 생겼다.

물론, 개인 건강상의 이유로 금식을 할 수 없는 사람도 있겠지만 본인의 건강 상태에 맞게 금식을 하고, 소비를 하지 않는 기간을 설정해보자. 작은 돈의 소중함을 느낄 수 있고, 그동안 무의식적으로 많은 소비를 해왔던 걸 반성하게 될 것이다.

이 정도의 고통과 아픔을 견디고 절제할 수 있어야 내 안에 쌓여 딱딱하게 굳어버린 소비라는 철옹성을 부수고 다시 태어날 수 있는 것이다.

아내는 서약서 내용을 보고 한 번 피식 웃다가 샤넬 백 내용이 나오자 방긋 웃으며 내 도전을 응원해주었다. 이번 도전에 실패하면 샤넬 백이란 엄청난 페널티가 있었기에 내 각오는 남달랐던 것 같다.

나에게 다시 태어나기 위해 주어진 시간은 딱 100일이었다. 그렇게 그날 이후 아내는 첫째 아이를 위한 태교를 했고, 나는 소비자의 삶을

투자자의 삶 서약서

본인은 나와 가족의 행복을 위해 투자자의 삶을 살겠노라 다짐합니다.

본인은 투자자로서 절약하며 투자 공부와 실천을 함께 할 것을 약속합니다.
또한, 다음 사항을 준수.이행할 것을 보증인 연서로 서약합니다.

제 1 조【기본 준수사항】본인은 불필요한 소비를 절약하고, 월급 외 소득을 확보하여 투자자금을
확보하기 위해 노력한다. 보증인은 본인의 위와 같은 활동에 대해 적극 존중하고 지원한다.
※ 보증인과의 공동자산을 활용한 불필요한 소비 역시 절약한다.

제 2 조【투자자금 분리】절약, 월급 외 소득을 통해 확보한 현금은 발생즉시 투자통장으로 이체할
것이며, 투자통장은 투자 외 어떤 목적을 위해서도 사용하지 않는다.

제 3 조【투자공부】부동산 투자공부는 지속하되, 새로운 투자공부를 다음과 같이 시작한다.
매일 경제기사를 읽고 분석한다. 주 1 회 이상 블로그에 재테크 관련 글을 등록한다.
월 1 권 이상 투자 관련 책을 완독한다. 1년마다 투자성과, 자산현황에 대해 분석하고 개선점을 도
출한다.

제 4 조【투자시점】본인은 투자통장에 직장 세후월급만큼의 투자금이 모이기 전까지는 투자를 시
작하지 않고 투자공부에 집중한다.

제 5 조【투자대상】본인은 투자통장의 투자금은 부동산을 제외한 분야에만 투자한다.
투자시 투자통장내 현금 외 자산은 추가로 투입하지 않는다.

제 6 조【투자책임】투자통장 자금을 활용한 투자는 오직 본인에게만 책임이 있으며,
투자 진행과정 및 결과에 대해 보증인에게 공유할 의무가 없다

제 7 조【기한】위 서약의 유효 기한은 최초 서약서 서명일로부터 1년간 유지하며,
본인 판단 하에 1년 단위로 연장할 수 있다.

제 8 조【불이행시책임】본인은 위 각 호의 사항을 이행하지 않을 때는, 본인 혹은 보증인의
판단 하에 24 시간 금식, 24 시간 소비하지 않는 패널티를 부담한다.
※ 3 회 이상 패널티 미실행시 투자통장의 자산은 보증인에게 송금하기로 한다.
 단, 본인이 1년간 성실히 수행하여 성과가 있을 경우, 보증인도 투자자의 삶에 동참한다.

22 년 5 월 15 일

투자자 리치판다
보증인 오매력

● 투자자의 삶 서약서: 투자자의 씨앗을 잉태하다

벗어나 투자자로 다시 태어나기 위한 나만의 태교 과정에 들어가게
되었다.

멀쩡한 아저씨가 갑자기 태교를 한다고 하면 미친 사람으로 오해를

받을 수 있겠지만, 미치지 않고서 부자로 다시 태어날 방법은 없다.

😮 생각 바로잡기

당신도 다시 태어날 각오를 했다면, 의지가 흔들리지 않게 자신만의 방식으로 서약서를 작성하여 배우자, 가족 등에게 최대한 많이 선언하기 바란다.

대부분의 배우자들은 실패시 고가의 선물을 주겠다는 내용을 확인하는 순간, 당신의 실천 여부를 철저히 감시해주는 조력자 역할을 기꺼이 맡아줄 것이다.

당신 역시 돈 한 푼 쓰지 않고 모아온 피 같은 용돈이 배우자만 행복해지는 데 쓰이는 걸 막기 위해 이 악물고 최선을 다할 것이라 믿는다.

이 책을 쓰는 과정에서 나 역시 부동산 투자가 아닌 새로운 재테크 분야 공부를 위해 새로운 마음으로 서약서를 작성해보았다. 비단, 부동산뿐만 아니라 재테크를 공부함에 있어 결심이 작심삼일에 그치지 않도록 마음을 다잡는 건 매우 의미 있는 일이라 생각한다.

03
목표 금액이 곧 태명이다

부부는 아이가 엄마 뱃속에 있을 때 아이에게 태명을 지어준다. '건강이, 소망이, 축복이, 사랑이' 등 아이를 향한 부모의 사랑과 바람이 듬뿍 담긴 애칭이다. 우리 부부가 첫째 아이에게 지어준 태명은 '건강이'였다. 다른 거 없이 건강하게만 태어나주면 더 바랄 게 없다는 의미였다.

신생아는 아니지만 나도 나를 위한 태명을 지어주기로 했다. 내가 투자자로 다시 태어나는 걸 아는 사람은 아내밖에 없었다. 그래서 조금은 더 솔직하게 태명을 지었다. 내가 지은 태명은 '30억'이었다.

직관적으로 내가 경제적 자유를 달성하기 위해 꿈꾸고 있는 금액을 선정한 것이었다. 태아가 무럭무럭 자라는 100일 동안 몇 번이고 되새기며 머리와 심장에 각인시켜야 할 그 이름. 내 인생에 있어 싫지 않은 일에 'No!'라고 할 수 있는 당당함을 가져다줄 숫자이자 하루 24시간을 온전히 내 생각대로 사용할 수 있게 만들어줄 꿈 같은 숫자였다.

30억도 크다면 큰 숫자이지만, 이왕이면 '100억' 같이 거창한 태명을 짓는 게 낫지 않느냐고 반문할 수도 있을 것 같다.

당신이 나와 같은 방식으로 다시 태어나기를 결심했다면 막연하게 '이쯤은 있어야 부자가 아니겠어?'라고 생각하는 금액을 태명으로 짓는 우를 범하지 않았으면 좋겠다. 남에게 보여주기 위한 과시용 액수가 아니다. 반드시 이루고 말겠다는 금액으로 정해야 한다.

태명은 매우 중요하다. 태명을 어떻게 짓느냐에 따라 내가 원치 않는 노동에서 해방되는 시기가 앞당겨질 수도 있고, 혹은 평생 돈만 벌다가 생을 마감하는 불행한 돈의 노예로 전락할 수 있다.

나는 목표 금액을 산정할 때, 내가 생각할 때 가장 만족스럽고 이상적인 하루 일상을 먼저 떠올려보았다.

아침 일찍 일어나 자전거를 타고 라이딩을 하고 돌아와 샤워를 한 후, 아내와 함께 분위기 좋은 브런치 카페에서 아점을 먹는다. 오후에는 낯선 장소를 찾아가 새로운 경험을 하거나, 새로운 걸 배우고 싶다. 시간 여유가 있다면 커피숍에서 책을 읽거나 글을 쓰고 싶다. 저녁에는 지인들을 초대해 가볍게 저녁 식사를 함께 하고, 차를 마시며 보드게임을 즐기고 싶다. 잠자리 들기 전에는 아내, 아이들과 오늘 하루 있었던 일에 대해 소통하는 시간을 갖고 싶다.

내가 생각하는 이상적 하루에는 고급 스포츠카도, 골프 라운딩도, 화려한 쇼핑도 없다. 그저 새로운 경험을 쌓는 데 돈을 지불하고, 소중한 사람들과 식사를 하며 여유 있게 시간을 누리고 싶을 뿐이다.

생애 주기를 고려하고, 노후비용, 아이들 교육비 등 추가로 필요한 비용을 계산해보았을 때, 30억 원이면 남 눈치 보지 않고 살아갈 수 있으리라 생각이 되었다.

당시에는 '30억을 내가 감히 넘볼 수 있을까?' 하며 스스로 피식 웃기도 했다. 하지만 현실의 나는 결코 이룰 수 없는 꿈 같은 금액일지 몰라도, 이제 새롭게 태어날 내 분신이라면 해낼 수 있을 것이라 다짐했다.

이제 새롭게 태어날 내 분신! 투자자의 영혼이 깃든 새 생명의 태명이 결정되었다. 소비의 유혹에 흔들릴 때, 투자자로 다시 태어나고자 하는 의지가 약해질 때마다 나는 '30억'이라는 태명을 몇 번이고 외치며 스스로 용기와 책임감을 불어넣었다.

🐼 **생각 바로잡기**

다다익선이란 말은 공짜로 무언가를 얻을 때의 일이다. 내가 노력해서 성과를 만들어내야 하는 상황에서는 목표치가 지나치게 높으면, 목표 달성을 향한 의지를 불태워야 할 시기에 현실의 벽에 부딪쳐 좌절하고 만다.

당신이 목표로 하는 꿈의 금액은 한 번 달성하고 끝나는 것이 아니다. 목표를 달성한 후에 더 큰 목표를 다시 설정할 수 있고, 언제든 상황에 따라 수정도 가능하다. 첫 꿈을 너무 크게 잡진 말자.

04
다시 태어나기 위해
끊어야 할 것

엄마로서 임신을 한다는 건 큰 축복이자 희생의 시작이다.

내 아내는 아이를 위해 많은 것을 포기했다. 엄마와 아이는 탯줄로 연결되어 있어 엄마가 먹는 것이 아이의 양분이 되고, 엄마가 보고 느끼는 감정의 변화가 아이의 정서에도 영향을 줄 거라는 믿음 때문인지 아내는 모든 걸 조심했다.

아내는 태교를 위해 클래식 음악을 들으며 산책을 했고, 예쁜 것만 보아야 아이가 예쁘게 태어난다는 속설을 믿어 아름다운 꽃과 예쁜 연예인 사진을 자주 보았다.

아빠로서 아내의 고통과 희생을 대신해줄 수 있는 방법이 없었다. 그저 미안하고 고마울 뿐이었다.

하지만, 투자자로 다시 태어나기로 결심한 이후부터는 달랐다. 나 역시 아내의 태교 과정을 지켜보며 다시 태어날 내가 멋진 투자자가 될 수 있도록 태교에 집중하기로 마음먹었다.

부자의 삶을 동경했기에 부자 되기 위해 내가 절제해야 될 것, 내가 반드시 해야할 것이 무엇인지에 대한 지식은 충분했다.

본 태교 과정은 나뿐만 아니라 투자를 시작하고 싶어하는 지인들에게 소개하여 상당한 효과를 거두어 검증된 방법이다.

만약, 당신도 투자자로 다시 태어나려 하는데, 마땅한 태교 방법을 찾지 못했다면 지금부터 내가 했던 방법을 차근차근 따라와 보기 바란다.

나는 거대한 부자가 아니기에 엄청난 부를 이루는 법을 가르쳐줄 능력은 없지만, 적어도 소비자에서 투자자로 다시 태어나게 만드는 데 있어 분명히 도움 줄 수 있다.

엄마와 탯줄로 이어진 태아는 엄마의 태교를 그대로 습득하지만, 투자자로 다시 태어나기 위한 태교는 현실의 내가 버젓이 생활을 하고 있기에 유혹을 견디기 더 쉽지 않을 것이다.

부동산에 있어서도 빈 땅에 아파트를 새롭게 짓는 거는 어렵지 않다. 하지만 기존에 지어져 있는 낡은 아파트를 철거하고 다시금 새로 짓기 위해서는 상당한 노력과 시간이 필요한 법이다.

다만, 투자자로 다시 태어나기 위해서는 10달이 아니라 100일만 견뎌내면 된다.

난 100일간의 몰입된 태교 과정을 통해 불필요한 소비습관을 탈피할 수 있었고, 넘쳐나는 물욕이 사라졌고, 그 빈 자리를 투자하고자 하는 의지와 욕구로 채우는 데 성공했다.

투자자로서 다시 태어나기 위해서 태교과정에서 반드시 하지 않아야 할 4가지를 우선 정했다. 임산부가 태아를 위해 술, 담배를 하지 않는 것과 동일한 과정이라고 생각하면 좋을 것 같다.

'어차피 진짜 임신을 한 것도 아니고, 다시 태어나봐야 나일 텐데, 오늘 하루쯤은 괜찮지 않을까?'라는 생각이 당신을 평생 경제적 자유에 다가설 수 없게 만들 것이다.

다시 태어나기로 마음 먹고, 용기를 낸 이상 딱 100일만 완전히 끊어보길 바란다.

SNS를 끊자

우리는 선진국인 대한민국에 살고 있다.

사람마다 보유자산의 차이는 있지만, 우리나라에 태어났다는 이유만으로도 우리는 적어도 굶지 않을 권리를 누리게 되었고, 학교에서 의무교육을 받을 수 있는 권리가 주어진다.

하지만 이를 감사히 여기는 사람은 사실 어디에도 없다. 우리가 기아로 허덕이고 있는 아프리카 최빈국을 방문하여 직접 경험하지 않는 이상, 그들의 가난이 우리와 다른 환경에 처한 사람들의 이야기이기에 별로 와닿지 않는다.

우리는 그들에 비해 충분히 행복하지만, 우리는 항상 나보다 더 부유한 사람, 더 인정받는 사람, 더 매력적인 사람과 비교를 하며 산다.

나보다 나은 사람과 비교를 통해서 더 성장해야겠다는 긍정적 변화로 이어지면 좋은 일이겠지만, 대부분은 나보다 나은 사람을 시기하거나 질투하는 형태로 변질되는 경우가 많다.

이미 다른 사람이 부러워하고 선망하는 삶을 살고 있는 사람들조차 본인보다 더 나은 사람과의 비교를 통해 자괴감을 느끼는 사람들이 늘어가고 있다.

특히, 요즘 시대에 가장 많이 언급되는 단어는 '벼락거지'일 것이다. 부동산, 주식, 코인 등 다른 사람들이 투자를 통해 큰 부를 이루자, 투자에 참여하지 않았다는 이유만으로 상대적으로 내가 이룩한 성과와 자산이 거지처럼 느껴진다 해서 생겨난 신조어다.

벼락거지는 사실 거지가 아니다. 실제 내 삶은 달라진 것이 없는데, 타인의 삶과 비교를 통해 자신을 스스로 거지로 몰아넣은 것이다.

우리가 투자자로 다시 태어나기 위해서 반드시 하지 말아야 할 것은 다른 사람과의 비교다.

이제 투자자로 다시 태어나 공부하고 몰입하다보면 성공한 투자자들을 만날 기회가 많아진다. 그때마다 부정적으로 비교하는 습관이 남아 있으면, 당신의 페이스로 투자를 하지 못하고, 다른 사람이 이미 이룩한 부를 부러워하게 된다.

투자를 하기 전에는 몰랐던 투자자들의 경이적인 성과를 직면하게 되고, 그들과 함께 만나고 대화할 수 있는 시간이 많아질수록 뒤늦게 시작한 투자자로서 조급함을 느끼게 된다.

자신만의 투자 철학도 투자에 대한 경험도 없는 상태에서 단기간에 큰 수익을 볼 수 있는 투자처만 찾아다니게 되고, 사기꾼의 감언이설에 속아 사기를 당할 확률이 높아진다. 설령 운이 좋아 큰돈을 벌었다 해도 그 돈을 지켜내기가 쉽지 않을 것이다.

즉, 지금 태교를 통해 비교하지 않는 법을 체득해야만 여러분이 투자자로 다시 태어난 이후에도 투자에 대한 가치관이 명확하게 정립되고, 남들 따라 우르르 몰려가 투자하는 유행성 투자가 아닌 본인만의 인사이트로 투자를 결정할 수 있는 투자자로 성장할 수 있을 것이다.

하지만 비교하지 않는 삶을 살기란 생각보다 쉽지 않다.

어렸을 적에는 전교 1등인데 착하기까지 하다는 전설 속의 엄마 친구 아들과 비교 당해야 했고,

회사에 취업하고 보니, 항상 일 잘하는 데 싹싹하기까지 한 동료와 비교를 당해야 하고,

결혼하고 나면, 주말에 아이와 신나게 놀아주는 정체를 알 수 없는 아이 친구의 아빠와 비교를 당해야 한다.

그렇게 비교당하는 인생을 살다보니 나 역시 다른 사람의 시선이 신경 쓰이고, 누군가와 날 계속 비교하는 사람이 되어 있었다.

비교가 너무도 익숙한 삶인데, 어떻게 비교를 하지 않을 수 있을까?

생각보다 어렵지 않다. SNS를 끊는 것부터 시작하면 된다.

우리는 인스타그램, 페이스북, 트위터, 블로그와 같이 다양한 SNS에 노출되어 있고, SNS 환경에서 살아가는 것에 적응되어 있다.

SNS에서는 내가 평소 선망하고 부러워했던 연예인, 인싸들의 일상을 훤히 들여다볼 수 있다. 평소 동경해온 연예인의 무대 뒤의 일상까지 관찰할 수 있고, 그들이 식사는 무엇을 먹었는지 스케줄은 어떤지 등 모든 걸 손가락 몇 번 클릭만으로 알 수 있다.

연예인이 마치 내 지인이 된 것처럼 느껴진다.

또한, 내 가장 친한 친구, 고등학교 때 친했지만 지금은 연락하지 않는 친구, 심지어 헤어졌던 이성 친구의 삶도 엿볼 수 있다.

무엇보다 SNS를 즐기는 데 들어가는 시간과 노력, 무엇보다 비용이 너무 적다. 모든 것이 무료이고, 휴대폰만 있으면 언제 어디서나 쉽게 SNS를 즐길 수 있다. 수많은 콘텐츠, 영상, 사진이 실시간으로 제작되고 업로드된다. 나도 콘텐츠의 소비자이자 생산자이기 때문에 한번 빠져들면 자발적으로 중단하기가 쉽지 않다.

물론, 온라인상의 인맥 관리에 지치거나 흥미를 잃고 SNS를 중단하는 사람도 있겠지만, 많은 사람은 현실의 인간관리보다 SNS상의 인간관계에 더 많은 시간과 정성을 할애하고 있는 현실이다.

SNS는 단편적인 찰나의 순간이 나를 대변해준다. 인간의 비교하는 습성 때문에 우리는 실제로 내가 가진 것보다 더 많은 것을 누리고 있는 것처럼 보이고 싶어한다. SNS에서만큼은 타인보다 비교우위에 있고 싶은 심리다. 평범한 일반인도 SNS에서는 '인싸'가 될 수 있게 되었고, 점점 더 다른 사람들의 눈을 의식하게 되었다.

얼마 전 충격적인 인터넷 기사를 본 적이 있다.

중국에서는 최고급 호텔 룸에서 호화롭게 지내는 모습을 SNS에 남기고 싶은 마음에, 젊은 여성들이 돈을 모아 호텔을 빌리고, 각기 사용시간을 분배해서 최고급 룸에서 드레스를 입고 사진만 촬영하고 나온다는 기사였다.

또한, 슈퍼카를 빌려 운전석이나 본네트에 기대어 사진을 찍는 것도 유행이라는 내용이 서글펐다.

다른 사람과 비교하거나 비교당하는 걸 거부하는 삶을 살아온 나에게 있어서는 SNS상에 업로드할 한 컷의 가공된 삶을 위해 현실의 궁핍한 삶을 견뎌낸다는 것 자체가 도저히 이해할 수 없었다.

우리나라 역시 정도의 차이는 있겠지만, 가공된 인생의 단편을 자신의 삶으로 착각하는 사람들이 분명 존재한다.

진정한 내가 아닌 한껏 부풀려 화려하게 포장된 나를 뽐내기 위해 피 같은 돈을 쏟아 붓는 삶이 이상적 삶일까?

아니면 SNS에는 유령과도 같이 없는 존재이지만, 현실에서는 많은 사람이 만나고 싶어하고, 교류하고 싶어하는 그런 부자로 성장할 것인가? 그건 당신의 선택에 달려 있다.

당신 스스로 부자라고 인식하는 순간, 적어도 남들에게 자신의 부를 과시하는 데 시간과 열정 그리고 비용을 낭비할 생각은 사라질 것이다. 오히려 당신이 이룩한 부를 시기하고 질투하는 사람들의 이목이 신경 쓰여 평소보다 더 조심하고 겸손하게 행동하려 할 것이다.

투자자로 다시 태어나는 100일의 태교기 동안 SNS를 끊어버리는 것만으로도 당신의 삶을 타인과 비교하거나 비교당하는 것으로부터 해방될 수 있는 소중한 기회를 얻는 것이다.

단, SNS를 통해서 이미 수입을 창출하고 있는 사람들은 예외다. 그들에게 SNS는 자신을 뽐내기 위한 장소가 아닌 비즈니스의 현장이기 때문이다.

다만, 비즈니스 형태로 활용하고 있는 SNS는 유지하되 개인적으로 지인들과 소통하기 위해 사용하는 개인 SNS는 다시 태어나기 위해 동일하게 중단해야만 한다.

"SNS를 통해 나와 교류하는 사람이 얼마나 많은데, 어떻게 그걸 끊으라는 거냐?"

"코로나로 인해 지인들을 만나지도 못하는데, SNS를 하지 않으면 지인들 안부는 어찌 체크하나?"

여러 불평불만의 소리가 벌써부터 들리는 듯하다.

하지만 불과 몇 년 전만 해도 SNS 없이 당신은 잘 살아왔고, 당신이 SNS를 끊는 100일간의 시간 동안 무슨 일이 있느냐고 개별적으로 연락해오는 사람들이 어쩌면 당신의 진정한 지인일지 모른다.

그냥 형식적으로 서로에게 '좋아요'를 보내고, '멋지다, 예쁘다, 부럽다'라는 댓글을 남기는 관계는 지인이 아닌 SNS 상에서 상부상조하는 파트너 관계일 뿐이다. 그런 관계를 유지하기 위해 시간을 보내지 않길 바란다.

평생 끊으라는 것이 아니다. 딱 100일이다.

당신의 가슴 속에 막 잉태되어 있는 당신의 뚜렷한 목표금액을 달성하기 위해서는 반드시 필요한 과정이다.

미디어를 끊자

미디어의 힘은 위대하다. TV, 유튜브, 영화 속에 살아 숨쉬는 영상들은 오감을 극대화시켜줘 만족감이 높다.

많은 사람들의 취미로 TV 보기, 넷플릭스, 유튜브, 혹은 영화감상, 스포츠 경기 관람 등이 손에 꼽힌다. 미디어 시청의 가장 큰 장점은 진입장벽이 매우 낮은 취미생활이다.

돈이 없어도 누구나 무료로 즐길 수 있고, 여가시간이 부족해도 아주 적은 시간과 스마트폰만 있으면 미디어를 충분히 즐길 수 있다.

그리고 내가 동경하는 삶, 내가 하고 싶지만 못 하는 일을 미디어를 통해 대리만족을 느낄 수 있다. 현실의 당신은 축구를 한 지 20년이 넘지만, 매일 새벽 프리미어리그를 시청하며 열성적으로 응원할 수 있다. 더 나아가 당신은 감독이 된 것마냥, 선수들의 플레이를 평가하고 코칭할 수 있다.

다이어트 중에도 먹방 유튜버의 맛있게 먹는 모습을 보며 대리만족을 느끼고, 돌아이짓을 서슴없이 하는 유튜버의 영상을 보며 간접적으로나마 일탈을 경험하며 쾌감을 즐긴다.

미디어 시청은 마약과도 같다. 아주 짧은 시간에도 강렬한 만족을 선사하기 때문이다.

어렸을 적에는 나도 TV를 즐겨봤다. 하지만 다행히 KBS, MBC, SBS 등 몇 개 채널밖에 없었다. 각 방송국마다 다양하게 제공되는 프로그램으로 인해 내 입맛에 딱 맞는 프로그램은 많지 않았다.

그래서 매주 일요일 개그콘서트를 보거나, 수목 드라마 본방을 사수하기 위해 스케줄을 조정해야만 했고, 급한 일이 생기거나 약속이 생기면 아쉽지만 TV를 보지 못했다.

하지만 요즘은 어떤가? 하루에도 수많은 유튜버가 개인방송국을 신설하고 있고, 틈새시장을 찾기 위해 비주류인 분야까지도 모두 전문 유튜버가 성장하고 있다. 그들은 각기 다양한 콘텐츠를 매일 같이 제작하고 있으며, 유튜브 알고리즘은 내 입맛에 딱 맞는 영상들을 끊임없이 추천하고 있다.

솔직히 이런 자극적인 미디어를 줄이기란 정말 쉽지 않다. 끊는 것이 답이다. '야근으로 고생하고 집에 와서 씻고 잠자기 전에 잠깐 드라마나 유튜브 보는 게 유일한 낙인데 그게 뭐 얼마나 부자 되는 일에 방해가 된다고, 이런 소소한 행복도 포기하라는 거냐'라며 따지고 싶은 분이 많을 것이다.

하지만 당신이 진정 집에서 잠자리 들기 직전에만 잠깐 미디어를 접하고 있다고 자신할 수 있는가? 스마트폰이 보급되고, LTE, WIFI가 보급되면서부터 우리는 출퇴근시간, 식사시간, 심지어 화장실에서 용변을 보는 순간에도 미디어 시청을 멈추지 못한다.

마약과 술, 흡연의 중독 증상은 심각하게 생각하지만 미디어 시청의 중독에 대해서는 사회악이 아니라서, 혹은 건강에 직접적인 영향을 주지 않는다는 이유로 별 대수롭지 않게 생각한다.

하지만 투자자로 다시 태어나 투자자의 삶에 있어서 미디어 중독은 아주 심각한 악영향을 주는 위협요인이다.

미디어가 투자자로 다시 태어나는 데 무슨 연관이 있느냐고 생각할 수 있겠지만, 미디어는 당신의 소중한 시간을 먹어치우는 괴물이기 때문이다.

투자자의 삶에 있어 시간은 돈과 함께 가장 소중한 투자 재원이다.

경제적 자유를 달성하기 전까지 당신은 현실의 삶을 충실하게 살아가며 투자자로서 성장해야 한다. 시간을 먹어치우는 괴물을 반드시 퇴치해야만 당신이 투자 공부를 할 시간이 생김을 명심하자.

다른 사람들이 SNS를 하고, 미디어 시청을 하고 있을 때, 특정 투자 분야에 몰입할 수만 있다면, 당신은 해당 분야의 전문가로 성장할 수 있을 것이다. 당신이 전문가가 되어야만 돈 많은 부자와의 경쟁에서 부족한 자금을 가지고서도 승리할 수 있는 기회가 생긴다.

'나는 유튜브로 부자 되는 방법을 보고, 경제 뉴스 등도 보고 있다'

고 당당하게 주장할 수 있겠지만, 당신이 그런 영상들을 시청해왔다고 하여 부자가 되었는가? 아니면 부자가 될 가능성이 보이기 시작했는가? 그렇지 않다면 앞으로 100일만 미디어를 끊길 바란다.

항상 피곤했던 당신의 삶에 활기가 생길 것이고, 항상 바쁘게 쫓기듯 살아왔던 삶에서 벗어나 당신의 미래에 대해 사색할 시간이 생길 것이다.

그리고 미디어 시청을 통한 대리만족을 느끼지 못해 아쉬운 것은 잠시일 뿐이다. 투자자로 다시 태어나서 투자하고 성과를 맛보게 된다면, 직접 만족이라는 훨씬 큰 성취감을 느끼게 될 것이다.

취미를 끊자

우리는 항상 스트레스 받으며 살아간다. 우리가 부러워하는 부자도 연예인도 사업가도 모두 자신이 처한 삶에서 스트레스를 받는다.

사람들은 저마다의 방법으로 스트레스를 해소한다. 맛집 탐방, 여행, 캠핑, 음주가무 등 다양한 방식으로 스트레스를 풀다보면 어느덧 우리는 취미를 갖게 된다. 업무에 지치고, 인간관계에 지치고, 육아에 지칠 때, 우리는 취미생활을 통해 스트레스를 해소하고 지친 삶의 활기를 불어넣는다.

하지만, 이런 취미생활 역시 우리가 다시 태어나기 위해서 100일간 중단해야 한다.

사실 요즘 당신의 취미생활이 과거와 같이 독서나 음악 감상 수준이라면 크게 문제될 것이 없다.

하지만, 우리나라의 소득 수준이 높아지고 선진국화되면서 취미생활을 즐기기 위해 상당한 시간과 노력, 그리고 비용이 필요해졌다.

캠핑 장비를 싣기 위해 대형 SUV로 차량을 바꾼다거나 스크린골프를 게임처럼 시작했던 사람이 매주 필드에 나간다든지 앞서 금지시켰던 SNS를 통해 고급스럽고 뭔가 있어 보이는 취미생활이 나를 빛나게 하는 수단이 되어 왔다. 그리고 여러 미디어를 통해 우리는 전문가들에게서 새로운 취미생활을 너무도 쉽게 배울 수 있다.

이제는 "취미가 뭐예요?"라는 질문에 독서, 음악감상, 영화감상과 같이 단답형으로 이야기하는 사람을 찾아보기 힘들다. 대부분 여러 가지 취미생활을 즐기고 있으며 공통의 취미생활과 관심사가 비슷한 사람들과 새로운 인간관계를 맺고 교류하며 살아간다.

그러다보면 스트레스를 풀기 위한 취미를 넘어 취미생활을 즐기기 위해 회사를 다니는 주객이 전도되는 상황이 발생하기도 한다.

매일 반복되는 지루하기 짝이 없는 인생에서 취미생활이 없다면 무슨 재미로 사느냐고 반문하는 사람이 있을 것이다.

여러 번 반복해서 말하지만, 딱 100일이다. 당신이 기존에 누리고 있던 취미생활은 당분간 중단해야 하겠지만, 앞으로 100일 동안 당신에겐 새로운 취미생활이 생길 것이다.

앞으로 100일간 당신은 투자자로 성장하기 위해 투자 공부를 지속할 것이다. 미디어를 끊고, 취미생활을 끊으며 확보한 시간을 투자자로 다시 태어나기 위한 태교 교육에 집중할 것이다.

당신은 어떻게 공부가 취미가 될 수 있느냐고 또다시 반문할 것이다. 우리가 그토록 싫어했던 공부는 원치 않는 공부였고, 어느 기준을 통과하기 위한 수단으로서의 공부가 대부분이었다.

그렇다면 투자 공부는 어떨까? 투자는 앞에서 말한 것처럼 경제적 자유를 달성할 수 있는 기회를 제공해준다. 즉 우리 삶에 있어서 떼려야 뗄 수 없는 돈을 벌 수 있는 가장 확실한 길이 열리는 것이다.

나는 모든 취미를 끊고 투자 공부를 하는 그 순간이 너무 재미있었다. 태교 과정을 통해 투자자로 다시 태어날 수 있다면, 투자 공부가 당신의 취미이고, 투자가 당신의 특기가 될 것이다.

인간관계를 끊자

태교를 위해 끊어야 하는 4가지 중 마지막 단계이다. 누군가에게는 그리 어렵지 않을 수 있겠지만, 누군가는 이 단계 때문에 투자자로 다시 태어나는 것을 포기하는 사람도 있을 것이다.

인간관계를 끊는 것이다.

인간은 사회적 동물이라 했고, 직장생활에 있어서 인맥이 얼마나 중요한지 나 역시 잘 알고 있다.

인간관계를 끊으라고 해서 모든 사람과 인연을 끊고 절에 들어가 투자 공부를 해야 하는 건 절대 아니다.

당신이 100일 동안 만나지 말아야 할 사람들은 '소비자'의 삶을 사는 사람들이다. 대부분 사람들은 끼리끼리 만난다. 투자자들은 투자자들끼리 어울리고 소비자는 소비자들끼리 어울린다.

보통 우리들이 흔히 갖는 사적인 모임에 대해 떠올려보자.

오랜만에 만나며 서로 안부를 묻는 가운데, 멋진 외제차를 타고 온 친구나, 처음 보는 명품가방, 명품시계를 차고 온 친구에게 부러워하며 알아봐줘야 기분 좋은 만남이 진행된다.

대부분의 대화 주제는 드라마, 영화, 연예인, 취미, 신상품 등의 이야기가 주를 이룬다. 그리고 모임의 성격에 따라 직장 상사에 대한 불만, 학창시절에 대한 추억 등이 반복되고 일상적인 시시콜콜한 이야기들이 주요 안줏거리가 된다. 반복되는 일상 속에서 반복되는 대화가 이어지기 때문에 지인과의 만남은 편안하고 즐겁다.

하지만, 분명한 건 심신의 위로가 되는 건 사실이지만 일상적인 만남이 경제적 자유를 달성하는 일에는 아무런 도움을 주지 못한다는 것이다.

오히려 일상적인 모임에 나갈 때, 새롭게 달라진 나, 더욱 멋져 진 나를 보여주기 위해 새 옷을 사 입거나 새로운 가방을 큰맘 먹고 지르게 된다. 경제적 관점에서 볼 때는 오히려 만남이 지속될수록 자산이 감소하게 되는 것이다.

물론, 평생 돈, 돈 하면서 살라는 말은 아니다. 평소 나와 함께 지내오고 답답한 내 마음을 어루만져주고, 내 이야기에 함께 웃어주고 울어주는 친구들이 소중하지 않다는 말이 아니다.

투자자로 다시 태어난 후 세일과 쿠폰의 유혹에 흔들려 불필요한 소비를 하지 않을 합리적 소비관이 형성된 이후에는 소비자인 지인들을 만나도 전혀 문제될 것이 없다.

태교기간 동안에만 억지로 눌러놓은 소비심리를 다시 부추길 만남을 사전에 차단하는 것이다.

당신이 굳게 마음을 먹어도 현실적으로 실천에 옮기기 힘들 수 있다. 당신이 모임을 이끄는 주최자일 수도 있고, 사교적 성향이라 여러 모임에서 인기 있는 멤버로 참여하고 있을지도 모른다. 그런데 어느 날 갑자기 모든 모임에 참여를 중단한다고 말하면 대부분 모임에 참여하고 있는 사람들이 당신을 걱정하며 함께 하자고 설득하려 할 것이기 때문이다.

이럴 때 당신의 입장도 난처하지 않고, 모임으로부터 한시적으로 자유로워질 수 있는 방법이 있다.

선의의 거짓말을 하는 것이다. '자격증 공부'를 위해 당분간 공부에 집중한다고 말하면 생각보다 쉽게 각종 모임에서 자유로워질 수 있다. '어학 공부', '다이어트' 같은 걸 말하는 경우도 있지만, 대다수의 대한민국 성인이라면 누구나 다이어트와 어학 공부는 하고 있기 때문에, 그만한 이유로 모임을 지속적으로 참여하지 않는 것은 불가능하다.

하지만, 자격증 공부 같은 경우에는 다르다. 단기간에 집중해서 공부해야지만 자격을 취득할 수 있는 D-DAY가 정해져 있는 시험이기 때문에 사람들이 공부에 전념할 수 있도록 배려해주는 경우가 많다.

대한민국은 입시 공화국이고 모두가 시험에 익숙하고 시험의 중요성을 인지하고 있기 때문이다.

다시 한 번 말하지만, 평생 인연을 끊으라는 것은 아니다. 딱 100일간만 소비지향적인 사람들과 인연을 끊는 것으로 당신은 다시 태어날 수 있다.

SNS, 미디어, 취미, 소비지향적 인간관계

100일간의 태교 과정에서 과감하게 끊어야 할 4가지를 다시금 떠올려보자.

한 가지 분명한 건 4가지 모두 100일이라는 기한을 정해둔 이유는 100일의 습관이 가져다줄 진정한 변화의 힘을 믿기 때문이다.

실제로 지인 여럿을 통해 다시 태어나기 프로젝트를 진행해본 결과, 100일의 시간을 견딘 사람은 다시 태어난 이후에도 4가지를 끊은 삶을 상당기간 지속했다.

100일이 지나면 보복 소비도 하고, TV도 실컷 보고 친구들과 마음껏 만나고 먹고 마시며 즐길 줄 알았는데, 태교과정에서 반드시 해야 하는 4가지 훈련에 몰입하느라 끊어야 했던 4가지에 대한 흥미를 잃어버린 것이었다.

자, 본격적인 태교훈련에 들어가기 전에 투자자가 되기 위해 기초체력 훈련부터 시작해보겠다.

본 기초체력 훈련의 결과에 따라 당신의 경제적 자유를 달성하는 시기가 획기적으로 단축될 수 있는 아주 중요한 훈련이다. 반드시 중도 포기하지 않고 실행하기 바란다.

05
절약과 저축의 힘

투자자가 되기 위해서 안목, 지식, 경험, 감, 운 모든 요소가 중요하지만, 가장 근본적으로 필요한 건 역시 돈이다. 투자를 하기 위해서는 자금과 시간이 필요하기 때문인다.

투자자금은 로또 당첨과 같은 횡재를 하지 않는 이상 갑자기 하늘에서 떨어지지 않는다. 당신의 현재 삶에 변화를 주어 투자자금을 모아야 한다는 의미다.

'저축이 먼저다.'

당신의 현재 월급이 얼마인지 중요하지 않다. 앞서 태교과정에서 4가지를 금지하고 있기 때문에, 당신은 저축을 할 수 있는 최적의 상태다.

당신의 월급에서 고정비(주거비용, 통신비, 공과금 등)를 제외하고 미혼의 경우에는 80% 이상, 결혼한 사람의 경우 60% 이상을 우선 저축하는 걸 목표로 삼아야 한다.

개인의 사정에 따라 가감하면 되지만, 우선 100일간 진행할 것이기 때문에 최대한 타이트한 기준으로 목표 금액을 정하기 바란다. 월급을 받으면 카드값 다 내고 남은 돈으로 저축하겠다는 생각은 버려야 한다. 월급을 받는 날, 무조건 월급의 60~80%를 종잣돈 통장에 자동이체를 걸어놓는 것이 중요하다.

저축부터 하고 남은 돈으로 어떻게든 살아나가는 것이다. 쓰고 남은 돈을 절약하는 것이 아니라, 저축하고 남은 돈으로 살아가는 게 저축의 핵심이다.

물론, 살다보면 예기치 않게 돈 들어갈 데가 많이 생긴다. 하지만 한 번 철칙이 무너지기 시작하면, 점점 더 예기치 않은 일에 대한 범위가 넓어진다. 내가 좋아하는 브랜드의 의류가 폭탄세일을 하거나, 정말 좋아하는 레스토랑이 당신 집 근처에 생겼다는 이유로 소비를 합리화시킬 수 있기 때문이다.

내 경우에는 태교과정 중에 설정한 용돈을 최대한 아껴 월말에 남은 금액을 예비비로 별도로 모아 갑작스럽게 발생하는 지출을 충당했다. 결혼식이 많은 5월에는 예비비로 충당이 되지 않았지만, 저축 통장의 돈은 종잣돈을 모으기까지 절대 건드리지 않는다는 철칙을 지키기 위해 부모님께 돈을 빌린 경험도 있다.

누구를 위해서도 아니고 내 미래를 위해 세운 기준을 스스로 깨뜨려선 안 된다. 어떠한 일이 있어도 종잣돈 통장의 돈은 목표금액을 달성하기 전까지 출금해선 안 된다.

직장생활을 버티는 유일한 낙이 소비였는데, 너무 가혹하게 느껴지는가? 분명 저축을 먼저하고 남은 돈으로 살기 시작하면 소비할 수 없어서 오는 스트레스가 생길 수 있다.

하지만, 인간은 환경에 적응하는 동물이다. 저축하고 남은 돈으로 사는 데 익숙해지면 자연스럽게 절약하는 습관이 생성된다.

충동적으로 구입했던 예쁜 소모품, 습관적으로 출근길에 마시던 커피는 당신의 월급으로 볼 때 크게 부담스럽지 않은 소비였을 것이다. 하지만, 저축하고 남은 돈으로 살아가는 삶을 살다보면 커피 한 잔을 사더라도 한 번 더 고민하게 된다. 스타벅스 커피의 맛보다 탕비실에 비치된 회사 커피의 맛이 크게 다르지 않음을 깨닫게 되고, 가성비를 따지는 합리적 소비에 눈을 뜨기 시작할 것이다.

당신이 소비자로 살아왔었다면, 생각보다 당신의 삶에 절약할 수 있는 포인트가 매우 많다는 걸 느낄 수 있고, 절약이 습관이 되어 통장 잔고가 두둑하게 쌓여가는 걸 확인하는 순간 절약의 재미를 느낄 수 있을 것이다.

절약과 저축은 경제적 자유를 달성하기 위한 기초 체력이다.

절약과 저축하는 습관이 제대로 자리잡으면 당신이 생각했던 것보다 훨씬 빠른 시기에 경제적 자유를 달성할 수 있다. 반대로 이 부분을 간과하면 투자를 통해 아무리 큰 수익이 생겨도 함께 커져가는 소비로 인해 경제적 자유를 평생 달성하지 못할 수도 있다.

투자자로 다시 태어나기 전에는 소득을 크게 늘릴 수 있는 방법이 없다. 하지만 당신의 의지로 소비를 통제하는 것만으로도 절약과 저축하는 습관을 들일 수 있고, 당신은 경제적 자유를 향해 한 걸음씩 가까워지고 있음을 잊지 않길 바란다.

이제 저축하고 절약을 할 각오가 되었나? 하지만 현실은 만만치 않을 것이다.

당신이 직장인이라면 저축과 절약하는 습관을 들이기 힘든 상황에 처할 수 있다. 직장생활은 집단생활을 하는 곳이기 때문에 나 혼자 돈을 쓰지 않기가 쉽지 않다는 것이다.

아침에 출근할 때 스타벅스 커피 하나 정도는 들고 와야 뭔가 제대로 된 하루를 시작하는 것 같고, 후배와 근사한 곳에서 밥과 커피 정도는 사줘야 좋은 선배가 될 것 같고, 야근이 끝나면 함께한 동료와 찐하게 술 한잔 해야 피로가 풀리는 것 같다.

돈 없다고 말하기 부끄럽고, 투자자의 삶으로 다시 태어날 거라 선언하기 민망한가?

이미 태교과정에서 자격증 취득을 통해 불필요한 모임을 피하는 법을 알려줬지만, 또 한 번의 선의의 거짓말이 필요한 시점이다. 이 모든 난처한 상황을 한 번에 해결해줄 수 있는 마법이 있다.

'다이어트'

직장동료, 친구, 지인, 가족에게 다이어트한다고 선언하는 것으로 불필요한 소비에서 해방될 수 있다. 실제로 난 절약과 저축을 하는 과정에서 성취감이 배가 되게 하기 위해서 다이어트를 함께 했다.

간헐적 단식을 통해 아침은 금식을 했고, 출퇴근도 대중교통이 아닌 자전거를 이용하여 건강과 절약을 동시에 진행했다. 점심에 과식을 피하기 위해 사내 식당의 건강식 메뉴로 식사를 했고, 식사를 마치고 동료들이 커피 타임을 하러 갈 때는 재테크 방송 등을 청취하며 주위 산책을 했다.

그렇게 잔고는 쌓여가고 살은 빠지고 건강해지기 시작하니 삶에 자신감이 생기고, 게임하듯이 절약을 즐기면서 할 수 있었다. 살 빼기 약을 사먹는 것이 아닌 절약을 하며 건강까지 좋아지는 그 쾌감은 경험해본 사람만 느낄 수 있는 자부심이다.

당신도 절약만 하는 것에 그치지 말고, 금연, 절주, 다이어트와 같은 목표를 추가하여 진행한다면 성취감이 훨씬 커질 것이다.

🐼 생각 바로잡기

부동산 투자 모임에 참석해보면 훌륭한 성과를 이루어낸 투자자들이 참 많다. 투자자들 사이에도 소비와 절약이 습관화되어 수수한 차림의 사람이 있는가 하면, 높은 투자수익에 따라 소비를 늘려 화려한 삶을 사는 투자자도 있다.

한 가지 재미있는 사실은 동일하게 투자와 성과가 지속되는 상황에도 두 부류 투자자의 습성은 크게 달라지지 않는다는 것이다. 처음 둘의 차이는 크지 않을 수 있지만, 시간이 흐를수록 둘의 간극은 벌어지기 마련이다.

검소한 삶을 유지한 사람이 경제적 자유를 달성하여 퇴직을 할지 말지 고민하는 시기에 화려한 소비를 누리는 투자자는 여전히 돈이 부족하다며 아쉬운 소리를 하게 된다.

투자와 절약은 당신의 경제적 자유를 달성하는 시기를 결정해주는 본질임을 잊지 않길 바란다.

06
절약 습관,
부모님께 물려받은 최고의 선물

아직 우리 사회에는 재테크와 관련된 공교육을 받을 수 없다. 하지만, 우리에게는 모든 분야에서 본보기가 되는 스승이 있다.

부모님이다.

부모의 소비, 저축, 투자와 관련된 성향은 오랜 시간 지속되기 때문에 자녀들의 경제적 가치관 형성에 가장 큰 영향력을 미친다.

내 저축 습관은 은행원이었던 아버지에게서 비롯되었다. 아버지는 저축부터 하고, 남은 돈을 생활비로 어머니에게 주셨고, 어머니는 항상 빠듯한 생활비로 살아가기 위해 절약이 생활화되신 분이었다.

간만에 가족 외식을 하는 날에도 어머니는 '배가 부르다'는 핑계로 본인 식사를 시키지 않았고, 공기밥만 한 개 시켜서 기본 반찬과 우리가 시킨 음식을 조금씩 덜어드셨다.

어린 시절, 아버지와 함께 대중목욕탕에 가면 목욕 후 목욕탕 매점에 있는 바나나우유가 그렇게 먹고 싶었다. 아버지께 사달라고 조르면 항상 같은 말씀을 하셨다.

"목욕탕 매점은 너무 비싸니까 밖에 슈퍼에 가서 사줄게."

근처 슈퍼에 가까워지기 시작하면 아버지는 말씀하셨다.

"이왕 참은 거 조금만 더 참아. 집에 가면 냉장고에 있으니 그거 마시자."

그럼 결국 집에 있는 음료수나, 음료수가 없으면 보리차를 마셨다.

부모님은 식비, 의류비, 문화생활비 등 모든 부분에 있어 절약하는 짠돌이었지만, 자녀교육에 있어서는 아낌없이 지원했다.

아주 사소한 일화였지만, 어린시절에는 맨날 학원에서 공부하라고만 하고, 먹고 입고 즐기는 건 아끼는 부모님이 원망스러웠는데, 부모님의 소비 습관을 어깨너머로 배우다보니 자연스럽게 저축과 절약이 생활화되었다.

20대 대학생일 때는 '공부하는 시기에 돈이 무슨 필요하냐?'라고 생각했고, 30대 직장인일 때는 '내가 다니는 회사가 내 가치를 증명한다'라고 생각했기에 저축과 절약에 대한 가치관의 변화는 없었다.

나 역시 회사 동료들은 월급 받으면 좋은 브랜드의 옷도 지르고, 분위기 좋은 곳에서 술자리도 즐기며 행복한 삶을 사는 것 같은데 '난 왜 이러고 살아야 되나' 싶을 때도 있었다.

하지만 냉정히 생각해보니 어차피 당신과 같은 회사를 다니는 동료는 연봉이 비슷한 수준이다. 잘 차려 입고 외제차를 타고 다닌다고 해서 부자가 되는 건 아니었다. 그저 부자처럼 보이지만, 저축과 절약을 하고 있는 내 자산이 더 많았기에 다른 사람의 시선은 의식하지 않기로 했다.

그렇게 나는 입사 3년차 때 종잣돈 1억 원을 모았다. 차는 없었지만 지하철로 데이트를 즐겨도 좋아하고, 화려한 뮤지컬 공연은 못 봐도 중고나라에서 구한 초대권으로 연극을 함께 봐도 행복해하는 여자친구를 만나 결혼까지 하게 되었다.

'좋은 회사 들어가서 그렇게 찌질하게 사는 게 맞냐?'라고 할 수 있겠지만, 이렇게 사는 생활이 습관이 되면 이 삶도 참 즐겁고 재미있다. 20~30대에, 젊고 하고 싶은 것도 많을 때는 돈 없이도 즐길 수 있는 것이 너무도 많다.

그렇게 종잣돈도 모으고 투자자로 다시 태어난 뒤에는 동료들이 쇼핑몰에서 핫템들을 쇼핑하고 있을 때, 나는 부동산 시세를 체크하며 투자 물건을 검색한다.

저축하고 절약하는 습관이 한번 뿌리내리면 경제적 자유를 달성한 이후에도 크게 달라지지 않는다. 여전히 중고나라와 당근마켓에서 아이 장난감과 책을 구입하고, 마트에 가면 유통기한이 얼마 남지 않아 할인하는 식재료를 조합해서 어떤 요리를 해먹을지 행복한 상상을 한다.

비슷한 수준의 월급을 받고 있는 직장동료들이 '부자처럼 보이기 위해 무얼 살까' 고민할 때, 나는 경제적 자유를 달성하고 회사를 더 다닐지 말지를 고민하는 삶을 살고 있다.

07
종잣돈을 모아보자

경제적 자유를 위한 기초체력을 닦을 준비가 되었다면, 이제 본격적으로 태교훈련에 들어가보도록 하겠다.

투자는 노력과 열정, 지식과 기술만 있다고 성공할 수 있는 분야가 아니다.

투자에는 반드시 자금이 필요하고, 자금의 규모에 따라 투자의 성과는 가파르게 상승한다.

같은 실력의 투자자가 같은 환경에서 투자를 시작한다 가정하면, 자금이 많을수록 훨씬 더 유리할 수밖에 없다. 자금이 많다는 건 투자할 수 있는 범위가 넓다는 걸 의미하고, 자금이 많다는 건 예상치 못한 돌발변수에도 평정심을 잃지 않고 대응할 수 있는 힘이 되어 준다.

물론, 투자 경험과 실력이 없는 투자자가 자금만 많으면 사기를 당하거나 잘못된 투자로 실패할 확률이 높지만 준비된 투자자에게 자금은 강력한 무기이다.

성공적인 투자자로 성장하고 경제적 자유를 달성하기 위해 무엇보다 중요한 건 투자에 필요한 자금, 즉 종잣돈을 마련하는 것이다.

소비자의 삶을 살아왔던 사람들에게서 가장 힘든 과정이 종잣돈을 모으는 과정이다.

사실 종잣돈을 모은다는 건 그저 아끼고 저축하는 것 외에 답이 없어 단순하다. 하지만, 투자자로 성공하고 싶은 마음은 굴뚝같은데 내 월급에서 생활하고, 소비하고 남은 돈으로 저축을 하기 때문에 아끼고 모아서는 자산이 쌓이는 속도가 생각했던 것에 비해 너무 더디게 느껴진다. 종잣돈을 마련하는 과정을 지루하고 답답하게 느끼는 사람이 많다.

투자 공부를 시작하면 가장 먼저 접하는 내용이 100~1,000% 수익률을 달성한 투자자의 인증글이다. '내가 가르쳐주는 이 비법대로만 하면 누구나 큰돈을 벌 수 있다'는 과장된 광고가 담긴 전문가들의 강의를 들으면 당장이라도 따라서 투자를 하고 싶어진다.

특히, 여러 전문가는 '은행에 저축만 해놓은 돈은 인플레이션 상황을 감안하면 자산이 녹아내리고 있는 것과 다름없다'며, '어리석게 저축만 하지 말고 당장 투자를 시작하라'고 조언한다.

하지만 분명히 말하고 싶은 건, 어제까지 소비자였던 당신이 투자를 바로 시작해서 큰돈을 버는 요행을 바라는 건 도박이나 다름없다.

당신이 이번 태교훈련을 통해 종잣돈 모으는 과정에는 결코 손실이 발생해선 안 된다.

큰마음 먹고 투자자로 다시 태어나기 위해 이 악물고 안 입고 안 먹고 안 쓰고 모은 돈을 주식매매 몇 번의 클릭질로 돈을 날려버린다고 생각해보자. 투자 경험이 있고 공부가 되었다면 투자에 대한 실패 원인을 분석하고 다시 도전하면 되겠지만, 첫 시작부터 큰돈을 잃게 되면 제대로 시작조차 못 하고 당신의 꿈을 향한 도전을 포기할지 모르기 때문이다.

당신이 원하는 수준의 종잣돈을 태교 과정에 모두 모으긴 힘들 것이다. 그러나 당신에게 주어진 100일 동안은 소중한 종잣돈이 차곡차곡 쌓아가는 프로세스를 구축하면 충분하다. 종잣돈 모으기는 수익률이 낮지만 결코 실패하지 않는 안전한 투자다. 이를 통해 당신도 목돈을 모을 수 있다는 자신감과 성취감을 느끼는 것이 가장 중요하다.

자, 이제 현실적으로 종잣돈을 모으는 구체적인 방법 3가지를 알려주겠다.

첫째, 종잣돈은 1,000만 원을 목표로 먼저 도전하자

대부분의 직장인은 월급으로 1,000만 원을 받진 못할 것이다. 종잣돈을 300만 원 같이 적은 수준으로 잡으면 쉽게 달성할 수 있어 자신감이 붙을 수 있지만, 언제든지 마음만 먹으면 쉽게 달성할 수 있다는 오만함에 저축 자체를 미루게 된다.

또한, 명색이 종잣돈인데 300만 원으로는 본격적인 투자를 하기에는 턱없이 부족한 금액이다.

그렇다고, 처음부터 1억 모으기를 목표로 하게 될 경우에는 당장 한두 달 빡세게 절약하고 저축했는데 눈에 확인되는 돈이 200~300만원밖에 되지 않는다면, 1억 원이란 금액이 너무도 크고 멀게만 느껴져 제풀에 지쳐 포기해버리는 경우가 발생한다. 그래서 1,000만 원을 우선 첫 번째 목표로 설정하는 것이 좋다.

둘째, 사고 싶은 물건을 구체적인 목표로 설정하자

'명품 백을 사겠다'. '명품 시계를 사겠다' 등 구체적인 소비재를 목표로 설정하는 것이 효율적이다. 1,000만 원을 모아서 뭘 할 것인지에 대한 구체적 목표가 없이는 돈을 모으는 과정에서 중도 포기할 수 있다. '1,000만 원 모아서 집을 사야지', '주식에 투자해야지' 같은 두리뭉실한 목표보다는 평소 내가 갖고 싶었던 물건을 사겠다는 욕망이 강한 동기부여를 느끼게 해준다.

셋째, 종잣돈을 모으는 기간을 설정하자

각자의 수입 및 저축액에 따라 1,000만 원을 모으는 데 필요한 기간이 다를 것이다. 하지만 '1,000만 원을 6개월 안에 모으겠다' 같이 구체적인 금액과 기간을 반드시 정해야 한다.

가능하다면 당신이 100일 뒤 투자자로 다시 태어날 시기에 1,000만 원을 모을 수 있다면 더할 나위 없이 좋겠지만, 그렇지 않다면 투자자로 다시 태어난 후에도 1,000만 원을 모을 때까지는 종잣돈 통장은 절대 건드리지 말고 차곡차곡 저축해가길 바란다.

위 3가지 철칙을 지킬 수 있다면, 당신도 1,000만 원이란 목표를 달성할 수 있을 것이다. 자, 이제 목표를 달성하면 계획했던 것처럼 명품 시계나 명품 백을 사러 매장으로 달려가야 할까?

당신이 태교를 잘 마치고 무사히 투자자로 다시 태어나는 데 성공하고 종잣돈 1,000만 원도 달성했다면, 장담하건대 당신이 피땀 흘려 모은 그 귀한 돈을 단 한 번의 소비로 날리진 않을 것이다.

만약, 당신의 부자를 향한 열정이 진심이 아니라, 명품으로 위장된 부자처럼 보이는 삶이 목표였다면, 그거 하나 사는 걸로 만족하고 다시 소비자의 삶을 살며 돈의 노예가 되면 된다.

하지만, 내가 강의를 하고 컨설팅을 하며 저축과 절약을 알려줬던 대다수의 사람은 그동안 고생한 게 아까워서라도, 종잣돈을 만들어낸 스스로가 대견해서라도 몇 달 동안의 노력을 헛수고로 만들지 않았다. 당신도 할 수 있다. 자신감을 갖고 도전해보자.

절약과 저축하는 습관이 생기고, 종잣돈 마련을 통한 성취감까지 맛본다면 이제 본격적으로 투자를 배워야 할 단계다. 저축을 통해 돈을 모아왔던 시간이 부자의 길을 묵묵히 걷는 것이었다면, 당신이 제대로 된 투자란 날개를 탑재할 수만 있다면, 경제적 자유를 이루는 시기는 당신의 바람보다 훨씬 더 빠르게 달성할 수 있을 것이다.

08
투자 공부에 몰입하라

태교 과정에서는 부동산, 주식, 코인 등 다양한 투자 분야를 두루 접해보는 것이 필요하다.

그러기 위해서는 매일 공부하는 습관을 들이는 것이 중요하다.

태교훈련이 이루어지는 100일간의 시간 동안 당신의 유일한 취미는 투자 공부가 될 것이다. 현실의 나로 살아가기 위해 필요한 업무시간, 잠자는 시간 외 모든 시간을 활용해보자. 출퇴근할때나 밥을 먹거나 화장실에서 용변을 볼 때와 같이 모든 시간을 투자 공부에 몰입하는 것이다.

나는 부동산 투자를 통해 경제적 자유를 달성했지만 당신에게는 주식과 코인 투자가 훨씬 더 잘 맞을 수도 있다. 그렇기 때문에 태교 과정에서는 어떠한 투자가 나에게 잘 맞는지를 맛보는 과정이라고 생각하면 좋을 것 같다.

다만, 실제 돈을 들여 투자를 하는 것이 아니기 때문에 집중력이 흐트러질 수 있다. 특히, 여가시간 전부를 투자 공부하는 데 몰입한다는 건 고통스러울 지 모른다.

하지만, 이 역시 100일이라는 제한적인 기간에만 집중하는 것이기 때문에 꼭 도전하기 바란다.

사실 직접적인 돈이 되는 정보와 시장의 변화와 트렌드가 담겨 있는 경제 뉴스는 그 자체로도 상당히 재미있다.

태교를 할 때는 경제, 가급적 투자와 관련된 미디어 영상 시청도 금하는 것이 좋다. 아직 온전히 미디어로부터 해방되지 않은 상태라면, 처음 1~2편은 투자 관련 영상을 보겠지만, 평소 당신이 즐겨보는 채널의 핫한 영상이 추천영상으로 계속 뜨는데, 안보고 참기가 매우 힘들기 때문이다.

경제 분야 투자 분야 팟캐스트와 같이 음성기반 플랫폼의 콘텐츠를 이용한다면 다른 미디어로 한눈팔지 않고, 공부에만 집중할 수 있다. 특히, 1.5~2배속으로 재생하여 듣는 습관을 들인다면 양질의 콘텐츠를 빠르게 소화해나갈 수 있고, 단기간에 많은 정보를 습득할 수 있을 것이다.

이 시기에는 부동산, 주식, 코인 분야의 입문서적들을 읽어보는 것이 좋다. 전설적인 투자자들이 작성한 투자기법이 녹아 있는 책들은 두껍기만 하고, 맛보기 책으로 적합하지 않다. 입문서라 불리우는 기초용어부터 최대한 알기 쉽게 설명한 책들을 보며 기본적인 투자의 메커니즘을 익히는 것이 우선이다.

  태교과정에서 읽는 책들의 경우 절대 어렵다는 느낌이 들어선 안 된다. 가장 쉽고 간단한 책부터 시작해서 투자서적을 완독했다는 성취감을 느끼며 성장하는 것이 중요하다.

  또한, 경제 분야 기사들 중 각 신문사의 헤드라인 뉴스라도 읽어 보는 습관을 들이는 것이 좋다.

  연예, 스포츠와 관련 기사는 100일간 보지 않을 것이기 때문에 경제 관련 기사를 읽을 시간은 충분하다. 처음에는 이해도 되지 않고 용어도 알 수 없어 답답하겠지만, 이 모든 것이 내 자산을 증식시켜줄 돈이 되는 정보라고 마인드를 바꾸기만 해도 기사 하나하나가 너무도 재미있고 감사하게 느껴진다.

  경제공부는 당신을 부자의 길로 들어서게 해줄 든든한 자양분이 되어준다.

  솔직히 당신이 100일의 태교기간 중 매일매일 경제 뉴스를 읽고 공부를 한다 해도 갑자기 없던 실력이 생겨나고, 투자에 확신을 갖게 되진 않는다. 하지만, 당신에게 주어진 100일의 시간이 지나면 당신이 경제기사를 읽는 것이 숙제처럼 느껴지지 않고 재미있을 것이고, 전문가들의 칼럼을 찾아다닐 것이다.

더 나아가 경제기사의 탈을 쓴 광고성 글도 구분할 수 있게 될 것이고, 공부가 덜 되어 있는 비전문가 기자가 쓴 글에 헛웃음을 지을 수도 있을 것이다. 기사를 읽는 걸로 그치지 않고, 기사의 내용을 해석하고, 평가하는 수준에 이를 수 있다.

투자 공부로 시장의 흐름을 읽는 안목을 보유하게 되면 더 확신을 갖고 투자에 임할 수 있게 된다.

09
투자! 지금 바로 시작하자

본격적인 투자는 언제 시작하는 것이 좋을까?

종잣돈을 마련하고 투자를 시작해야 할까? 투자에 대한 확신이 들 정도로 공부를 하고 난 뒤에 시작하는 것이 좋을까?

사실 투자는 지금 바로 시작해야만 한다.

아니, 불과 조금 전까지만 해도 종잣돈을 모을 때는 절대 손실을 보면 되지 않으니 투자를 하지 말라고 신신당부했던 사람이 태교과정에서 투자를 바로 시작해야 된다고 하니 혼란스러운가?

종잣돈을 모으고 있는 저축통장은 절대 건드리지 않는다는 원칙은 변함없다. 다만, 투자를 바로 시작할 별도의 투자통장을 개설하는 것이 우선이다.

이 투자통장은 0원에서 시작하지만, 당신이 어떤 마음가짐으로 태교에 임하느냐에 따라 0원짜리 통장으로 끝날 수도 있고, 수백만 원짜리 통장으로 탈바꿈할 수도 있다.

당신이 회사 출근시 스타벅스 커피를 사 마시지 않고 회사 탕비실에 비치되어 있는 커피믹스를 마시며 아낀 커피값, 당신의 금연 결정으로 하루 절약한 담뱃값, 술 약속을 취소하며 아낀 술값 등 그때그때 절약한 금액을 투자통장으로 입금한다.

투자통장에 입금할 때 어떤 절약을 통해 만들어진 금액인지를 이름표처럼 달아서 입금하는 것이 중요하다.

많은 사람이 저축과 절약을 하기 위해 가계부를 작성한다. 하지만, 가계부에 적혀 있는 돈은 당신이 실제 소비를 해야지만 기록되는 소비이력이다. 나와 우리 가족의 소비 패턴을 파악하고 검토해볼 수 있는 귀한 자료가 맞지만, 실질적인 절약의 성과를 체감하기 위해서는 절약하는 순간, 바로 당신의 생활비 통장의 현금을 투자통장으로 이체시켜야 한다.

어차피 당신의 통장에서 통장으로 돈을 이체시키는 번거로운 작업으로 생각할 수 있겠지만, 통장을 구분해 주는 것만으로도 절약에 대한 성과를 체감할 수 있고, 투자를 바로 시작할 수 있는 자금을 확보할 수 있게 된다.

추가 수입을 만들자

그리고, 당신이 직장에서 받는 월급 외에 추가적인 수입을 발생시키는 노력이 필요하다. 특별히 잘하는 게 없고, 여유 시간도 정해져 있지 않아 현실적으로 알바를 하기 어려운 경우가 대부분일 것이다. 하지만, 의외로 조금만 찾아보면 큰 수익은 아니지만 자유시간에만 알바를 할 수 있는 경우가 있다.

내 경우에는 월급 외에 쿠팡이츠 배달 파트너스로 알바를 했다. 처음에는 낯설고 어색하겠지만, 이미 배달 부업이 대중화되어 관련 정보가 많고, 대부분 비대면으로 진행하기 때문에 인간관계에서 받는 갑질 등 스트레스가 적은 편이라 여성과 초보자도 충분히 할 수 있는 알바이다.

비 오는 날이나 눈 오는 날에는 배달료 또한 크게 인상되고, 정기적으로 이벤트도 진행하고 있기 때문에 돈도 벌고 살도 뺄 수 있어 재미있었다.

배달 알바는 한 건에 10~30분이 소요되고, 3,000~6,000원 정도 수익이 발생한다. 사실 직장인 입장에서 보았을 때, 배달료를 지불하고 시키는 입장에만 있어봤지, 배달을 해본 입장은 드물 것이다.

배달원에 대한 부정적 인식이 강해 실질적으로 몇 천 원 벌자고 배달을 하기엔 자존심이 상한다고 생각할 수도 있을 것이다.

하지만 내 경우에는 추가 수입도 중요하지만, 다이어트를 병행하겠다는 각오로 점심, 저녁 식사시간에 도보로만 배달을 했다. 식사를 조금 일찍 하고 소화시킬 겸 산책하는 기분으로 배달을 했다.

평소라면 밥 먹고 소파에 기대어 휴대폰을 만지작거리는 것이 다였는데, 배달 알바를 하니 운동도 하고 수입도 생겨 즐거움이 배가 되었다.

무엇보다 배달 알바는 알바 시간을 배달앱을 켰다 껐다 하는 것만으로 스스로 정할 수 있고, 특별한 대기시간 없이 집에서 있다가 알람이 울리면 안내받은 곳으로 이동했기에 진입장벽이 가장 낮은 알바였던 것 같다.

또, 배달을 통해 3,000원, 4,000원의 수입을 얻게 되면 작은 돈의 소중함을 깨달을 수 있다.

우리는 직장생활을 통해 받는 월급이 너무 적다고 하소연하지만, 학창시절 용돈 받고 생활했을 때에 비하면 훨씬 큰 금액이다. 어렸을 적에는 100원짜리, 1,000원짜리를 모아야 장난감을 살 수 있었는데, 직장인이 된 지금은 1만 원, 2만 원은 고민 없이 척척 쓴다. 하지만 힘들게 배달해서 번 소액의 돈이 당신의 무분별한 소비심리를 진정시켜줄 거라 믿는다.

안 쓰는 물건을 중고로 팔자

현실적으로 알바를 하기 어렵다면, 집에 있는 물건 중 이제는 잘 사용하지 않는 물건을 중고로 판매하는 것도 좋은 방법이다. 중고물품을 판매하고 발생한 수익을 투자통장으로 이체시켜 투자통장에 모아갔다.

주위 지인에게 소개했을 때, 가장 좋았던 방법은 디자이너와 프로그래머의 경우 자신의 업무 역량을 활용해 퇴근 후 알바를 하는 케이스셨는데, 알바를 할수록 본인 업무 역량도 강화되다보니 단순 수익 창출뿐 아니라 본업에도 도움이 되는 경우도 있었다.

투자통장에 숫자가 하나둘 늘어나는 것 자체가 너무 재미있어, 라디오 방송에 청취자 사연도 보내고, 잡지나 신문사에 구독 후기를 보내 경품을 받은 걸 재판매하는 등 게임하듯이 즐기면서 수입을 늘려갔다.

이렇게 절약과 월급 외 추가 수입을 발생시켜 모은 금액으로 투자를 지금 바로 시작하는 것이다.

사실, 당신의 투자통장에 모인 돈은 소비로 사라졌을 돈이거나 원래는 벌지 못했을 돈이기 때문에 투자를 하다 돈을 모두 잃는다 해도, 당신의 삶에 직접적인 타격을 주지 않는다.

태교 과정에서부터 투자를 바로 시작해야 하는 결정적 이유는 적은 돈이 있을 때부터 다양한 투자 경험을 쌓아나가는 것이 중요하기 때문이다.

종잣돈을 모은 다음에 실질적인 첫 투자를 한다면, 아무리 투자 공부를 많이 했다 해도 실전 경험이 없는 초보에 불과하다. 그렇기 때문에 태교과정에서부터 투자를 바로 시작해야만 하는 것이고, 성공이든 실패든 다양한 실전 투자를 통한 경험은 당신의 성장에 좋은 자양분이 될 것이다.

주식과 코인 투자의 경우 아무리 비싼 주식, 코인이라 할지라도 소액으로 매수를 할 수 있기 때문에 투자통장에 있는 적은 돈으로도 얼마든지 실전 경험을 쌓을 수 있다. '10만 원 투자해서 1만 원 번다고 인생이 확 달라지냐?'며 우습게 생각할 수 있겠지만, 수익률 10%의 준수한 투자 성과로 볼 수 있다.

당신이 절약하고 알바를 해서 모은 소중한 투자자금으로 일단 투자를 시작해보면 그동안 이론으로만 공부해왔던 것과 다른 세상이 펼쳐질 것이다. 건성으로 숙제하듯이 읽었던 경제 뉴스를 찾아보게 되고, 내가 투자한 회사에 호재나 악재가 있는지 수시로 체크하게 된다.

부동산 모의투자를 해보자

'통장에 있는 몇 십만 원으로는 할 수 있는 게 아무것도 없지 않느냐'고 생각하는 사람들도 있겠지만, 부동산의 경우에는 돈 한 푼 없이도 훌륭한 투자 경험을 쌓을 수 있다.

부동산은 모의투자 하기 참 좋은 조건을 갖추고 있다. 돈 한 푼 없어도 1억 원, 5,000만 원, 500만 원 등 스스로 투자 가능 금액을 선정하고, 해당 투자금으로 투자를 할 수 있는 후보지를 최소 5군데 선정하는 것이다.

입지, 연식, 평형 등이 서로 다른 5개 이상의 대상지를 선정하고, 직접 임장을 다니면서 실제 투자하는 것과 동일한 수준으로 투자대상지에 대한 분석을 한다. 실제 현재 거래되는 매물 중에 최종적으로 본인이 투자하면 좋을 것 같은 지역을 1등부터 5등까지 선정하는 것으로 모의 훈련을 할 수 있다.

부동산은 갑자기 생겨나거나 사라지는 경우가 아주 드물다. 그렇기

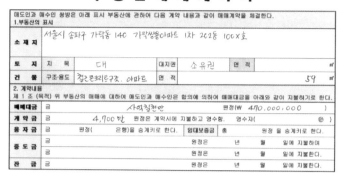

부 동 산 매 매 계 약 서

매도인과 매수인 쌍방은 아래 표시 부동산에 관하여 다음 계약 내용과 같이 매매계약을 체결한다.
1.부동산의 표시

소 재 지	서울시 송파구 가락동 140 가락쌍용아파트 1차 202동 100×호						
토 지	지 목	대	대지권	소유권	면 적		㎡
건 물	구조·용도	철근콘크리트구조. 아파트	면 적			59	㎡

2. 계약내용
제 1 조 (목적) 위 부동산의 매매에 대하여 매도인과 매수인은 합의에 의하여 매매대금을 아래와 같이 지불하기로 한다.

매매대금	금	사억칠천만	원정(₩ 470,000,000)				
계약금	금	4,700만	원정은 계약시에 지불하고 영수함.	영수자(			㊞)
융자금	금	원정(은행)을 승계키로 한다.	임대보증금	총		원정 을 승계키로 한다.	
중도금	금		원정은	년	월	일에 지불하며	
	금		원정은	년	월	일에 지불한다.	
잔 금	금		원정은	년	월	일에 지불한다.	

제 2 조 (소유권 이전 등) 매도인은 매매대금의 잔금 수령과 동시에 매수인에게 소유권이전등기에 필요한 모든 서류를 교부하고 등기절차에 협력하며, 위 부동산의 인도일은 2016 년 02 월 22 일로 한다.
제 3 조 (제한물권 등의 소멸) 매도인은 위의 부동산에 설정된 저당권, 지상권, 임차권 등 소유권의 행사를 제한하는 사유가 있거나,제세공과 기타 부담금의 미납금 등이 있을 때에는 잔금 수수일까지 그 권리의 하자 및 부담 등을 제거하여 완전한 소유권을 매수인에게 이전한다. 다만, 승계하기로 합의하는 권리 및 금액은 그러하지 아니하다.
제 4 조 (지방세 등) 위 부동산에 관하여 발생한 수익의 귀속과 제세공과금 등의 부담은 위 부동산의 인도일을 기준으로 하되, 지방세의 납부의무 및 납부책임은 지방세법의 규정에 의한다.
제 5 조 (계약의 해제) 매수인이 매도인에게 중도금(중도금이 없을때에는 잔금)을 지불하기 전까지 매도인은 계약금의 배액을 상환하고, 매수인은 계약금을 포기하고 본 계약을 해제할 수 있다.
제 6 조 (채무불이행과 손해배상) 매도인 또는 매수인이 본 계약상의 내용에 대하여 불이행이 있을 경우 그 상대방은 불이행한자에 대하여 서면으로서 최고하고 계약을 해제할 수 있다. 그리고 계약당사자는 계약해제에 따른 손해배상을 각각 상대방에게 청구할 수 있으며, 손해배상에 대하여 별도의 약정이 없는 계약금을 손해배상의 기준으로 본다.

특약사항   매매대금에는 임대차 보증금 삼억사천 (₩340,000,000)이 포함된 금액이며. 매수인이 승계한다.
(전세 만기일 '17. 02월달)

참고사항   인테리어 이원집. 매수시 천만원 수리비 필요. 거실.작은 방. 확장된 집.

본 계약을 증명하기 위하여 계약 당사자가 이의 없음을 확인하고 각각 서명·날인 후 매도인, 매수인과 중개업자는 매장마 다 간인하여야 하며 각각 1통씩 보관한다.   년   월   일

매도인	주 소							
	주민등록번호			전 화		성 명		㊞
	대 리 인	주소			주민등록번호	성 명		
매수인	주 소							
	주민등록번호			전 화		성 명	리치판다	
	대 리 인	주소			주민등록번호	성 명		

● 가상의 매매계약서를 작성해보면 모의투자에 도움이 된다.

때문에 당신이 모의 투자로 선정한 5개 지역이 부동산 시장의 평균 흐름과 어떤 차이가 있는지를 체크해볼 수 있고, 당신이 우선순위를

정해 놓은 5개 지역의 가격 흐름을 3개월 단위로 체크하면서, 모의투자의 판단이 옳았는지를 스스로 검증하는 것이다.

모의투자를 하더라도 실전과 같은 느낌을 내기 위해 5개 대상지 중 가장 매수하고 싶었던 투자 물건은 실제로 계약서를 셀프로 작성했다. 계약서로 작성하는 작은 행위 하나만으로도 투자에 대한 경험치를 쌓는 기회가 된다.

부동산 모의투자 경험이 쌓여가고 당신이 분석하고 선정했던 지역이 실제로 전체 평균보다 높은 수익률이 발생하는 경험을 하게 되면, 나중에 실제로 투자할 때 자신감 있게 매수할 수 있게 될 것이다.

돈의 많고 적음을 떠나서, 손해를 보아도 삶에 지장을 주지 않는 투자통장의 돈을 활용하여 최대한 많은 투자를 경험하길 바란다.

10
투자모임에 참여하라

'친구 따라 강남 간다', '까마귀 노는 곳에 백로야 가지 마라'와 같은 친구의 중요성을 강조한 속담을 들어보았을 것이다.

태교 과정에서 소비 성향이 짙은 사람들과의 만남을 끊으라고 조언했다. 하지만, 인간은 사회적 동물이기에 아무리 돈이 좋고 중요하지만, 홀로 100일간 버티는 건 너무 가혹할 수 있다.

태교과정에도 원없이 사람들을 만나 수다도 떨고 인맥도 만들고, 재미있게 투자 공부를 할 수 있는 기회가 있다. 그건 바로 투자 모임에 참여하는 것이다.

'까마귀 노는 곳에 백로야 가지 마라'라는 속담은 치열한 현생을 살아가는 데 2% 부족하다. 당신이 백로가 아니라 까마귀라 할지라도 까마귀 무리가 아닌 백로를 찾아갈 용기가 필요하다.

투자에 대한 경험도 없고 지식도 부족하지만, 소비 성향이 강한 사람들과 소비를 즐기기보다는 절약과 저축이 습관화되어 있고, 만나기만 하면 투자 이야기로 시간 가는 줄 모르는 모임에 당신도 일원이 될 수 있도록 노력해야 한다.

만약, 당신이 사교적이고 사람들을 잘 이끌 수 있는 역량을 갖추고 있다면, 직접 투자 모임을 운영하면 훨씬 더 큰 효과가 있다.

내 경우는 사내 투자 모임, 아파트 단지 내 투자 모임과 같이 오프라인에서 친숙한 사람들과 투자모임도 하지만, 재테크와 관련된 소통을 보다 적극적으로 하기 위해 재테크 관련 카페를 개설하고, 카카오톡 오픈채팅방도 운영하고 있다.

처음에는 모임을 이끌어갈 역량이 있을지 걱정되고, 실제로 사람들을 모아 모임을 관리하기가 부담스러웠지만, 내가 모임을 주관하기 때문에 모임의 방향성과 참석 인원을 결정할 수 있다는 장점이 훨씬 더 컸다.

부동산 투자가 대세가 된 시대이다보니 투자 정보에 대한 갈증과 인맥 구축에 관심이 높아, 항상 신규 모임의 멤버를 모집할 때, 나보다 경험이 많고 자산도 많은 투자자분들을 모셔올 수 있었다.

모임장이라고 해서 강의를 하거나 발표를 해야 될 것 같은 부담이 생기는가? 모임의 방향을 소통과 스터디로 설정하면 그런 걱정은 크게 하지 않아도 된다. 대부분 투자자들은 본인의 경험과 생각을 공유하는 걸 좋아하기 때문에 모임장이 부담 가질 만한 상황은 발생하지 않는다.

　투자모임을 주관하는 약간의 수고를 감수하면 나보다 경험 많고 부유한 인맥도 만들고, 고급 투자 정보도 들을 수 있는 기회가 생기니 꼭 한 번 도전해보기 바란다.

　가급적 처음 모임을 주관할 때는, 비슷한 연령대로 참석자를 제한하는 것이 투자 소통뿐 아니라 일상적인 대화에도 공감대가 쉽게 형성될 수 있다. 또한, 주관이 너무 강하거나 투자 공부보다는 친목도모를 위해 가입하는 사람들도 있으니, 초반에는 술자리와 같은 친목 도모는 최소화하고, 서로 간에 존댓말만 사용하게 하는 등 예의를 갖출 수 있도록 그라운드 룰을 정하는 것이 좋다.

　태교과정에 훈련해야 할 4가지는 100일간 꾸준히 지속하며 습관이 될 수 있도록 하는 것이 중요하다.

🐼 **생각 바로잡기**

이 책을 읽고 다시 태어날 결심이 섰다면, 조리원 동기들을 미리 만나보는 건 어떨까?

당신과 같이 경제적 자유를 꿈꾸고 있는 사람들이 함께 모여 생태계를 구축하고 있는 온라인 모임이 있다. 이 모임의 리더는 당신이 다시 태어나고자 하는 의지를 누구보다 공감하고 격려할 사람이다.

이 모임의 리더는 리치판다! 이 글의 필자이다.

네이버 카페에서 카페명 "재테크 지금 바로 시작"으로 검색하면 필자가 운영하고 있는 카페에 가입할 수 있다.(https://cafe.naver.com/richgo2go)
이곳에 있는 투자자들은 이제 막 다시 태어난 당신에게 큰 도움을 줄 수 있을 것이라 생각한다.

카페는 경제적 자유를 향한 다양한 소모임을 운영하고 있다. 여러 투자 선배, 동료들과 임장도 다니고, 미라클 모닝도 하고 블로그 글도 쓰고, 독서, 건강관리 등을 함께 하다보면 투자 공부가 지겹지 않고 설레일 것이라고 확신한다.

지금 막 투자자로 다시 태어나기로 결심한 당신의 방문을 기대하겠다.

11
다시 태어난 당신, 축하한다!

100일을 잘 견뎌내었다면 당신은 투자자로 다시 태어날 수 있을 것이다. 이제, 당신은 그동안 태교를 위해 꾹 참고 참았던 4가지 끊어야만 했던 것들을 다시 해도 된다.

하지만, 아마 당신은 이미 다시 태어나기 위해 태교에 몰입했기 때문에 이미 끊은 4가지에 대해 무감각해져 있을 것이다.

100일이라는 제한적인 기간 동안 4가지를 끊고, 4가지를 열심히 하다보면 당신도 훌륭한 투자자로 다시 태어날 수 있을 것이라 확신한다. 인생을 바꾸는 데 가장 중요한 건 100일 동안 몰입하는 것이고, 태교과정에서 당신이 해왔던 일들이 몸과 마음에 배여 습관화되는 것이다.

당신의 몰입과 습관이 당신을 부자로 만들어줄 것이다!

이제부터는 실전 투자를 위해 필요한 투자 스킬을 빠르게 습득해 나가야만 한다.

본격적으로 투자를 시작하기에 앞서 당신은 어느 분야에 투자를 할지 고민해야 한다. 이미 태교과정을 통해 주식, 코인, 부동산 등 여러 투자 분야에 대한 기본적인 지식과 장단점을 익혔을 것이다. 무엇을 선택하든, 부동산 공부는 병행하라고 조언하고 싶다.

내가 부동산 공부를 시작했던 당시에는 '부동산은 미친 짓이다'라며 인구 감소에 따라 부동산 시장은 끝났다는 의견이 대세였고, 하우스푸어에 대한 비관적인 기사들이 흔했던 시기였기에 부동산 공부를 시작하는 것이 두려웠다.

내 경우 첫 투자가 주식이었고, 30% 손실로 큰 아픔을 겪긴 했지만 역시나 주식이 부담 없이 시작할 수 있는 투자처이긴 했다. 하지만 곧 태어날 아이를 생각하면 전세가 아닌 우리 가족의 보금자리를 마련해야 한다는 욕심과 의무감이 생겼다.

부동산 투자는 큰돈이 있어야 할 수 있다는 선입견 때문에 투자를 처음 시작하는 사람들이 꺼리는 투자처이다. 하지만, 대한민국에 산다면 부동산 투자는 가장 안전하고 확실한 수익을 안겨다 주는 투자처이다.

3장

좋은 물건을
어떻게 찾는가

: 임장의 기술

01
실패하지 않는 투자를 하는 비법

부동산 투자를 시작하기에 앞서 모든 투자자가 고민하는 것이 있다.

"아! 이미 너무 많이 오른 것 같은데?"
"지금 사는 게 맞는 걸까? 조금 더 기다려볼까?"

그래서 많은 사람이 최대한 저평가된 투자처를 찾기 위해 노력한다. 부동산 투자는 주식, 코인에 비해 투자시 목돈이 들어가고, 개인투자의 경우 최소 한 번 투자하면 2년은 기다려야 성과를 확인할 수 있다. 또 매매에 따른 취득세, 양도세와 같은 세금이 많고, 투자 실패시 손절을 하기도 쉽지 않기 때문에 신중할 수밖에 없다.
신중한 투자자들이 많은 부동산 시장의 시세는 매우 투명하고 합리적으로 형성되어 있다. 현재 시장의 시세를 인정하고 접근하는 것이 투자자의 올바른 자세다.

다만, 부동산 시장은 매물이 매우 한정적인 투자자산이기 때문에, 매도, 매수자 각자의 사정에 따라 얼마든지 시세보다 싼 매물이 나오기도 하고, 시세보다 비싸게 사는 사람이 나오게 마련이다.

즉, 시장의 시세는 합리적으로 형성되지만, 개별 물건은 각자의 사정에 따라 변한다. 성공적으로 투자를 하기 위해서는 시세보다 싸게 사서 시세보다 비싸게 팔면 되는 것이다.

너무도 단순한 논리라서 실망했는가? 하지만 공교롭게도 많은 투자자가 가장 심플하고 기본적인 사실을 간과한다.

부동산 시세를 파악하는 것이 가장 중요하다.

당신은 투자 희망지역의 부동산 실거래가, 부동산 사이트의 매도호가로 시세를 파악하고 있는가?

부동산 실거래가는 이미 거래가 끝난 과거의 데이터라 시세를 참고할 순 있지만, 현재의 정확한 시세를 반영하는 데는 한계가 있다. 부동산 사이트에 등록되어 있는 매물 중에는 허위 매물도 많기 때문에 실제 시세를 체크해보기 위해서는 공인중개사에게 문의를 해야 한다.

다만, 공인중개사가 설명하는 시세를 그대로 받아들이는 건 당신이 초보란 증거다.

노련한 공인중개사라면 매수자에게는 높은 시세로 설명하고, 매도자에게는 낮은 시세를 언급할 것이다. 공인중개사는 매매가 성사되어야지만 돈을 벌 수 있는 직업이기 때문에, 매도자와 매수자 사이의 매매 금액의 간극을 좁히는 역량에 따라 매매 성사 여부가 결정되기 때문이다.

당신이 노련한 투자자라면 공인중개사의 이런 상황에 따른 시세 설명에 대응할 수 있어야 한다.

당신은 매도자, 매수자, 세입자의 입장에서 서로 다른 부동산에 문의를 하여 각각의 상황에서 시세를 파악하고, 이런 과정을 수차례 반복하여 종합적으로 적정한 시세를 판단해야 한다.

이렇게 종합적으로 시세를 파악하지 못하면, 해당 단지에 하나밖에 없는 비싼 호가의 물건이 현재 시세로 둔갑해버릴 수 있고, 아무것도 모르는 당신은 조급함에 실제 시세보다 훨씬 비싼 가격의 물건을 매수하는 우를 범할 수 있다.

물론, 물건이 없을 때는 용감하고 빠르게 매수를 하는 것이 승자일 수 있겠지만, 상승장이 오랜 기간 지속되는 지금 상황에서는 싸게 사는 것이 그 어느 때 보다 중요한 시기다.

상승장이 지속되는데 시세보다 싸게 매물이 나올 리 있느냐고 반문하는 사람도 있겠지만, 사람마다 매도 이유가 다르고, 매도 시기도 모두 다르기에 얼마든지 시세보다 싼 매물을 만날 수 있다.

해외주재원 파견이 결정되어 단기간에 집을 매도하고 떠나야 되는 경우!

부모의 사망으로 인해 형제가 집을 상속받았는데, 빠른 처분을 희망하는 경우!

보유세를 줄이기 위해 5월 31일까지 잔금을 치러야만 하는 경우!

매도자가 다른 물건을 매수하여 1달 내 잔금을 마련해야 하는 경우!

매도자의 사정에 따라 시세보다 저렴하게 나오는 매물을 우리는 '급매'라 한다. 투자자는 이런 급매 물건을 사서, 꼭 이 집이 필요한 사람에게 제값을 다 받고 파는 형태로 얼마든지 수익을 낼 수 있다. 결국 시세를 정확히 파악하고 누가 봐도 저렴한 급매물을 매수할 수 있으면 계약하자마자 후회하거나 불안해하는 일은 없을 것이다.

그런데 누가 봐도 탐나는 급매물을 당신이 잡을 수 있는 가능성이 희박하다고 생각하는가? 시세를 파악하고 급매물을 잡을 수 있는 기회는 임장을 통해서 답을 찾을 수 있다.

지금부터 부동산 매매에서 가장 중요한 임장에 대해 설명하겠다.

02
임장이 중요한 이유

임장은 '임할 임', '마당 장'이란 한자어를 써서 '임장^{臨場}'이라고 한다. 임장의 사전적 의미는 '어떤 일이나 문제가 일어난 현장에 나온다'이지만, 부동산 임장에 한정해서 설명을 하면, 투자나 공부를 목적으로 직접 현장을 방문하여 정보를 취득하는 일련의 활동을 말한다. 임장의 결과를 통해 최종적으로 투자 결정에 대한 판단을 내리기 때문에 투자에서 가장 중요한 활동이라 할 수 있다.

임장은 크게 5가지 단계로 나뉘며, 순차적으로 진행해야 효율적이다.

1. 온라인 임장
2. 전화 임장

3. 현장 임장

4. 공인중개사무소 방문

5. 매물 내부 확인

사실 투자 고수나 전문가의 경우에는 가장 물건을 많이 갖고 있는 공인중개사무소에 방문하여, 공인중개사의 마음을 얻은 후, 언제든지 계약금을 쏠 수 있는 준비만 하면 급매를 잡을 수 있다.

하지만, 투자를 위한 대상지를 선정하기 위해서는 정확한 시세 파악 및 미래의 발전 가능성 등을 파악해야 하는데, 이는 최대한 많은 지역을 공부 목적으로 임장을 다니며 여러 지역 간 비교 분석을 할 수 있어야만 가능하다.

단순히 공부가 목적일 때는 대부분 온라인 임장에서 마무리한다. 실제 투자를 염두에 두고 있을 때도 전화 임장과 현장 임장 정도만 하는 경우가 많다. 실제 매수를 하는 경우에만 공인중개사무소를 방문하는 경우가 많은데, 고급 정보와 급매를 잡을 수 있는 기회는 공인중개사와의 만남을 통해서만 가능하다. 공부 목적이라도 반드시 공인중개사무소 방문까지 하는 것을 추천하고, 가능하면 실제 매물을 눈으로 확인해보는 내부 방문까지도 해보길 바란다.

그런데, 왜 대다수의 투자자들이 공인중개사 방문을 두려워하는 걸까?

요즘같이 부동산 투자와 공부가 대세가 된 시기에는 공인중개사들도 귀신같이 공부 목적으로만 방문하는 사람들을 구분해낼 수 있다. 물론 그런 사람들도 잠재적 고객이라 생각하고 친절하게 브리핑해주는 경우도 있지만, 하루에도 수십 명씩 방문하는 공부하는 학생들로 인해 공인중개사들의 인식이 달갑지 않게 변한 것이다.

공인중개사가 아무리 사람을 대하는 게 일인 사람들이지만, 시간과 노력이 들어가는 것에 비해 아무런 성과도 기대할 수 없는 사람들에게는 '지금 바쁘다', '급매 없으니 연락처만 적어 놓고 가라' 하며 문전박대하는 경우가 빈번해 공인중개사무소 방문 자체를 두려워하는 경우가 많다.

나 역시 처음 공인중개사무소를 방문할 때는 크게 심호흡을 하고 들어갈 정도로 긴장했고, 30대에 투자를 시작했기에 공인중개사에게 무시당한 경험도 많다. 하지만, 사회생활을 해보면 알다시피 당신과 100%로 딱 맞는 사람들은 존재하지 않는다. 나랑 잘 맞지 않는 공인중개사를 만났다고 상처받거나 열 받아 임장 자체를 포기하지 않길 바란다.

우리나라에 투자할 곳은 많고, 한 지역에도 수십 개의 공인중개사무소가 있다. 미리 걱정하지 말고 직접 임장을 떠나 부딪히고 경험하고 성장하길 바란다.

그럼, 초보 티 내지 않고 성공적인 임장을 하기 위한 5가지 임장 단계별 실질적인 노하우를 알려주겠다.

03
임장 노하우 5단계

1. 온라인 임장

초보들이 가장 많은 시간과 에너지를 쏟는 것이 온라인 임장이다. 조금만 인터넷을 검색해도 정보가 넘쳐나기 때문에 이를 수집하고 가공하는 재미가 있다. 온라인 임장만으로도 해당 지역에 대해 잘 알게 된 것 같고, 심지어 현장을 방문하지 않아도 거리뷰 등을 통해 현장감 넘치는 정보를 입수할 수 있다.

내가 임장 관련 강의를 했을 때 한 지역에 대한 임장보고서를 파워포인트로 30페이지 가까이 정리해온 투자자가 있었다. 해당 지역의 지명 유래부터, 과거 역사적인 사건, 각종 호재며 현재 각 타입별 매도 호가들도 다 정리되어 있었다. 또한 해당 구의 인구수, 직장 수, 직장인 평균연봉, 학업성취도 수준 등 의사결정에 도움을 줄 만한 데이터가 가득했다.

정성이 가득한 임장보고서에 감탄하면서 나는 물었다.

"모든 정보를 한눈에 확인할 수 있게 잘 정리하셨네요. 근데 결론이 없는 것 같은데 여기 단지에 대한 투자가치는 어때 보이셨나요?"

열심히 준비한 초보 투자자는 크게 당황했다.

"그걸 제가 어떻게 알아요. 판다님이 알려주셔야죠."

"직접 현장을 방문해보셨나요? 해당 단지에 매물이 늘어나고 있는 상황인가요? 아니면 매수자들이 물건이 나오길 기다리고 있는 상황인가요?"

"글쎄요. 이 단지가 전문가들이 추천하는 단지라 조사는 해보았는데, 너무 멀어서 가보진 않았어요."

이런 경우는 대표적으로 주객이 전도된 현상이다. 임장은 투자에 대한 의사결정을 돕는 과정이지 숙제하듯이 보고서만 만들어내는 과정이 아니다.

당장 매수를 하지 않는다 해도, 임장 지역의 투자가치를 스스로 평가할 수 있어야 한다. 지금 당장 사고 싶을 정도로 저렴한 지역인지, 미래의 불확실한 호재까지 선반영되어 고평가된 지역인지를 판단할 수 있어야 한다.

온라인 임장보고서는 스스로 공부하며 정리하는 효과는 있겠지만, 실질적으로 투자를 판단하는 데 결정적 역할을 할 순 없다. 결국 투자 판단을 하려면 전화 임장, 현장 임장, 공인중개사 방문을 해야만 가능하기에, 온라인 임장의 핵심은 양질의 정보를 빠르게 취득하는 것이다.

부동산은 움직이지 않고, 항상 그 자리에 존재하고 있다. 당신이 관심 갖고 있거나 공부하고 싶어하는 지역을 이미 누군가는 임장을 다녀왔을 것이고, 유튜브, 블로그, 카페에는 수많은 임장 정보가 오픈되어 있을 것이다. 당신은 최대한 적은 손품으로 양질의 정보를 빠르게 입수하는 훈련을 쌓는 것이 중요하다.

최근에는 프롭테크 기업에서 제공하는 부동산 관련 앱들을 통해 손쉽게 정보를 입수할 수 있다. 각 프롭테크 앱들을 활용하는 방법은 쉽게 검색할 수 있으니 구체적으로 언급은 하지 않고, 내가 온라인 임장을 하는 방법을 간단히 소개해보겠다.

먼저 '호갱노노' 앱을 통해 실시간 인기 아파트를 체크하여 매매관심자들이 어느 물건에 관심을 갖고 있는지를 체크해본다. 또한, 아파트실거래가 '아실' 앱을 통해 '많이 산 아파트', '갭 투자 증가지역' 등 최근 투자자들이 관심 갖고 실제 투자한 지역들을 체크해본다.

각 앱에는 단지의 세대수, 연식, 주차대수와 같은 기본 정보뿐 아니라 전세가율, 갭가격, 월세수익률 등 투자에 직접적인 영향을 끼치는 요인도 손쉽게 확인이 가능하다. 그렇게 임장할 특정 지역, 단지를 선정한다.

호갱노노 앱에는 특정 단지에 대한 '이야기'란 메뉴를 통해 해당 단지에 대한 실거주자들의 이야기를 체크할 수 있다. 사실, 해당 메뉴에 글을 남기는 사람들은 대부분 실소유자이기 때문에 대부분 긍정적인 이야기와 불확실한 개발 호재까지 모두 결정된 것처럼 포장된 전망을 접할 수 있다.

그래서 나는 반드시 이야기에 있는 검색 기능을 통해 '단점', '층간소음', '주차', '누수' 등 부정적인 의견이 나올 수 있는 키워드를 선정하여 검색해본다.

해당 아파트를 매수하려 했다가 실패한 사람, 해당 아파트를 팔고 떠난 사람, 세입자 등이 해당 아파트 단지에 대한 부정적 의견을 거침없이 남기는 경우가 많은데 이를 꼼꼼하게 체크한다.

물론 사실과 다른 악의적인 내용일 수 있으니, 100% 신뢰하진 않지만, 현장 임장, 공인중개사무소 방문시 사실 여부를 체크하는 것이 중요하다.

아파트 실거래가 '아실'을 통해서 매물의 증감 변화 거래량 등의 데이터를 그래프 형태로 체크할 수 있다. 또한, 내가 비교하고 싶은 지역 내 대장아파트를 함께 선택하면 두 단지 간 시세의 변화가 어떤 형태를 띠고 있는지 한눈에 파악이 가능하다.

리치고 앱의 경우에는 AI 미래 가격 보기란 기능을 통해 해당 단지의 1~4년 후 미래 가격이 어떻게 변화할지 예측 시세를 보여주고 있다. 또한, 해당 단지의 현재 투자 점수를 확인할 수 있고, 전국, 도 단위, 구 단위 순위까지 몇 등인지를 클릭 한 번으로 확인할 수 있다.

데이터로만 부동산 가격이 형성되지 않기 때문에, 데이터만 보고 투자를 결정할 사안은 아니지만, 현장 임장을 가기 전 교통, 학군, 상권 등 주요 요소들에 대한 같은 지역 내 타 단지들에 비해 어느 정도 수준인지를 쉽고 빠르게 확인할 수 있다.

마지막으로 '네이버 부동산'을 통해 어떤 매물들이 등록되어 있는지를 체크하며 투자 가치가 높은 물건을 찾는다.

네이버 부동산의 매물 정보를 통해 쉽고 간편하게 로열동, 로열층을 찾는 방법이 있다. 매물이 많은 곳 같은 경우에는 아파트 매물 정렬을 할 때, 같은 평형으로 여러 타입을 전부 선택하고 필터를 가격순으로 클릭해서 높은가격순, 낮은가격순으로 정렬을 바꿔가며 체크하는 것이다.

특정 타입, 특정 동의 물건이 높은 가격에 많이 노출되어 있다면 해당 타입과 동이 로열동일 경우가 높고, 최저가에 특정 동이 많이 보이면 거기가 비선호 동일 확률이 높다.

사실, 실입주가 가능한지 여부, 전세가 얼마에 세팅되어 있는지 여부에 따라 가격의 편차가 있을 수 있지만, 대략적인 선호동, 비선호동은 파악이 가능하다. 미리 이런 기본 정보를 파악할 수 있다면 현장 임장을 갔을 때, 해당 동이 왜 로열동이고 비선호동인지 여부를 검증해볼 수 있다.

또한, 네이버 부동산의 실거래가 정보는 특정 동의 특정 층까지 정보만 확인이 가능하지만, 아파트실거래가 아실 사이트에서는 실거래가 정보에 몇 층인지까지 정보가 오픈되어 있어서 조금 더 디테일한 정보를 체크할 수 있다.

마지막으로 생생한 현장의 소식을 파악하기 위해서는 지역 카페나 오픈채팅방을 검색해서 가입한다. 물론 특정 단지의 커뮤니티는 폐쇄적으로 운영하는 경우가 대부분이지만, 지역 카페와 같은 경우는 비교적 가입이 용이하다.

지역 카페나 오픈채팅방에 가입할 경우, 부동산 투자만 집중적으로 다루는 곳보다는 생활정보를 소통하는 공간으로 실거주하는 세입자들도 많이 가입되어 있는 채널을 더욱 선호한다.

투자를 목적으로 하는 방에는 해당지역에 이미 투자를 완료한 투자자들이 많아서, 긍정적이고 좋은 내용만 공유되는 경향이 있기 때문에 생활소통방과 같이 시시콜콜한 생활, 쇼핑 이야기가 주를 이루는 공간에 부동산 관련 질의를 할 경우 솔직한 장단점을 들을 수 있어 더 신뢰가 간다.

특히, 상가 투자를 고민하고 있다면 지역 카페나 오픈채팅방, 맘 카페 가입을 통해 몇 가지 질문만 해도, 실제 사업 중인 임차인의 지역 내 인지도를 쉽게 파악 가능하다. 상가의 가치는 입지도 중요하겠지만, 얼마나 우량한 임차인이 입점해 있는지에 따라 가치가 달라진다.

임차인이 A미용실을 운영하고 있다면, '지역 내 미용실을 추천해달라', 'A미용실은 괜찮은가?' 같이 투자자가 아닌 지역 내 거주하는 소비자의 입장으로 문의하면 적나라한 댓글이 등록될 것이다.

"거기는 너무 불친절해요. 왜 아직까지 안 망하는지 모르겠어요."
"저렴한 가격인데 실력이 좋아 예약하는 것이 너무 어렵네요."

정리하자면, 이미 프롭테크 앱을 통해서 제공되고 있는 정보들을 별도로 예쁘게 파일로 만드는 데 시간과 노력을 쏟기보다는, 앱에서 제공하는 정보를 활용하여 임장을 가보고 싶은 지역을 선정하고, 타인이 만든 자료를 찾아서 먼저 보고, 본인에게 필요한 형태로 정리하는 수준이면 충분하다.

또한, 온라인 임장을 통해 취득한 정보는 100% 신뢰하기보다는 궁금하거나 이해가 되지 않는 부분들은 따로 정리해두었다가, 현장 임장, 공인중개사 방문을 통해 직접 두 눈으로 확인하며 검증하는 것이 중요하다

🐼 리치판다의 솔직 톡

과거에 내가 매도한 물건의 매수자가 언제, 얼마에 매도를 했을지 궁금하지 않은가?

아파트 실거래가 아실의 실거래 정보에서 매우 재미있는 정보를 파악할 수 있다. 해당 아파트 단지의 실거래가 정보를 클릭해보면, 당신이 매도했던 날짜에 실거래가 정보가 등록되어 있는 걸 확인할 수 있을 것이다. 그 실거래가 정보를 클릭하면 해당 물건의 히스토리 내역을 쭉 확인할 수 있다. 당신

에게 매수한 사람이 얼마에 전세를 놓았는지, 어느 정도 기간을 보유했다가 얼마에 매도했는지와 같은 정보를 클릭 한 번으로 쉽게 확인 가능하다.

해당 정보를 확인한 후 '그때 괜히 팔았네' 하고 후회하라고 알려주는 팁이 아니다. 실거래가 내역을 하나하나 클릭해보면, 해당 아파트 단지를 매도하는 사람들의 보유기간을 체크해볼 수 있다.

매수, 매도 기간을 통해 단기간에 시세차익만 보고 빠지려는 투자자가 많은 단지인지, 오랫동안 실거주한 사람들이 많은 거주만족도가 높은 단지인지와 같은 정보는 투자 여부를 판단할 때 유용한 자료가 된다.

2. 전화 임장

전화 임장은 사실 부린이, 초보 시절에는 얻을 수 있는 정보가 극히 제한적이다. 그냥 간단하게 시세나 매물정보를 물어보고 언제 방문 상담하겠다고 예약하는 경우가 대부분이다.

공인중개사무소에는 하루에도 수십 통, 수백 통의 시세 파악, 매물 확인용 연락이 온다.

공인중개사와의 짧은 통화를 해도 당신이 공부 목적의 학생이 아닌 실제 매수예정자라는 인식을 심어주는 것이 중요하다. 그런 인식만 심어줄 수 있으면 공인중개사는 당신과의 만남을 기대하며 실제 거래 가능한 물건들을 준비해둘 것이다.

내 경우에는 네이버 부동산에서 가장 저렴한 물건을 등록한 곳이

나, 저렴한 물건을 등록한 공인중개사 중 물건을 많이 등록하지 않아 비교적 한가해보이는 공인중개사에게 전화를 건다.

"AA부동산이죠? 네이버 부동산 물건 보고 연락 드리는데요. 해당 물건 매매 가능한가요?"

만약 고객 확보를 위해 허위로 매물을 등록한 공인중개사라면 대부분 이런 반응을 보인다.

"아, 그거 어젯밤에 팔렸는데, 너무 바빠서 아직 내리질 못했어요. 34평 매수할 거 찾으시는 거예요? 그건 이미 거래되었는데, 다른 괜찮은 물건 있는데 이건 어떠세요?"

그리고는 당신이 보고 연락한 것보다 가격이 비싸거나, 선호도가 떨어지는 물건을 소개해주려고 한다. 이런 경우에는 불쾌해하기보다 오히려 옳다구나 하며 허위 매수 스킬을 시전한다.

"정말 아쉽네요. 바로 계약금 쏠 수 있었는데 지금 말씀하신 물건은 층이 좀 마음에 들지 않아요. 사장님, 제가 사실 여기랑 B단지(인근 다른 단지 임장 갈 곳)를 매수할지 고민하고 있습니다. 시간 괜찮으시면 찾아뵙고 상담 좀 부탁드려도 될까요?"

이 스킬 한 번 쓰게 되면, 공인중개사에게 당신은 진짜 매수할 사람으로 각인된다. 전화 임장만으로도 B단지와 차이에 대해 적극적으로 설명해주는 경우도 생긴다.

당연히 매수대기자이기 때문에 언제든 시간 괜찮을 때 미리 연락만 주고 방문하라는 답변이 올 것이다. 이때 한마디만 살짝 더 던지는 것이 전화 임장 고수가 되는 지름길이다.

"사장님. 그럼 제가 방문해서 상담받을 건데, 실제 거래 가능한 집들을 좀 확인할 수 있을까요? 4인 가족인데 무리해서 84타입을 사야할지, 59타입을 사야 할지 고민 중입니다. 집 구조나 방 크기 등을 직접 확인해볼 수 있으면 좋을 것 같아요."

코로나가 장기화되다보니 임장을 갔을 때, 실제 집을 볼 수 있는 기회가 흔치 않다. 또한, 세입자가 거주하고 있는 물건의 경우에는 임대차보호법 같은 이슈로 집주인과 세입자 간 관계가 좋지 않아 세입자가 집을 보여주는 것에 비협조적인 경우가 빈번하다.

하지만, 실제 투자를 결정하기 위해서는 집의 내부 구조와 컨디션은 직접 두 눈으로 확인하는 것은 반드시 필요하다. 입주한 지 2~4년밖에 되지 않은 신축의 경우에는 집 내부 컨디션을 확인하지 않고 구매하는 경우도 있지만, 구축아파트의 경우에는 누수, 곰팡이 등 반드시 확인해야 하는 부분이 있기 때문에 집 내부를 보는 것은 아주 중요하다.

이미 공인중개사에게 당신은 매수대기자로 인식되었고, 갑작스러운 부탁이 아닌 가능한 시간에 맞추어 방문하겠다는 요청을 거절하기 쉽지 않을 것이다. 적어도 현재 등록되어 있는 매물의 집주인들에게 방문 가능 여부를 확인하는 수고를 해줄 것이고, 당신이 집 내부를 볼 수 있는 확률은 그만큼 높아질 것이다.

집을 볼 기회가 있을 때마다 최대한 많은 집을 보는 것이 공부하는 입장에도 아주 큰 도움이 된다. 결국 당신의 임장 시간은 집주인, 세입자가 집을 보여줄 수 있는 시간에 맞추는 노력이 필요하다.

3. 현장 임장

전화 임장을 통해 공인중개사와 만날 약속시간이 확정되면 반드시 30분~1시간 정도 일찍 현장에 도착하는 것을 추천한다.

공인중개사를 만나기 전에 현장 임장을 먼저 해야만 제한된 시간보다 많은 양질의 정보를 확인할 수 있기 때문이다.

현장 임장의 가장 포인트는 해당 단지가 얼마나 잘 관리되고 있는지를 체크하는 것이다.

'관리가 잘되는지, 안 되는지가 뭐가 그리 중요한가'라고 생각할 수 있겠지만, 관리에서 오는 작은 차이에 세월이 더해지면 품격의 차이로 간극이 벌어질 수밖에 없다.

관리가 꾸준히 잘되는 단지는 연식이 오래된 단지라도 나무가 크고 울창하고 조경도 자리를 잘 잡아 아늑한 보금자리의 느낌이 난다. 그리고 이렇게 관리가 잘되는 단지의 실거주자들은 주거 만족도가 높고, 전반적으로 입주민의 인품 또한 훌륭한 경우를 많이 보았다.

임장을 많이 다녀본 투자자들은 단지를 한 번 쓱 훑어보는 것만으로도 관리가 잘되고 있는 단지인지 여부를 쉽게 파악할 수 있다.

아파트 단지의 연식이 얼마나 되었는지 여부는 온라인 임장을 통해서 충분히 파악 가능하지만, 관리가 잘되고 있는지 여부는 반드시 직접 두 눈으로 확인해야만 한다.

아파트 외관 도색 상태, 아파트 가로수 등 조경 관리, 바닥의 쓰레기, 낙엽 유무, 이중 주차 여부, 쓰레기 분리수거장의 청결상태, 놀이터의 놀이기구 상태, 관리사무소, 상가의 화장실 청소상태 등 복합적인 환경을 종합하여 해당 단지를 방문한 첫인상이 좌우된다.

단지 내부의 첫인상이 마음에 들면, 단지 외부에 유흥가, 혐오시설이 있는지 여부를 체크하고, 단지 내 상가에 입점되어 있는 점포들이 어떤 것인시, 학원가는 어디에 있는지, 통학로는 안전한지 등과 같은 세부적인 중요사항들도 점검한다.

그럼 구체적으로 어떤 걸 체크해봐야 할까?

구축아파트에서 가장 유심히 체크해야 하는 부분은 주차관리 여부이다.

수도권 아파트의 대부분은 외부인의 단지 내 진입을 막기 위해 주차차단기가 설치되어 있다. 하지만 아파트 관리상태에 따라 운영실태가 상이하다. 어느 곳은 유명무실하게 열려 있는 경우가 있고, 또 어떤 곳은 가까이 다가가기만 해도 경비실에서 자동으로 문을 열어주는 경우도 있다.

잘 관리되는 단지의 경우, 몇 동 몇 호에 무슨 목적으로 왔는지를 확인해야 진입할 수 있다. 몇몇 심하게 잘 관리되는 아파트의 경우, 방문 차량의 장기 주차를 막기 위해 단지에 진입할 때 뿐 아니라 나갈 때도 경비초소에 확인을 받게 하고, 해당 방문 차량이 몇 시간 동안 주차장을 이용했는지 체크하는 경우도 있다.

물론, 지상주차장만 있는 오래된 아파트일수록 주차 관리를 엄격하게 적용하겠지만, 아파트 입주민의 단결력이 강하고, 관리사무소가 잘 관리하는 경우일수록 외부 차량 출입에 까다로운 기준을 적용한다고 생각하면 된다.

오래된 아파트일수록 주차혼잡도도 함께 체크하는 것이 좋은데, 이때는 낮 시간보다는 밤 시간에 현장 임장을 가는 것이 더 효율적이다. 또한, 복도식 아파트의 경우에는 반드시 아파트 단지의 탑층으로 올라가서 복도에 서서 주차장을 내려다보기 바란다. 주차 혼잡 여부를 한눈에 체크할 수 있고, 주차공간 외에 주차한 차량이 있는지 여부 등도 확인할 수 있다.

한 가지 팁을 알려주면, 복도식 아파트라 할지라도 외지인 출입을 차단하기 위해 현관 입구에 게이트가 설치된 경우가 많다. 이런 경우 경비실 호출을 누른 후 쿠팡이나 배달의민족 배달하러 왔다고 하거나, 당근마켓 거래하러 왔다고 하면 출입 게이트를 열어준다.

늦은 저녁에 방문시 2중 주차를 넘어 3중 주차까지 하는 단지도 종종 있는데, 실제 자가용으로 출퇴근하는 사람은 이런 지역에는 절대 투자하지 않아야 한다. 설사 투자 가치가 있다 해도 매일 출퇴근시마다 주차로 인해 받는 스트레스를 감당하기 어려울 것이다.

또한, 지하주차장이 없는 오래된 아파트의 경우 본래 주차공간이 아닌 공터를 주차장으로 변경하여 활용하는 경우가 있다. 온라인상으로 확인했을 때 1인 가구당 주차대수는 턱없이 부족하지만, 실제는 주차가 용이한 경우도 확인할 수 있다. 다만, 이런 경우 공터와 인접한 지역의 아파트 동만 주차가 쾌적하기 때문에 실질적으로 동별 주차가 어디가 편한지를 현장 임장을 통해 체크해봐야 한다.

지상주차장을 운영하는 단지 중 후면 주차를 허용하는 곳은 관리가 잘 안 되는 단지일 확률이 높다. 후면 주차시 배기가스로 인해 아파트 화단과 1~2층 세대에 직접적인 피해를 주게 되기 때문에 관리가 잘 되는 단지의 경우 전면 주차만 허용한다.

만약 1층 집을 매수하는 경우라면 지상 주차장 유무, 후면주차 가능여부, 차량 라이트가 우리집 거실과 방을 비추진 않는지, 외부 소음과 담배연기가 집 내부로 들어오진 않는지 등을 꼼꼼하게 체크해야만 한다.

신축아파트도 반드시 주차장을 체크해보기 바란다. 세대당 주차 대수도 체크해봐야 하지만, 주차장 혼잡도도 꼭 두 눈으로 확인해야 한다.

얼마 전 임장 간 단지의 지하주차장을 체크했는데 낮 시간임에도 불구하고 지하 1층은 불법 이중주차를 할 정도로 혼잡했다. 반면, 지하 2층은 주차공간이 여유가 있어 무척 특이하다고 생각했는데, 엘리베이터를 탑승해보니 지하 1층까지만 연결되어 있고, 지하 2층은 계단을 이용해서만 이동할 수 있게 되어 있었다. 아마도 설계 당시 비용 절감을 위해 도입된 방식으로 보였지만, 실거주자 입장에서 볼 때는 상당히 불편할 수밖에 없는 요소이다.

이런 명백한 단점은 공인중개사나 매도자에게 먼저 물어보기 전에는 아무도 먼저 알려주지 않는 정보이기 때문에 반드시 현장 임장시 꼼꼼하게 체크하여 공인중개사에게 물어볼 수 있도록 준비해야 한다.

주차 관리를 예로 들어 설명했지만, 실제 현장 임장을 많이 다니다 보면 자신만의 가치관으로 관리 여부를 체크할 수 있게 되고, 이런 세심한 체크가 자신 있는 투자를 할 수 있는 원동력이 됨을 잊지 않길 바란다.

무엇보다 단순히 아파트 단지를 감상하듯 훑어보는 걸로 그치지 않고, 당신이 실제 거주하고 있다고 전제했을 때 어떤 부분이 불편할지 비판적 사고로 접근하는 것이 현장 임장에서 필요한 자세다.

단지 상가에 학원이 안 보이는데 학생들은 어느 곳으로 학원을 다니는가?

기존 주차장 외 공용공간에 추가로 주차공간을 만든 규모는 어느 정도인가?

주민 커뮤니티는 잘 운영되고 있는가?

관리비가 타 단지 대비 많이 나오진 않는가?

입주자대표회의체는 입주민의 권익 증진을 위해 힘쓰고 있는가?

현장 임장은 현장에서 눈으로 확인할 수 있는 정보를 토대로 질문을 만들고, 공인중개사무소 방문을 통해 현장 임장에 대한 답을 찾아가는 과정이라 생각하면 편하다

4. 공인중개사무소 방문

모든 임장의 과정이 중요하지만, 사실 실질적인 매매를 위한 결정적인 키가 되는 건 바로 공인중개사무소를 방문하는 것이다.

공인중개사를 방문하는 임장은 많은 전문가들이 가장 중요하다고 거듭 강조하지만, 일부 잘못된 인식으로 인해 임장에 실패하는 경험담을 너무도 쉽게 접할 수 있다.

공인중개사무소 방문을 두려워하지 않고, 양질의 정보와 급매물을 소개받을 수 있는 임장 필살기를 지금부터 공개하려 한다.

가장 중요한 전제 조건은 공인중개사를 비즈니스 파트너로 인식하는 것이 우선이다.

'손님은 왕'이라는 인식으로 인해, 소위 말하는 갑질 하는 투자자들이 많다. 한 끼 음식을 시키거나 옷을 사 입는 것과 같이 매일 발생하는 거래가 아니라 부동산 매매는 당신의 인생에 있어 매우 중대한 비즈니스다.

그리고 공인중개사는 비즈니스 현장의 매도자와 매수자를 연결해주고, 거래를 성사시키기 위해 힘써주는 파트너이다. 쉽게 말해 공인중개사가 어느 편에 서서 거래를 진행하느냐에 따라 비즈니스의 성패가 좌우된다 할 수 있다.

부동산 매매에서 최우선 과제는 공인중개사를 내 편으로 만드는 것이다.

낯선 지역의 공인중개사를 처음 만나는 상황이라면 누구나 어색하다. 특히 공부 목적으로 방문하는 상황이라면 기가 죽고, 내 목적이 들통날까 두렵기까지 하다. 하지만 마음가짐 하나 바꾸는 것만으로 임장을 설레는 마음으로 충분히 즐길 수 있고 공인중개사도 내 편으로 만들 수 있다.

공인중개사무소 문을 열고 들어가기 전, 이 안에는 내가 꿈에 그리던 이상형이 나와 소개팅을 하기 위해 기다리고 있다고 생각하면 끝이다.

비록 대화의 내용은 부동산 매물에 대한 정보를 브리핑 받는 거지만, 소개팅에서 매력적인 이성과 대화를 나눈다고 상상해보자. 공인중개사의 설명에 아이컨택을 하며 계속 고개를 끄덕이며 '아! 그랬군요', '와, 정말요?', '정말 대단하네요' 같이 추임새를 섞어가며 맞장구를 치는 것이 중요하다.

특히, 공인중개사에게 브리핑을 받을 때 의자에 등을 절대 붙이지 않는다. 앉은 자세에서도 반쯤 공인중개사 쪽을 향해 몸을 기울이고 적극적으로 호응까지 해주면, 겸손하고 예의를 갖춘 것처럼 보인다. 또한, 내가 주도적으로 말 한마디 하지 않고, 공인중개사의 설명에 호응만 했을 뿐인데, 그의 머릿속에는 웬지 대화가 잘 통하는 사람으로 인식될 것이다.

사실 공인중개사무소를 방문하는 대다수는 어색하고 긴장되어서 말을 버벅거린다. 아니면 급매정보 있으면 달라고 용건만 직설적으로 요구하는 예의 없는 투자자도 있다.

정말로 투자자들이 너무 사고 싶을 정도로 매혹적인 급매물을 생전 처음 보는 무례한 사람한테 연결해줄 공인중개사가 있을까? 기본적으로 비즈니스 자리에선 내가 높은 위치에 있는 소비자라 할지라도 예의를 갖추면, 당신의 작은 행동과 시선, 호응이 공인중개사에게 긍정적인 첫인상을 남기게 된다.

또 한 가지 스킬이 있다.

공인중개사무실에 들어서는 순간부터 억지로라도 칭찬할 거리를 찾아보기 바란다. 공인중개사와 대화하는 중간중간에 칭찬을 섞는 것이다.

그리고 공인중개사를 부를 때 '중개사님', '저기요' 같이 애매한 호칭을 사용하지 말고 '사장님'이란 호칭을 사용하여 공인중개사를 존중해주는 것이 좋다. 보통은 머쓱하고 민망해서 호칭을 생략하는 경우가 많지만, 반드시 대화와 칭찬에 앞서 '사장님'이란 호칭을 먼저 말해보기 바란다.

"사장님, 사무실이 너무 깨끗하고 쾌적하네요."

"사장님, 근데 어떻게 이렇게 많은 걸 알고 계세요? 귀에 쏙쏙 들어와요."

"사장님, 목소리가 너무 좋아서 왠지 모르게 더 신뢰가 가는 것 같아요."

공인중개사는 대화를 이어갈수록 존중받는 느낌이 들 것이고, 칭찬이 가미되니 대화가 즐겁고 유쾌할 수밖에 없다. 또한, 상투적인 칭찬이 아닌 상대의 언행을 관찰하고 하는 칭찬은 상대의 마음을 사로잡을 수밖에 없게 만든다. 물론 티 나는 입바른 칭찬은 역효과를 부를 수 있지만, 칭찬도 계속 하는 연습을 한다면 충분히 자연스럽게 할 수 있을 것이다.

위 2가지 스킬만 잘 마스터한다면 당신은 돈 한 푼 들이지 않아도 공인중개사를 내 편으로 만들 수 있을 것이다.

또 한 가지 팁을 주자면, 상담을 받는 중 공인중개사가 친절하고 아는 것도 많고 호감이 간다면 당신의 명함을 먼저 드리고 공인중개사의 명함을 요청하길 추천한다. 사실 비즈니스 파트너 관계에 있어 명함은 고객, 윗사람, 연장자보다 먼저 꺼내는 것이 예의다.

실제로 먼저 명함을 전달한다는 건 상대를 존중한다는 의미이고, 당신과 비즈니스 관계를 이어나가고 싶다는 의미이기도 하다.

공인중개사가 당신에게 매물을 브리핑해주고, 궁금한 사항들에 대해 답변해주는 가장 큰 이유는 사실 잠재적 고객인 당신의 연락처를 얻기 위해서다. 그런데 성심성의껏 브리핑을 다 해주었는데, 연락처도 주지 않고 그냥 나가버리면 상당한 결례다.

먼저 명함을 전달하면 다시 한 번 공인중개사의 머릿속에는 실제 매수할 사람이란 인식을 심어줄 수 있고, 급매 물건이 나왔을 때 연락할 사람의 명단에 포함될 수 있게 된다. 공인중개사의 경우 중개와 투자를 병행하는 경우가 많아 상대적으로 부유한 사람이 많다. 그런 그들을 대함에 있어 자신의 부를 과시하는 언행보다는 예의 바르고 겸손한 모습을 보이는 것이 더욱 더 상대에게 좋은 인상을 심어줄 수 있다.

5. 매물 내부 확인

실거주 목적으로 내집 마련을 하기 위해서는 최대한 많은 집의 내부를 보아야 한다.

백날 현장 임장을 다니며 단지 내부를 둘러보면 뭐하나? 실제 당신이 소유하고 거주할 집은 그 수많은 아파트 중 한 동의 한 호수에 불과하다.

같은 아파트라 할지라도 내부 구조, 인테리어, 하자 여부, 조망권, 층간소음 여부 등에 따라 거주만족도가 현격하게 차이가 날 수밖에 없다.

천편일률적인 판상형 구조와 방 개수 화장실 개수만 중요했던 과거와 달리 최근에는 3bay, 4bay, 판상형, 타워형, 알파룸 등 내부 구조에 대한 소비자 취향을 반영한 다양한 설계를 보이고 있다.

따라서 최대한 많은 집을 방문하여 내부 구조를 직접 눈으로 보게 되면, 본인이 선호하는 구조에 대한 감이 생기고, 평면도만 봐도 내부 구조를 예상할 수 있게 된다.

04
집안 내부 임장 팁

매매하기 전에 집안 내부를 꼭 확인해야 하는 이유는 하자가 있는지 여부를 확인하기 위해서다. 신축의 경우는 덜하겠지만, 구축아파트의 경우에는 당연히 건물의 노후화가 진행되기 때문에 크고 작은 하자가 발생할 수밖에 없다.

같은 동의 아파트라도 집을 어떻게 관리했는지에 따라, 혹은 외벽의 균열이 어디서 발생했는지 여부에 따라 집 내부의 컨디션은 큰 차이를 보인다.

신축아파트의 내부를 볼 때는 구조와 마감재를 보는 것이 우선이고, 구축아파트를 볼 때는 단점을 찾아내겠다는 각오로 예리하게 관찰해야 한다.

내부를 살펴볼 때 가장 중요한 일은 큰 공사가 필요할 것으로 보이는 부분을 찾는 것이다.

집주인 혹은 세입자에게 누수가 발생한 적이 있는지, 곰팡이가 생긴 적이 있는지를 반드시 물어봐야 한다. '그런 건 전혀 없다', 혹은 '잘 모르겠다' 같은 답변이 오더라도 하나하나 꼼꼼하게 체크해야 한다.

특히 누수와 곰팡이는 장마철이나 한겨울처럼 특정 계절에만 증상이 발현되는 경우가 있기 때문에 임장 간 날 문제점을 정확하게 파악하기 쉽지 않다.

베란다 천장, 섀시(창틀) 부분, 외벽과 직접 맞닿아 있는 곳 등 누수와 곰팡이가 발생할 수 있을 것 같은 부분을 세심히 살펴보면, 실리콘이 새롭게 발려 있거나, 천장의 특정 부분에만 페인트를 다시 칠했거나, 부분적으로 도배가 되어 있거나, 도배 일부분이 얼룩져 있는 경우를 종종 볼 수 있다.

그런 부분은 누수나 곰팡이가 일단 발생했고, 조치를 취했을 확률이 높기 때문에 추후 이런 문제가 재발할 수도 있다고 봐야 한다. 내부적인 문제라면 돈을 들여 수리하면 되지만, 원인을 알 수 없는 이유로 그런 일이 발생한 거라면 추후 재발시 큰 스트레스가 될 확률이 높다.

또한, 구축아파트의 경우 수압이 떨어지는 경우도 종종 발생한다. 사실 이 부분을 체크해보기 위해서는 주방의 수도에 물을 틀고, 화장실 용변기 물을 내렸을 때, 물의 세기가 줄어들지 않는지를 체크해봐야 한다. 하지만, 집주인이 옆에 있는 데서 그렇게 테스트해보기란 쉽지 않다.

그럴 경우에는 잠시 양해를 구하고 화장실을 사용한다고 하고, 화장실 세면대 물을 최대로 틀어 놓은 상태에서 용변기 물을 내려서 수압 상태와 물의 온도가 크게 변하지 않는지 등을 체크해본다.

도로나 놀이터와 인접해 있는 아파트의 경우에는 반드시 외부소음 여부도 체크해보는 것이 좋다.

섀시가 잘 열리는지 체크해본다고 양해를 구하고 섀시를 열어보고 햇살과 뷰를 확인하고, 외부의 소음이 어느 정도인지를 체크해본다. 또한, 섀시를 완전히 닫았을 때 소음이 얼마나 줄어드는지도 체크해보는 것이 좋다.

섀시는 인테리어시 가장 큰 목돈이 들어가는 부분이기 때문에, 돈을 조금 더 주더라도 섀시는 방음과 단열이 잘되는 좋은 제품으로 설치가 되어 있는 곳을 선택하는 것이 좋다.

또한, 보일러를 체크하면 제조연월일을 확인할 수 있는데, 연식이 오래된 경우라면 보일러가 고장 나 교체해야 할 가능성도 있음을 염두에 두어야 한다.

또한, 층간소음 문제가 사회적 이슈인 만큼, 집주인이나 세입자에게 윗집과 아랫집의 가족구성원 정보나 층간소음 여부 등을 미리 체크해보는 것이 중요하다.

반려동물을 키우는 집의 경우 도배, 장판, 전기배선 등이 심하게 훼손된 곳이 없는지 상태를 체크해야 하고, 인위적인 냄새가 나는지를 체크해야 한다. 반려동물을 키우는 집의 경우 청소, 환기 등 관리를 잘하지 않으면, 집안 내부에 악취가 배어 있는 경우가 있다. 집을 보러 오는 사람에게 이를 감추기 위해 방향제를 강하게 뿌려놓는 경우가 종종 있으니 집 안에 들어갔을 때 향수 냄새가 심하게 나면 잘 체크해야 한다.

또한, 집주인보다 세입자에게 집의 하자 여부나 층간소음 등 단점에 대해 물어보면, 본인의 집이 아니기 때문에 비교적 사실적으로 단점을 설명해주는 경우가 많다.

다만, 내부 상태 확인시, 실제 매매가 결정된 사항이 아닌 상황에서 지나치게 꼬치꼬치 캐묻거나 흠을 찾아내는 건 예의가 아니니 완급을 잘 조절할 줄 알아야 한다.

자, 이제 부동산 투자를 결정하는 데 가장 중요한 요소인 임장에 대해 알아보았다.

투자자로서 경험을 통해 익힌 노하우를 최대한 자세히 설명하려 했다. 임장이 낯설고 초보자라면 내가 언급한 내용을 잘 숙지하고 그대로 따라 해보아도 초보 티를 벗을 수 있을 것이다.

결국 여러 투자방법이 있는 것처럼 임장도 정답은 없다. 자신만의 스타일로 효율적인 임장을 해나가기 위해서는 임장이 숙제가 아닌 여행과 같은 즐거움이 되어야 한다.

투자가 즐거워지고 임장이 생활화되면 국내고 해외고 여행을 가게 되면 해당지역의 부동산 시세에 관심을 갖게 되고, 투자목적이 전혀 없는 지역의 공인중개사무소라도 습관처럼 들르게 될 것이다.

05
힘들이지 않고 공부하는
임장 팁

전화 임장을 통해 집 내부를 볼 수 있는 기회를 잡는 방법을 알려줬지만, 다른 좋은 팁을 추가로 소개할까 한다.

친척, 친구 집을 방문하자

우리나라는 새집으로 이사를 가면 지인을 초대하는 집들이 문화가 있다. 코로나로 다소 시들긴 했지만, 새집에 예쁘게 집을 꾸며 놓으면 남들을 초대하여 예쁜 집을 자랑하고 싶고 인정받고 싶어하는 성향이 있기 때문에 여전히 소규모 집들이는 많이 하고 있다.

대부분 친구의 집들이 초대를 받으면, 집을 전부 둘러보지도 않고, 거실과 부엌 정도만 보고, 최신형 가전제품이나 예쁜 소품에만 관심을 보이고 식사를 하며 담소를 나눈다.

하지만 이제 당신은 투자자다. 친구 집에 초대받으면 약속시간보다 일찍 방문하여 현장 임장을 병행하길 바란다. 또한, 친구 집의 시세와 가격 추이 등을 파악해서 당신이라면 같은 금액이 있다면 이 집을 매수할지 여부를 검토해보는 것이다.

또한, 당신의 방문을 기다리며 집안 곳곳 깨끗하게 청소를 해둔 친구의 노고를 생각해서라도 집안 곳곳을 꼼꼼하게 훑어보며 집의 장점을 찾아 칭찬을 아끼지 않는 것이 좋다.

집에 대한 관심과 칭찬을 해주는 방문자에게 대부분의 집주인들은 큐레이터처럼 옆에 다가와서 이런저런 집의 장점과 단점에 대해 설명해줄 것이고, 그것 자체만으로도 당신은 집 구조를 파악하고 인테리어 트렌드와 비용을 체크하는 데 큰 공부가 될 것이다.

'다른 사람의 집을 함부로 이곳저곳 훑어보면 실례가 아니냐' 생각할 수 있겠지만, 보통은 보여주고 싶지 않은 곳은 방문을 닫아 놓기 때문에, 열려 있는 방들은 구경해도 괜찮다는 의미로 해석하면 된다. 실제로 나 역시 집들이를 했을 때, 열심히 집안 곳곳을 청소하고 꾸며 놓았는데 아무런 구경도 하지 않고 밥만 먹고 가는 친구들이 서운하게 느껴졌던 경험이 있었다.

집들이는 밥 먹으러 가는 것이 목적이 아니라 친구가 예쁘게 꾸며 놓은 집을 축하하고 칭찬해주러 가는 것이라는 본질을 잊지 않으면, 예의를 갖추면서도 여러 공부를 할 수 있을 것이다.

모델하우스를 방문하자

청약가점이 낮은 사람들의 경우 청약은 나와 인연이 없다고 생각하여 외면하는 경우가 많다.

하지만, 청약에 당첨될 확률이 없어도 모델하우스 방문을 통해 최신 트렌드의 내부 구조를 마음껏 접해볼 수 있는 기회가 있다. 청약 당첨 확률이 없는데 거리가 먼 지역의 모델하우스를 방문하는 게 부담스럽다면, 사이버 모델하우스에 접속하여 방 내부 구조와 마감재 등을 체크해보는 것만으로도 큰 공부가 된다. 특히, 1군 건설사의 하이엔드 브랜드를 적용한 곳과 중견 건설사의 모델하우스를 비교해보면 고급화 정도에 따른 차이를 쉽게 비교해볼 수 있다.

'구경하는 집'을 방문하자

초대해줄 친구가 없다고 해서 낙심하지 말자. 신축아파트를 대접받으며 구경할 수 있는 기회가 있다. 신규 입주하는 아파트 단지에 있는 '구경하는 집'을 방문하는 것이다.

신축아파트의 입수기간에는 이사 차량이 수시로 드나들고, 아직 보안체계가 잡히기 전이기 때문에 대부분 외부인의 접근이 용이하다. 현장 임장을 통해 신축아파트의 조경, 커뮤니티시설, 놀이터 등을 공부할 수 있지만, 가장 소중한 기회는 구경하는 집을 방문하는 것이다.

구경하는 집은 인테리어 업체가 시공한 집을 영업 목적으로 일정기간 동안 사용하는 걸 말하는데, 당신이 구경하는 집을 방문하면 입주민이라 생각하고 친절하게 응대해줄 것이다. 해당 집에 상주하고 있는 실장에게 인테리어 전 마감재의 상태나 고급화 여부 등을 물어보면, 추가적인 인테리어가 필요한 부분을 강조하기 위해서라도 기존 마감재의 단점에 대해 알기 쉽게 설명해줄 것이다.

실질적인 추가 인테리어에 필요한 비용, 최근 사람들이 많이 선택하는 인테리어 등 트렌드와 대략적인 비용도 체크할 수 있어 많은 공부가 된다.

06
악질 공인중개사에게
당하지 않기

공인중개사분을 소개팅에서 마음에 드는 상대로 가정하라고 했다고, 중개사의 말을 곧이곧대로 신뢰해서는 안 된다. 소개팅에 나가보면 별의별 사람이 다 있는 것처럼, 공인중개사들도 선한 분이 있는가 하면 철저히 본인의 이윤만을 추구하는 악질 공인중개사도 흔하다.

공인중개사에게 물건에 대한 브리핑 받다보면 가장 많이 듣는 말이 있다.

"이 매물은 소선이 너무 좋은 급매 물선이라 벌써 여러 팀 보고 갔어요. 가계약금이라도 바로 넣지 않으면 금방 나가요. 망설이다보면 놓쳐요. 손님 인상이 너무 좋아서 꼭 손님한테 해주고 싶어서 하는 말이에요."

그야말로 비즈니스에 특화되어 있는 화술이기 때문에 충분히 대비하고 가지 않으면 무언가에 홀린 듯 충동구매하는 경우가 발생한다.

백번 양보해서 정말 천운을 만나 급매를 얻을 수도 있겠지만, 당신의 투자 인생에 있어 큰 도움이 되진 않을 것이다. 여러 곳을 임장 다니며 비교분석을 하여 당신 스스로 투자에 대한 의사결정을 내려야 투자자로 성장하는 경험을 쌓을 수 있는 것이다. 공인중개사 추천물건으로 바로 계약을 한다는 건, 당신이 평생 모은 소중한 자산을 처음 만나는 사람에게 전적으로 맡긴다는 의미다.

실제 다른 공인중개사무소에 급매물이 나와 있어도, 중개수수료를 나눠먹기 싫어서 본인이 보유한 물건만을 급매로 둔갑시켜 소개하는 공인중개사도 있다.

악질 공인중개사가 급매라고 말하는 매물은 어쩌면, 투자자가 비싼 값에 물건을 팔고 싶어, 원하는 가격에 매매를 성사시킬 경우 법정 중개수수료에 추가로 인센티브를 지급하겠다고 한 물건일 가능성도 있다.

투자자는 비싼 값에 물건을 팔아서 좋고, 공인중개사는 수수료를 넉넉하게 받아서 좋고, 당신은 급매에 집을 샀다는 착각으로 좋다. 모두가 좋은 해피엔딩일까? 뒤늦게 공부하고 돌이켜보면 자신의 판단이 잘못된 걸 후회하는 경우를 많이 보았다. 공인중개사에게 예의를 갖추되 그의 말을 무조건 믿지 않는 것이 중요하다.

이런 일은 왜 발생하는 걸까? 안타깝게도 당신이 공인중개사를 만났을 때 초보 냄새가 풀풀 난다 싶으면, 공인중개사는 자신의 이익을 극대화시킬 수 있는 방안을 고민할 수밖에 없는 것이 현실이다.

이런 경우를 예방하기 위해서는 초보일 때는 한 가지 철칙을 지켜야 한다.

"처음 방문한 공인중개사무소에서는 절대 계약하지 않는다."

부동산 매매에 있어서 조급한 쪽은 우를 범하기 쉽다. 한 번 계약서에 서명한 걸 되돌리기에는 너무 큰 기회비용이 발생한다. 그렇기 때문에 거래는 신중하게 하는 것이 옳다.

처음 만난 공인중개사가 나와 코드가 딱딱 맞고, 정말 천운을 만나 이 집을 당장 계약하지 않으면 큰 손해를 볼 것 같다는 직감이 들어도, 처음에는 절대 거래를 하지 않는다는 원칙을 세우기 바란다.

물론 진짜 급매물이었고, 잠깐의 망설임으로 인해 그 물건을 놓칠 수도 있겠지만, 그 물건은 당신과 인연이 없다고 생각하는 것이 속이 편하다. 아쉬울 수 있겠지만, 적어도 투자자금은 그대로 남아 있기 때문에, 다른 지역을 임장하며 새로운 기회를 찾으면 되는 것이다.

한 번의 기회가 전부라 생각하지 않길 바란다, 꾸준히 임장 다니고 내편인 공인중개사를 지속적으로 늘려가다보면 분명 기회는 다시 찾아오기 마련이다.

애초에 투자자는 한 군데 임장으로 투자를 결정해선 안 된다. 동일한 지역이라도 2~3군데의 공인중개사무소를 방문하여 객관적인 정보를 취득하는 것이 중요하다.

공인중개사에게 아파트 단지의 우려되는 단점에 대해 질문하면, 매매를 성사시켜야 하는 목적이 크기 때문에 대부분의 공인중개사들은 "다른 지역도 다 그렇다", "케이스 바이 케이스라 전반적으로 괜찮다" 같이 단점을 축소시키려 하여 객관적 판단을 내리기 쉽지 않게 만든다. 또한, 아직 확정되지 않은 개발 호재도 사실 거의 다 결정된 사항이라며 당신의 투자 욕구를 부추긴다.

초보일 때는 무엇이 사실이고, 무엇이 허구인지 판단하기 쉽지 않아 당하는 경우가 많은데, 공인중개사무소를 방문시 아주 간단한 인사 한마디로 공인중개사가 거짓없는 팩트만 설명하게 할 수 있다.

"사장님? 안녕하세요. 여기 저희 친언니가 살고 있는데 추천해줘서 와봤어요."

누구나 할 수 있는 심플한 첫인사지만, 해당 단지의 장점과 단점을 모두 꿰뚫고 있는 실거주자가 친언니라는 사실 하나만으로 공인중개사가 거짓말을 할 수 없게 만들어버린다.

한편, 공인중개사의 설명만 듣고 제대로 된 질문조차 하지 못하고 나오는 초보가 많다. 임장 초보들은 어느 지역을 임장을 가도 비슷하게 두리뭉실한 질문만 한다.

"요즘 투자자들이 많이 찾아오나요?"

"요새 시세가 어때요?"

"급매 갖고 계신 거 있나요?"

위와 같은 질문은 전형적인 단답형으로 끝나는 질문들이고, 공인중개사의 말이 사실인지, 허구인지를 판가름하기 쉽지 않다. 초보일수록 온라인 임장, 현장 임장시 궁금했던 부분에 대해 확실하게 질문을 해야 투자에 대한 판단을 스스로 내릴 수 있게 된다.

"여기 거주하시는 분들은 어디로 출퇴근을 많이 하시나요?"

"대기업 공장에 출퇴근이 가능한 위치인 것 같은데, 아파트 단지 앞에 통근 버스가 정차하나요?"

"여기 파시는 분들은 팔고 어디로 가나요? 괜찮아 보이는데 왜 파는 걸까요?"

"매수하시려는 분들이 투자자가 많나요, 실거주하시려는 분들이 많나요?"

공인중개사가 기계적으로 답변을 늘어놓을 수 있는 질문들이 아니라 가급적 공인중개사도 한 번 생각을 하고 대답해야 하는 질문을 최대한 많이 준비해가야, 임장을 통해서 얻을 수 있는 정보도 많아지고, 그런 정보가 모여 투자에 대한 결정을 내릴 수 있게 만들어줄 것이다.

임장에 왕도는 없다.

자신만의 스타일을 찾아 임장 하는 것이 중요하고, 한 지역 한 단지만 임장 하지 말고, 인근지역의 비슷한 단지를 함께 임장을 하여 비교 분석하는 역량을 키우길 바란다.

4장

포지션에 따라
전략이 달라진다

: 내 처지에 딱 맞는 투자 전략 세우기

01
당신에게는 투자 철학이 있는가?

내가 이 책을 통해 당신에게 알려주고 싶은 건 지금 이 순간 어디를 사야 돈을 벌 수 있는지와 같은 투자처 정보가 아니다. 책에 글을 쓰고 있는 지금 이 순간에도 시장의 상황은 변화하고 있을 것이고, 당신이 언제 이 책을 읽더라도 조금이라도 도움이 될 만한 내용을 담고 싶다.

먼저 투자 노하우에 대해 설명하기 전에 한 가지 분명하게 짚고 넘어갈 게 있다.

당신이 1주택자라면 부동산이 큰 폭으로 가격이 상승했어도 그건 투자 성과로 보기 어렵다.

1주택자의 집은 가족의 보금자리이기 때문에 가격이 올랐다고 덜

컥 매도하기 힘들다. 물론, 실거주 주택의 집값이 오르면 기분도 좋고, 든든한 노후대비용 자산이 될 수 있지만, 1주택자가 집값이 오른다고 해서 당장 현실의 삶은 크게 달라지지 않는다.

내가 생각하는 투자자는 다주택자인 경우에 해당하는 것이고, 실거주 목적이 아닌 순수 투자 목적의 매물은 상황에 따라 언제든 매수, 매도가 자유롭기에 투자 실력이 매우 중요할 수밖에 없다.

또한, 실거주 집의 경우 하락장에도 살면서 버티면 언젠가 오를 거라는 확신을 갖고 있다면 부담될 것이 없지만, 다주택자의 경우에는 하락기가 오면 집을 싼값에 처분하고 싶어도 팔 수 없게 되고, 현금흐름이 막힌 상황에서 역전세나 금리 인상, 대출 축소와 같은 악재가 겹치면 부자라 할지라도 버티지 못하고 위기에 직면할 수 있기에 신중한 투자가 중요하다.

투자자로 다시 태어난 후 부동산 공부와 임장이 내 취미이자 특기가 되었기에 큰 한 방을 노리기보다는 오래오래 투자시장에서 플레이어로서 즐기며 참여하고 싶었다.

그렇게 난 다주택자의 길을 걷기 전에 스스로의 투자 철학을 결정했다.

투자 철학 : 실패하지 않는 투자를 한다

뭔가 거창한 투자 철학을 기대했다면 미안하다. 하지만 난 투자를 검토하는 단계에서 매순간 이 철학을 되새긴다. 철학은 최대한 단순해야 하고, 모든 투자의 근간이 되어야 한다.

실패하지 않는 투자를 하는게 어쩌면 매우 당연한 말일 수 있지만, 가장 어려울 수 있다.

투자는 기본적으로 리스크를 동반할 수밖에 없어 투자 초기에는 리스크를 두려워하여 보수적으로 투자를 하는 경향이 크다. 하지만, 운이 좋았던, 실력이 좋았던 투자에 따른 성과가 지속되기 시작하면 점점 더 자신의 투자에 대한 확신과 자신감이 생겨 리스크를 두려워하기보다는 더 큰 성과를 쫓게 된다.

난 부동산 투자에서 한 번도 실패하지 않았다.

지금 투자하면 너무 늦은 건 아니냐는 주위 사람들의 불안감 섞인 고민을 들을 때도 투자 경험이 쌓이고 안목이 생기면 새로운 길이 보인다. 그후 돈을 벌 수 있을 것 같은 물건들이 계속 보이기 시작했다. 그럴 때마다 난 스스로에게 다짐하듯이 되새긴다.

"투자자들이 유입될 가능성이 있는 투자처인가?"
"매도 시점에 실거주자들이 매력을 느낄 만한 물건인가?"
"투자에 실패한다면 출구 전략은 있는가?"

투자 성과가 기대되는 투자처를 발굴해도, 투자를 결정하기 전까지는 그 누구보다 부정적 시선으로 투자처를 분석한다.

다방면으로 분석해도 성공할 것 같다는 확신이 든다면, 아내에게 투자처에 대해 브리핑을 한다.

아내는 투자를 하지 않는다. 내가 심사숙고한 투자 물건에 대해 설명하기도 전에 아내의 미간이 찌푸려진다. "또 어딜 투자하려고?"

그럼, 난 그동안 임장을 통해 느낀 점, 타 지역과의 비교 등을 통해서 결코 실패하지 않는 투자가 될 것임을 설득한다. 투자에 관심 없는 사람을 설득하는 것이 얼마나 어려운지 아는가?

특히, 투자를 결정하는 순간 생활비가 현격하게 줄어들고, 대출이 늘어날 것을 잘 알고 있는 아내이기에 최대한 내 투자를 막아내겠다는 수문장과 같은 역할을 담당한다.

"나라면 이 돈 주고 여기 안 살 것 같은데?"라는 답변이 나오면, 처음에는 답답하고 화도 났지만, 때로는 미래가치에 초점을 맞추는 투자자의 눈보다 현실의 삶에 포커싱되어 있는 주부의 눈이 더욱 예리할 때가 있다.

특히 실패하지 않는 투자를 하기 위해서는 무엇보다 하락장을 대비해야만 한다.

그렇게 지속적으로 투자 물건을 찾다보면 나와 아내의 눈에 모두 마음에 드는 물건이 나온다.

"오빠가 정 그렇게 하고 싶으면 한번 해봐."

투자를 실행할 때 가족 구성원의 합의점을 도출하는 것이 생각보다 쉽지 않지만, 투자를 오랜 기간 지속적으로 하고 싶다면 꼭 배우자와 함께 투자 물건을 검증하기 바란다. 그래야 투자에 성공하든 실패하든 함께 기뻐하고 함께 실패를 만회할 수 있다.

실패하지 않는 투자를 하기 위해서는 부동산 시장을 이해해야만 했다. 내가 경험하고 공부한 부동산 시장은 절대 공평하지 않다.

부동산은 필수재이기 때문에 주택 보유 여부, 다주택자 여부에 따라 취득, 보유, 양도 과정에서 세금에 큰 차이가 있다. 이런, 세금과 규제 등으로 인해 투자자들은 투자를 하고 싶어도 투자를 하지 못하는 경우가 많다. 또한, 부동산 투자는 목돈이 필요한 투자처이고, 투자수익을 보기 위해 오랜 기다림이 필요하다. 이런 요인들로 인해 부동산 시장은 여러 벽이 생겨났고, 이는 진입장벽이 되어 부동산 시장은 차별화되기 시작한다.

무주택자에게 유리한 청약투자, 소액투자자들에게 용이한 갭투자, 은퇴한 자산가들의 현금흐름 확보를 위한 상가투자 등 무수히 많은 벽이 있기에 부동산 시장에서도 서로 다른 흐름을 보이는 경우가 많다.

지금부터 각 포지션별로 진입장벽을 활용한 투자법에 대해 설명하겠다.

02
포지션별 투자 전략
무주택자

요즘은 재테크 광풍 시대다. 명절 때 온 가족이 모이는 자리에서도, 직장동료들끼리 술 한잔하는 자리에서도, 오랜만에 학창시절 동창들을 만나는 자리에서도 모두가 재테크 이야기를 한다.

재테크에 무관심했던 사람들은 착실히 회사생활을 하고 있음에도 불구하고, 시대에 뒤떨어지는 사람, 무능력한 바보, 불쌍한 사람 취급을 받고 있다.

주식과 코인의 경우 종목별로 오르고 내린 종목들이 병존하지만, 유독 부동산의 경우에는 거의 모든 투자상품들이 상승을 하다보니, 뛰어난 투자 실력이 필요한 게 아니라 그저 용기 내어 투자만 하면 모두 수익을 보장받는 비현실적인 상황이 펼쳐졌다.

단순히 투자 참여 유무에 따라 자산 격차가 급격히 벌어지다보니,

부동산 투자를 하지 않은 사람들은 심한 상대적 박탈감을 느끼고, 스스로를 '벼락거지'라 부르며 고통받고 혼란스러워한다.

많은 전문가가 지금이라도 집을 사야 한다고 강조한다. 하지만, 내 생각은 조금 다르다. 무주택자라 해도 모두가 똑같은 상황은 아니기 때문에 각 케이스별 대응전략에 대해 설명해볼까 한다.

자금은 있으나 투자가 두려운 중년 가장

집을 살 수 있는 자금은 있으나, 집값이 이미 너무 많이 오른 것 같고, 대출받는 것이 두려워 집을 못 사는 사람들이 생각보다 많다.

집값이 언제 오르고, 언제 떨어지는지는 아무도 정확히 맞출 수 없다. 다만, 다른 투자상품과 다르게 집은 필수재임을 감안했을 때, 내 가족의 주거 안정성을 확보하는 의미에서 '내집 마련'은 언제나 1순위다.

사람들이 선호하는 서울의 집값은 머나먼 조선시대부터 지금 이 순간에도 비싸다. 모두가 살고 싶은 지역이기 때문이다. 상승장 때뿐만 아니라 하락장 때도 서울은 여전히 비싸게 느껴진다.

당신이 전세나 월세로 거주하고 있는 아파트의 과거 시세를 인지하고 있기 때문에, 이미 올라버린 그 가격을 주고 사는 것이 망설일 수밖에 없다는 건 잘 안다. 하지만 과거는 이미 지난 일이기 때문에 "그때 살 걸", "팔지 말 걸" 같은 후회와 신세한탄으로 매수 자체를 포기하지 않길 바란다.

과거에서 벗어나 현재의 시세를 받아들이는 것이 우선이다. 그리고 부동산 공부를 통해 향후 발전이 기대되는 지역의 물건을 현 시세보다 저렴하게 사는 것에 집중하기 바란다.

청약가점이 높다면 분양을 노려보겠지만, 가점이 낮다면 다주택자와 법인이 투자하기 부담스러운 재개발 입주권, 분양권과 같이 진입장벽이 높은 투자 물건을 매수하는 지혜가 필요하다.

학령기 자녀를 둔 부모

보유한 자산 규모와 관계없이 생애 주기상 자녀가 초등학교 입학하는 시점 전후로 해서 많은 부모가 내집 마련에 대한 고민을 많이 한다. 집을 사고 싶어도 자녀에게 들어가는 교육 비용이 워낙 크기 때문에 엄두를 내지 못하는 경우가 많다. 이런 사람에게는 대출을 너무 두려워하지 말고 집을 매수하는 걸 추천한다.

대출이 당장은 부담스러울 수 있고, 대출에 따른 이자비용을 불필요한 지출이라 생각하는 경우가 많다. 하지만, 내집 마련을 통해 집을 매수하게 되면 빚이 있고, 그에 따른 이자비용을 매달 납부해야 된다는 현실로 인해 강력한 소비 억제력을 보이게 된다. 당장은 생활하는 것이 갑갑할 수 있지만, 내집을 마련했다는 것에서 오는 든든함으로 충분히 버틸 수 있다.

대한민국은 교육열이 강한 나라이기 때문에 학군이 잘 형성된 곳을 선호하고, 자녀들의 교우관계에도 많은 관심을 보인다. 이왕이면 교육 인프라가 잘 갖춰져 있는 곳에 초등학교를 다니게 하고, 한곳에 자리잡고 자녀가 교우 관계의 변화 없이 초·중·고를 다녔으면 하는 바람이 크다.

내집을 마련하지 못한 상태라면 주거 안정성이 크게 떨어지기 때문에 원치 않는 상황에도 이사를 다녀야만 하는 경우가 발생할 수 있다. 이사를 다닐 때마다 아이가 새로운 환경과 교우관계에 적응해야 되는 부분이 신경 쓰일 수밖에 없다.

자금이 충분하다면 학군 좋은 곳에 거주하는 것이 방법이지만, 만약 자금 사정이 녹록치 않다면, 부모의 출퇴근이 불편하고, 상권 등 인프라가 덜 갖춰졌다 해도 향후 발전이 기대되고, 비슷한 경제 수준의 사람들이 모여 사는 신도시를 노려보는 것도 좋다.

대부분 신도시의 경우 학군이 형성되지 않았지만, 젊은 부부들이 많고, 소득수준이 높은 경우가 많아, 당장의 자산 규모는 크지 않지만 아이들에 대한 교육 열의가 있어 점차 교육환경이 좋아질 여지가 높다.

신혼부부

신혼부부에게는 첫 집을 어디에 마련하느냐가 매우 중요하다.

제한된 자금에서 선택을 할 수밖에 없는데, 같은 예산이라도 도심 쪽에 가깝고 역세권일수록 구축에 소형이 되고, 반대로 외곽으로 갈수록 신축에 큰 평수를 구입할 수 있다.

소비성향이 강하고, 다른 사람들에게 보이는 모습이 중요한 사람들은 대부분 외곽의 신축 큰 평수에서 신혼생활을 시작하려 한다. 또한, 큰 평수에 걸맞게 TV, 소파, 장롱, 침대 등도 큰 걸 구입하게 된다. 그러나 이는 매우 잘못된 선택이다. 한번 가정을 해보자.

조식도 제공하는 최신식 커뮤니티 시설과 리조트 같은 조경을 갖춘 신축 아파트가 마침 입주하는 시기다. 전세 물량이 많아 인근 구축보다 저렴한 가격에 거주할 수 있는 기회가 생겨 입주를 결심한다. 당신은 편리하고 안정적인 주거환경에 금방 적응하게 되고, 당신의 주거 눈높이는 상당히 높게 형성된다.

2년 혹은 4년의 시간이 지난 후 전세 가격은 2배 이상 올라버렸고, 높아진 전세 가격을 감당하지 못해 이사를 고려해야 하는 상황이다. 비슷한 입지의 인근 구축 단지로 이사 가려 하면, 지하주차장도 없는 구축아파트에 살기엔 너무 불편할 거 같고 자존심도 상한다.

그래도 지하주차장이 있는 아파트 수준으로 이사를 가려고 해도, 너무 비싸 평수를 줄여서 가야 하는데, 이미 가전이며 가구가 큰 평수에 맞춰져 사 놓았기 때문에 그마저도 쉽지 않다.

그럼 결론은 2가지로 좁혀진다.

직장에서 더 멀어진 외곽지역으로 밀려가거나, 지금 거주하고 있는 집을 포기하지 못하고 반전세로 전환해서 주거비용이 크게 증가하는 것이다.

반면, 첫 주택을 최대한 직장과 가까운 역세권의 구축 소형아파트로 시작한다면, 선택의 폭이 매우 넓어질 것이다. 당장은 신혼집의 삶이 불편하게 느껴질 수 있으나 그 또한 적응하게 된다. 그리고 부부가 열심히 투자를 하여 조금씩 좋은 집으로 이사를 갈 수 있다면, 투자하는 재미도 느끼고 성취감도 맛볼 수 있을 것이다.

실제로 내 신혼집은 준공승인일이 아내가 태어난 해와 같았다. 오래된 구축이고 지하주차장도 없었던 곳에서 지하주차장이 있는 집으로 이사를 갔을 때 너무 행복했다. 그 이후 지하주차장까지 엘리베이터가 내려오는 집을 갔을 때는 눈이 휘둥그레졌고, 커뮤니티 안에 수영장이 있는 아파트에 살기 시작하니 더 이상 구축을 살고 싶지 않게 되었다.

사람 심리는 똑같다. 시작을 어디서 시작하느냐가 매우 중요하다.

미혼자, 사회초년생

전세계가 투자 열풍에 휩싸이다보니 이제 막 사회진출을 하고 열심히 회사생활을 하고 있는 사회초년생들 역시 직장생활보다 투자에 관심이 더욱 큰 것 같다.

사실 사회초년생에 있어 가장 중요한 재테크는 직장에서 인정받는 것이다. 직장은 종잣돈을 모으는 원천이 되고, 당신의 직장과 연봉에 따라 대출 금액과 이자율이 달라진다. 직장생활이 익숙해지고 자신의 업무를 완전히 장악할 때까지는 실질적인 투자는 자제하는 것이 좋다.

사회초년생은 이미 투자를 통해 큰 부를 이룬 기성세대를 부러워하거나 시기하면서도 짧은 시간에 벌어진 격차를 극복하기 위해 높은 수익률을 추구한다. 이는 무리한 투자와 실패로 이어질 수 있다. 부동산 투자는 한 번 실패하면 극복하는 데 상당히 오랜 시간이 소요됨을 명심하자.

한 가지 분명한 건, 투자의 기회는 계속 적으로 찾아온다는 걸 인식하고, 영혼까지 끌어 모은 '영끌' 투자를 결코 쉽게 생각해선 안 된다.

당신은 소비자가 아닌 투자자로 다시 태어나는 것에 집중하는 것이 좋다. 또한 평생을 함께할 배우자를 찾을 때도 소비 마인드가 아닌 투자 마인드가 있는 사람을 만나는 것이 가장 좋다. 소비 성향이 강한 이성친구와 교제중이라면 이성친구가 투자자로 다시 태어날 수 있도록 돕는 것이 우선이다.

만약, 당신은 미래의 경제적 자유를 위해 절약하고 저축하고, 투자 공부를 하는데 이성친구는 '욜로' 정신에 입각하여 하루하루 즐기기만 하고 산다면 두 사람의 가치관 대립으로 큰 불화가 생길 수 있다.

경제적 자유를 달성하기 위한 여정의 시작부터 함께 할 수 있는 이성친구가 있다는 건 그것만으로도 아주 큰 축복이다.

니는 투지자로 다시 태어났을 때, 아내와 함께 서울 강남구의 가장 비싼 아파트로 임장을 갔다. 호화로운 문주와 멋진 조경에 압도당해 위축될 지경이었고, 왠지 경비원이 달려 나와 여기는 너희가 올 곳이 아니라고 우리의 방문을 제지할 것만 같았다.

하지만 막상 가보니 비싼 강남의 아파트도 사람들이 거주하는 곳이었고, 그곳에도 신혼부부로 보이는 사람들이 유모차를 끌고 이동하고 있었다. 난 아내에게 '언젠간 이곳이 우리집이 될 것이다'라고 호언장담했고, 함께 투자를 해보자고 말했다.

당신도 배우자가 될 사람과 함께 부동산 공부도 하고, 경제적 자유를 달성하기 위한 목표자산을 산정하는 것부터 시작해보라. 그리고 함께 임장을 하며 데이트를 한다면 임장이 한층 재미있을 것이다.

그래도 공부만 하기 너무 아쉽다는 생각이 든다면 부동산 모의투자를 해보기 바란다.

당신의 생애 주기를 미리 예측해볼 때, 주택을 매수해야 되는 시점이 각자 있을 것이다. 지금처럼 저축과 절약 투자를 계속했을 때 그 시기에 어느 정도 투자금이 형성될지 미리 예측해보는 것이다. 만약, 그 금액이 3억 원쯤 될 것 같다면, 현 시점에 3억 원이 있다는 가정을 하고 실제 투자를 하겠다는 생각을 갖고 임장을 가는 것이다.

그리고 앞서 말했던 것처럼 3~5곳의 후보지를 정해 놓고, 각 매물의 상세 스펙과 가격을 기록하고, 실제 거래 가능한 매물 중 당신은 어떤 걸 투자하겠는지 우선순위를 정하고 그 이유를 기록해두는 것이다.

2년 뒤 당신이 모의 투자했던 물건들의 실제 가격변동 여부를 체크해본다. 당신이 선정했던 지역과 비슷한 금액대의 다른 지역들과 가격상승률을 비교해보고, 우선순위를 정했던 물건들이 실제 가격변동은 어떤지를 검증해보는 것이다.

주식의 경우 단기간에 승패를 확인할 수 있기 때문에 모의투자를 하기 쉽지만, 오랜 기간을 들여야 하는 부동산을 모의투자하는 것은 쉽지 않다. 하지만 투자자금은 부족하지만 투자에 대한 열정이 가득한 당신이라면 모의투자를 통해 자신의 투자 실력을 검증해볼 수 있을 것이다.

그리고 이런 모의투자 경험이 쌓이면 투자할 종잣돈이 생겼을 때 불안해하거나 조급해하지 않고 현명한 투자를 할 수 있게 될 것이다.

또한, 정부에서 무주택자에 대한 지원정책이 많은 만큼 내집 마련뿐 아니라 적은 주거비용으로 쾌적한 주거생활을 영위할 수 있는 방법을 연구하는 것도 좋은 공부이다.

한편, 2022년 5월 30일 제1차 경제관계장관회의 민생안정대책 발표 내용에 따르면 생애 최초 주택 구입자의 주거 사다리 지원을 위해 LTV 규제를 80%까지 완화하기로 하였고, 청년층이 대출할 때 미래소득을 반영하여 DSR 규제에서도 숨통이 트일 수 있게 되었다.

또한, 50년 초장기 모기지도 도입하여 청년층도 마음먹기에 따라 주택을 매수할 수 있는 기회가 열렸다. 당신이 투자할 준비가 되어 있다면 돈이 없어도 투자를 시작할 수 있다는 얘기다.

무주택자를 위한 투자 전략

상황	고민	대응전략
중년 가장	- 집을 사기에는 이미 너무 오른 것 같다.	- 재개발 입주권, 분양권과 같이 진입장벽이 높은 투자 물건을 매수 고려
학령기 자녀를 둔 부모	- 내집 마련을 해야 한다. - 교육비가 많이 들고 대출받기는 부담스럽다.	- 자금이 충분한 경우 좋은 학군을 우선순위로 둔다. - 자금이 충분치 않은 경우 향후 교육환경이 개선될 여지가 있는 신도시를 노린다.
신혼부부	- 첫 집을 어디에 마련할 것인가?	- 최대한 직장과 가까운 역세권의 구축 소형아파트에서 시작하는 것 고려
미혼자/사회초년생	- 투자에 관심이 많이 생겨서 당장 뛰어들고 싶다.	- 먼저 직장생활에 익숙해진다. 자기 업무를 완전히 장악한다. - 소비자가 아니라 투자자로 거듭날 준비를 한다. - 목표자산을 산정해본다.

포지션별 투자 전략

1주택자

1주택자는 가장 선택의 폭이 넓고 가장 고민도 많은 포지션이다. 1주택자는 무주택자를 보고 안도하기보다는 다주택자와 비교를 통해 아쉬워하며 추가적인 투자 수익에 대한 관심이 높다.

투자 공부를 가장 많이 하지만, 투자에 대한 확신이 부족하여 스스로 조급함을 느끼는 경우가 많다. 투자의 목적과 방향성을 확실히 하고 투자에 대한 의사 결정을 스스로 해야만 한다.

장기 실거주자

투자 목적보다는 실거주를 위해 집을 샀을 경우에는 부동산 가격의 변화에 무감각한 경우가 많다. 최근과 같이 부동산 가격이 폭등하였다는 기사가 연일 터져나와야 '우리집 집값이 얼마쯤이었지?' 하고 그제야 시세를 확인해본다. 집값이 많이 올랐으면 기분이 좋으면서도 당장 매도 계획은 없고 실거주를 계속 해야 되는 상황이라 삶의 질이 달라진 건 없다. 보유세와 같은 세금만 오르는 것 같아 기분도 썩 좋지 만은 않은 상황이다.

만약, 우연히 실거주 목적으로 매수한 집이 향후 미래 전망도 밝은 곳이라면 다행이지만, 지금 거주하고 있는 집의 미래 가치가 좋지 않을 것으로 판단된다면 실거주 목적의 집이라 할지라도 매도를 고민하는 것이 바람직하다.

대부분의 가정의 경우 자산현황 중 주택이 차지하는 비율이 압도적으로 많다. 풍족한 노후가 대비되어 있으면 모를까, 자녀 결혼, 노후 준비 등을 위해 주택 매도를 고민해야 할 시기가 올 수 있으니 적어도 본인이 거주하고 있는 지역에 대해서는 지속적으로 가격동향 등을 파악해야 한다.

집은 투자의 대상이 아니라는 생각을 갖고 있다 하여도 부동산 공부를 꾸준히 한다면 매도, 갈아타기, 추가매수와 같은 포지션으로 생각의 시야를 넓힐 수 있을 것이다.

만약 그렇지 못한다면, 공인중개사의 말만 믿고 상승기에 헐값에 집을 파는 우를 범할 수밖에 없다.

명심하라. 실거주 집 한 채만 갖고 있는 사람도 부동산 공부는 지속적으로 해야만 한다.

상승 초기 매수자

집을 사고 나서 단기간에 큰 폭의 상승을 맛본 사람들이다.

투자 목적은 아니었는데, 막상 매수한 이후 단기간에 당신의 연봉보다 더 높은 금액이 상승하게 되면 본격적으로 투자를 하고 싶은 욕심이 든다.

상급지 갈아타기를 할지, 다주택자 포지션으로 갈지, 주택 수에 산정되지 않은 틈새시장을 공략할지 선택의 폭이 넓은 만큼 가장 혼란스러운 시기이다.

첫 번째 주택을 일단 저지르고 보자 하고 매수했는데, 운이 좋아 가격이 크게 상승했을 뿐인데, 자신의 실력이 뛰어난 걸로 착각하는 경우가 많다. 어렵게 공부를 하기보다는 다른 사람의 말을 믿거나, 자신의 감을 믿고 매수부터 하고 공부하는 경우가 빈번하다.

1주택자에서 다주택자로 포지션을 바꿀 경우 상당한 공부가 필요하다. 모든 투자에 앞서 세금 부분을 반드시 사전에 고려하고 투자를 하는 깃이 중요하다.

1주택을 매수할 때에는 오르는 집을 사기만 하면 끝이었다면, 다주택자는 취득세, 보유세, 양도세를 종합적으로 고려해서 투자 여부를 결정해야 한다.

최근에 매수 후 상승한 1주택자

매수를 제대로 한 건지 불안하여 잠을 이루지 못할 수 있다. 당신이 매수한 가격보다 높은 실거래가가 하나둘 찍히기 시작하면 불안은 확신으로 바뀌게 된다.

최근에 투자를 결정한 만큼, 공부도 치열하게 하고 임장도 많이 다니는 시기이다. 평소 본인이 몰랐던 여러 투자물건들을 접할 때 마다 새롭고 돈을 벌 수 있을 것 같은 기대감이 생긴다.

너무 늦게 투자를 시작했다는 아쉬움과 단기간에 다른 투자자들과의 간극을 좁히고 싶은 생각으로 지나치게 공격적인 투자 패턴을 보이는 경우를 볼 수 있다.

2~3년 내에 투자로 승부를 보겠다는 생각을 접고, 오랜 시간 투자자로서 살아남겠다는 생각을 갖고 천천히 차근차근 투자의 영역을 확장해 나가는 것이 필요한 시기다.

당장은 투자에 따른 수익이 예상되는 것은 사실이겠지만, 당신이 최근 매수한 물건의 비과세요건을 갖추는 2년 뒤 상황이 어떠냐에 따라 비로서 성과 여부를 판단할 수 있는 것이다. 무리한 투자보다는 최대한 오래 투자시장에 살아남기 위해 노력하기 바란다.

최근에 매수 후 하락한 1주택자

큰 맘 먹고 용기 내어 매수한 주택이 가격이 떨어지면 맘고생이 심할 수밖에 없다. 해당 물건을 추천해준 지인이 밉고, 저렴한 가격에 좋은 물건 찾은 거라며 거래를 부추겼던 공인중개사가 원망스럽게 느껴질 수 있다.

하지만, 분명한 건 최종적인 선택은 본인이 하였음을 잊지 말아야 한다. 만약, 다른 부동산이 상승중인데 당신이 매수한 물건만 조정을 받고 있다면 당신의 안목이 부족하다는 걸 인지해야 한다. 만약 모든 부동산 가격이 함께 하락하고 있다면 매수 타이밍을 잘못 잡은 것이라 생각해야 한다.

다만, 부동산 가격이 조금 떨어졌다 하여 겁을 먹거나, 홧김에 매수했던 것 보다 훨씬 싼 가격에 매도하는 우를 범해선 안된다.

당신이 매수 타이밍을 잘못 잡았던 것처럼, 매도 타이밍도 잘못되었을 가능성이 높다. 만약, 집을 매도한 이후 다시 상승하게 된다면 상대적 박탈감과 경제적 손실은 더욱 커질 수밖에 없다.

부동산은 거래비용이 상당이 큰 투자상품이다. 부동산거래를 위해서는 취득세, 공인중개사 수수료, 법무사 비용 등 많은 거래비용이 들어간다. 그렇기 때문에 가격이 하락하고 있다 하여도 한번 매수한 이상 직어도 2년 이싱은 흐름을 지겨보겠다는 생각을 갖고 매도, 갈아타기 타이밍을 잡기 위해 부동산 공부를 해야 한다.

1주택자를 위한 투자 전략

상황	고민	대응전략
장기 실거주자	- 투자 생각없이 실거주 내집마련을 한 것인데 가격이 많이 올랐다. 근데 앞으로 어떻게 해야할지 모르겠다.	- 익숙하다는 이유로 변화를 두려워하지 않길 바란다. - 이번 기회에 매도, 갈아타기, 추가 매수 등 향후 포지션을 결정해야 한다.
상승 초기 매수자	- 단기간에 큰 폭으로 가격이 상승하여 기분은 좋지만, 다주택자들처럼 공격적인 투자를 하지 못한 게 아쉽다.	- 보유중인 주택을 비과세 받는 것이 1번이다. 다주택자가 되기 위해선 세금 공부를 철저히 해야 한다.
최근 매수 후 상승한 1주택자	- 부동산 투자가 재미있고 너무 즐겁다. 한 채로는 만족 못 한다. 어서 빨리 다주택자가 되고 싶은데 자금이 부족하다.	- 자본금이 적다보니 무리한 투자를 하는 경우가 많은데 금물이다. 기존 주택의 보유세, 양도세를 감안하며 추가 매수를 고민하자.
최근 매수 후 하락한 1주택자	- 부동산은 무조건 오른다고 믿고 샀는데 가격이 떨어지니 심란하고, 하락한다는 기사만 눈에 보인다. 당장 헐값에라도 팔고 싶다.	- 주택은 투자상품이기 이전에 필수재임을 잊지 않아야 한다. 매수 후 최소 2년간은 지켜보며 대응해야 한다. - 현명한 선택을 위해 부동산 공부가 선행되어야 한다.

부동산 상승장 후반기가 되면 투자를 통해 큰 수익을 본 사람들이 쏟아지기 시작한다. 그동안 무주택자, 실거주 1주택자의 경우 '부동산 가격은 이미 너무 올랐다', '부동산은 거품이다'라고 부동산 시장에 관심 갖지 않았다. 하지만 뉴스, 유튜브, 신문 등을 애써 찾아보지 않으려 해도, 동네 아주머니들과 모임, 직장 동료들과의 회식 자리에서도 부동산 이야기가 끊이질 않는다. 재테크를 하지 않았다는 이유만으로 '벼락거지'가 된 것 같은 기분이 든다. 본인의 투자 경험과 실력이 전혀 없다 보니 강사, 유튜버 등 전문가의 조언에 의존하여 투자를 결정하려 든다. 하지만, 한 가지 확실한 부분은 상승장 초반에 비해 상승장 후반은 투자 성과를 내기가 쉽지 않다는 점이다.

2021년 8월 한국은행이 기준금리를 0.75%로 인상한 이후 금리인상이 지속되고 있다. 2022년 5월 기준금리는 1.75%로 뛰었고, 앞으로도 금리인상 추세는 지속될 수밖에 없다.

또한, 2021년 우리나라 주민등록인구가 2만 명 줄어들어 사상 처음으로 인구수가 감소하였다. 행정안전부는 2021년 10월 89개 도시를 인구감소지역으로 지정했으며 전남, 경북에는 최다인 16곳이 지정됐다. 이어 강원 12곳, 경남 11곳, 전북 10곳, 충남 9곳, 충북 6곳 순으로 지방은 이미 인구감소 현상이 뚜렷하게 일어나고 있다. 하지만, 정권 교체와 같은 대형 이벤트가 발생하는 시점에는 투자자에게는 수익을 볼 수 있는 좋은 기회인 것이 분명하다.

당신이 만약 투자 역량이 부족한 상태인데 주택을 매수하려 한다면 반드시 한 가지는 명심하기 바란다.

부동산 시장이 조정장을 넘어 하락장이 올 수 있음을 염두에 두고 투자에 임해야 하며, 만약 하락장이 온다면 실거주 목적으로 입주하여 버틸 수 있는 집에 투자하는 것이 바람직하다. 가격이 싸다는 이유만으로 저평가되었다는 전문가의 의견만 믿고 태어나서 한 번 가보지도 않은 지방 소도시를 투자하는 우를 범하지 않길 바란다.

또한, 많은 초보들이 부동산 투자를 마친 후에 숙제를 끝마친 심정으로 공부를 게을리하는 경우가 많다. 부동산 매수를 한 순간부터 투자시장에 선수로 뛰어든 것이다. 투자 공부는 선택이 아니라 필수다. 반드시 습관으로 만들어야 한다. 정책의 변화, 시장참여자의 매매심리, 공급 규모, 금리 등에 따라 시장의 분위기는 언제든 바뀔 수 있음을 명심하기 바란다.

04

포지션별 투자 전략

다주택자

상승장 후반에 다주택자는 공격적으로 투자하기보다 항상 변화에 대응할 수 있는 준비가 필요하다. 또한 본인의 투자 성과에 도취되어 자만하지 않아야 한다.

부동산 시장이 하락장이 진행될 가능성을 염두에 두고 항시 대비를 하고 있는 것이 중요하다. 주식과 달리 부동산은 손절이 쉽지 않다. 또한 하락장이 시작되면 전세가도 하락하는 경우가 많은데, 떨어진 전세 가격만큼 현금이 필요한데, 이미 대출이 많은 상태에서는 추가 자금을 확보하기가 쉽지 않다.

또한, 금리가 인상되는 상황까지 겹치게 되면 기존의 대출을 유지하는데도 추가비용이 발생하기 때문에 항상 유연한 대응이 필요하다.

그렇다고 현금을 그대로 통장에 넣어두는 걸 견디기 힘든 투자자가 대부분이기 때문에, 부동산 투자가 아닌 주식과 코인처럼 매매가 손쉽고 빠르게 이루어지는 투자자산을 공부하고 투자하면서 투자의 영역을 확대해 나가는 방법도 좋다.

부동산 투자만 몰입할 경우 단기간에 좋은 성과를 낼 수 있겠지만, 몰입이 과할 경우에는 주객이 전도되어 경제적 자유를 달성하기 위한 투자가 아닌 오로지 돈만을 추구하게 변할 수 있다.

특히, 부동산 투자로 성과를 내고 여러 투자자들과 교류를 하게 되면 당신보다 더 큰 성과를 낸 투자자들과 비교를 하게 되고, 그로 인해 자신의 성과에 만족하지 못하고 더 과한 욕심을 부리게 될 수 있다.

투자가 탐욕으로 변질되는 건 한순간이다. 당신의 꿈이 부자가 되는 것이면 모르지만, 경제적 자유를 달성하기 위함이면 큰 욕심을 부리지 않아도 된다.

다주택자의 경우에는 자신만의 투자 철학과 기준을 다시 한 번 재정비하고 지금까지 수익이 발생한 것에 감사해하며 지키는 투자를 하기 위해 더 안정적인 투자를 하는 것을 권한다.

다주택자의 경우 대부분 본인만의 투자 패턴이 있고, 선호하는 투자처가 명확한 경우가 많다. 해당 분야의 투자 경험이 많고 안목도 있고 실패하지 않을 투자를 할 확률이 높다. 나 역시 재개발 투자를 가장 선호하고 주력으로 하고 있다.

다만, 부동산 시장은 정부의 관리와 규제가 심한 투자영역이기 때문에 하나의 투자 패턴을 고집하거나 맹목적으로 신뢰하면 손실을 볼 수 있다는 것을 명심하기 바란다.

자신만의 투자 철학을 가다듬고 전문성을 키우는 것도 중요하지만, 부동산 투자의 다른 투자 분야에도 꾸준히 관심을 갖고 분석하는 것이 필요하다.

투자자에서 특정 분야의 전문가 된다는 것은 다른 투자 분야에 대한 선입견이 생길 수 있다는 점을 의미하기도 한다.

"오피스텔은 투자하는 거 아니야!"

"지방에 투자하면 큰일 나!"

당신도 알다시피 지방 소액투자가 최근 가장 높은 수익률을 보여주었다. 부동산 시장과 투자 분야를 본인의 기준에 따라 흑백논리로 판단하지 말고, 정부의 정책 변화가 발생하는 주요 시점마다 어느 투자 분야에 기회가 생길지를 항상 고민하고 준비하는 자세가 필요하다.

통계청이 발표한 '2020년 주택소유통계' 자료에 따르면 주택을 두 채 이상 보유한 사람은 232만 명이다. 2020년 인구수가 5,183만 명인 점을 감안하면, 인구수 대비 다주택자 비율은 5%가 되지 않는다.

결국 부동산 시장은 소수의 투자자에 의해 움직이는 시장이 아닌 실거주자에 의해 움직이는 시장임을 명심하기 바란다.

당신의 예측과 시장의 분위기는 전혀 다르게 흘러갈 수 있음을 인정하고 시장의 분위기와 방향성을 임장을 통해 수시로 분석하고 유연하게 대응해야만 한다.

실거주자들의 심리를 읽어 좋은 타이밍에 좋은 물건을 선점할 수만 있다면 여전히 부동산 투자로 꾸준히 수익을 낼 수 있을 것이라 기대한다.

한편, 2022년 5월 9일 기획재정부 소득세법 시행령 개정안에 따르면 2022년 5월 10일부터 2023년 5월 9일까지 1년간 조정대상지역 내 다주택자가 보유 물건을 매도시 종전 최대 30%까지 부과되었던 양도세 중과를 배제해주고, 장특공제도 적용받을 수 있게 되었다.

이뿐만 아니라 다주택자의 경우 1주택을 제외한 모든 주택을 양도하여 최종적으로 1주택자가 된 날부터 보유·거주기간 재기산하는 제도로 인해 최종 1주택 비과세를 받기가 쉽지 않았는데, 본 재기산 제도가 폐지됨으로써 과거 2년 보유·거주한 이력만 있다면 1주택이 된 시점에 즉시 비과세를 적용받고 매도가 가능해졌다.

다주택자의 경우 '주택은 파는 게 아니라 모아가는 것이다'라고 생각하는 투자자도 많지만, 이번 양도세 중과 배제와 보유거주기간 재기산 제도 폐지는 다주택 포지션에서 똑똑한 주택으로 포트폴리오를 재정비할 수 있는 좋은 기회가 될 수 있다.

윤석열 대통령의 부동산 공약이 현실화될 수 있는지 관심을 갖고 지켜보며 유연하게 대응하는 투자자가 되길 바란다.

05

무조건 싸게 사는 것이 제일 좋다

태교 때부터 부동산 공부가 습관화되었고, 여러 지역을 임장 하며 비교분석을 하다보면 투자하고 싶은 지역이 하나둘 생겨나기 시작한다.

하지만 여전히 드는 불안감은 '과연 투자를 고민하는 이 지역이 더 오를까?'이다.

솔직히 그 어떤 리더, 전문가가 온다 해도 100% 오른다고 장담할 순 없다. 불확실한 미래가 어떻게 흘러갈지에 대한 고민도 중요하지만, 현재 당신이 관심 갖고 있는 물건을 최대한 싸게 구입하는 데 집중해야 한다.

지금부터는 부동산 매물을 싸게 사는 방법에 대한 노하우를 공유하겠다.

진입장벽이 높은 투자처를 찾아라

부동산은 필수재이기 때문에 정부에서는 각종 정책으로 다주택자가 주택을 더 사기 힘들게 만들고, 무주택자가 주택을 살 수 있는 기회를 제공하려 한다. 이런 이유로 수많은 투자자는 주택 보유 수와 자금사정에 따라 투자 전략이 다변화될 수밖에 없다.

실제로 상승장 후반부에 가장 매력적으로 보이는 투자처는 다주택자들이 많이 진입한 테마 투자처다. 이미 수익을 많이 본 다주택자의 공격적인 투자 패턴으로 인해 단기간에 자금이 몰려 큰 폭의 상승을 기대할 수 있는 것이다.

대다수의 초보투자자들은 무주택, 1주택 신분으로 다주택자들이 선진입한 투자처를 따라가는 성향이 있다. 이미 가격이 상승하는 것을 두 눈으로 확인할 수 있기 때문에 상승세에 편승하고 싶은 바람이 크기 때문이다.

하지만 정작 중요한 건 2년 이후 비과세 요건을 채웠을 때, 당신이 매도를 고민하는 시기에 한발 앞서 저렴한 가격에 먼저 들어온 다주택자들과 매도 경쟁을 벌여야 한다는 점이다.

무주택자라면 토지거래허가제로 묶여 있는 지역이라 다주택자는 매수가 불가능한 지역을 대상으로 투자하거나, 1주택자들이 취득세가 부담되어 추가 투자를 할 수 없는 조정 지역의 물건을 매수 대상으로 선정하는 것이 중요하다.

투자 경험이 풍부하고 자금력까지 갖춘 다주택자들과의 경쟁을 피할 수 있다면 피하는 것이 옳다.

매물과 사랑에 빠지지 말라

부동산은 시장에 거래되는 매물이 극히 제한적인 자산이다. 실거주자들이 많은 소규모 단지의 아파트의 경우에는 매물이 한 개도 없는 경우도 빈번하다.

당신이 원하는 지역이 1개 지역의 1개 단지로 국한되어 있다면, 해당 지역에 급매가 전혀 없는 상황에서도 최고가인 매물을 쫓기듯 매수하는 경우가 발생하게 된다.

실거주 목적이라면 최고가로 매수하는 방법도 시도해볼 수 있겠지만, 적어도 투자적 관점으로 볼 때는 최대한 시세보다 저렴하게 매수하는 것이 가장 중요하다.

당신이 매수를 고려하고 있는 단지를 최소 3곳 이상을 확보하고 있어야만 한다. 급매를 잡기 위해서는 시세를 정확히 파악하고 있어야하고, 당신의 편이 되어줄 공인중개사가 있어야 한다. 당신의 선호도에 따라 1지망부터 3지망까지 순위를 정해 놓고, 1지망부터 매수 가능한 급매 가격을 스스로 결정할 수 있어야 한다.

부동산 시장의 전반적 흐름이 상승장이냐 하락장이냐 조정장이냐에 따라 급매의 기준이 다르긴 하지만, 1지망 지역은 시세 대비 5% 저렴한 매물, 2지망 지역은 시세 대비 10% 저렴한 매물 등 선호도에 따라 급매의 기준을 달리 적용한다.

공인중개사에게 해당 수준의 급매물이 나오면 바로 계약금을 보낼 수 있다고 주기적으로 의사표현을 하는 것이 중요하다.

공인중개사를 내 편으로 만드는 데 성공했다 하더라 상승장에서 시세보다 1,000만 원 이상 싼 급매물을 잡기란 쉽지 않다. 원하는 급매 가격에 매물이 나오면 계약금을 바로 보내겠다 해도, 대부분의 공인중개사들은 그 정도 급매 물건은 나오지 않는다고 난색을 표한다.

하지만 다음 방법을 활용하면 공인중개사가 어떻게든 급매물건을 만들어 올 것이다.

공인중개사에 인센티브를 제시하라

초보들이 가장 아까워하는 돈이 중개수수료다. 공인중개사는 별로 하는 것도 없이 전화 몇 번 하고 계약서 사인만 찍어주는 데 돈을 몇 백만 원에서 몇 천만 원을 받아가니 억울하다 느낄 수 있을 것이다. 그래서 어떻게 하면 중개수수료를 깎을지에 대해서만 고민한다.

하지만, 이런 마인드로는 결코 공인중개사를 내 편으로 만들 수 없다. 아무리 앞서 말했던 스킬을 활용하여 공인중개사의 마음을 사로잡으면 뭐하나? 정작 비즈니스가 일어나는 상황에서는 중개수수료를 깎아달라며 징징거리는 얄미운 짓만 하는데 말이다.

내 경우에는 공인중개사에게 시세보다 1,000~2,000만 원 저렴한 물건을 구해달라는 확실한 미션을 부여하고, 해당 미션을 달성했을 경우 법정 최고수준의 중개수수료를 모두 지급하고, 따로 현금 봉투로 100~200만 원의 인센티브를 약속한다.

대부분의 매도자, 매수자들은 중개수수료를 깎기 위해 혈안인데, 추가 인센티브까지 지급하겠다고 하는 제안이 얼마나 달콤하겠는가? 공인중개사는 나와 본인의 이익을 위해 갖은 방법을 모두 동원하여 급매물을 만들기 위해 노력할 것이다.

만약, 당신이 매도자의 입장이라면 특정기간 동안 전속으로 매물을 맡기고, '기한 내에 시세보다 높은 가격에 물건을 팔아주면 추가 인센티브를 주겠다'는 미션을 부여한다면 공인중개사는 당신보다 저렴한 물건을 보유하고 있더라도 당신 물건부터 먼저 팔아주기 위해 노력할 것이다.

만약, 공인중개사가 당신이 제안한 미션을 완수하지 못하면, 거래 시 중개수수료를 깎아달라고 할 수 있는 명분이 생기는 것이다.

매도자의 심리를 이용하라

부동산이 한두 푼 하는 것도 아니고, 충분한 시간을 두고 천천히 시세대로 파는 것이 일반적인 케이스인데, 가격을 낮춰서 급매로 판다는 건 매도자에게 빠른 시일 내에 주택을 처분해야만 할 사연이 있다는 뜻이다.

그렇기 때문에 천천히 팔아도 되는 일반적인 물건보다 지금도 가격이 저렴한 급매 물건의 경우에는 더욱 가격을 깎을 수 있는 여지가 있다.

앞서 말한 노하우를 활용하여 공인중개사를 내 편으로 만들었다면, 매도자의 사정을 파악할 수 있을 것이다.

만약, 매도자가 특정날짜까지 잔금을 치르는 조건으로 급매에 물건을 내놓은 이유가 상급지로 갈아타기를 위함이고, 이미 상급지 물건을 계약해놓은 상태라 잔금 마련을 위해서는 해당일자까지 기존 집을 매도해야만 하는 사정을 당신이 파악할 수만 있다면 추가적인 가격할인 요청에 상대가 응할 확률이 높아진다.

또한, 상대가 매수한 시기를 체크해보면 대략적인 매수가격을 확인할 수 있을 것이다. 당신에게 매도하는 가격이 시세보다는 저렴한 급매지만, 매수자가 양도 차액이 큰 상황이라면 계약서에 사인하는 날 매도자에게 직접적으로 100~200만 원의 할인을 요구해볼 수 있다.

만약 계약하러 오는 분이 나이 지긋한 어르신이고 금번 거래로 인해 큰 수익이 현실화되는 상황이라면, 당신이 최대한 예의를 갖추고 대화를 나누면서 어렵게 매수를 결정했으니 조금만 더 깎아 달라고 부탁을 해보는 것이다.

사실 민망하게 그런 말을 어떻게 하냐고 생각할 수도 있겠지만, 밑져야 본전이다. 이미 큰 수익을 낸 어르신들이라면 그 큰돈을 주고 자신의 물건을 사주는 당신에게 고마움을 느낄 수 있다.

나 역시 여러 차례 매수시 위와 같은 부탁을 드려보았고, 매도인이 '아들뻘 되는 젊은 사람이 열심히 사는 게 보기 좋다'며 '잘되었으면 좋겠다'는 덕담과 함께 공인중개사에게 300만 원 저렴하게 계약서를 다시 쓰라고 한 경험도 있다.

길거리에서 담배 한 대 빌리는 것은 쉽지 않지만, 수익이 오가는 비즈니스 현장에서 기분 좋은 상대에게 100~200만 원을 추가할인 받는 건 생각보다 어렵지 않다.

미래가 불안한 당신에게 가장 중요한 건 마음에 드는 물건을 조금이라도 싸게 사는 것임을 잊지 말길 바란다. 잠깐의 부끄러움이 큰 기쁨으로 다가올 수 있다.

🐼 물건 매수시 노하우

1. 진입장벽이 높은 투자처를 찾는다: 투자 경험이 풍부하고 자금력까지 갖춘 다주택자들과 경쟁을 피하라
2. 매물과 사랑에 빠지지 말라: 투자목적으로 매수하는 거라면 값비싼 1등보다는 저렴한 2등 물건이 투자수익이 높다는 것을 잊지 말라
3. 공인중개사에 인센티브를 제시하라: 공인중개사의 마음을 사로잡아 당신 편으로만 만들 수 있다면 가격협상에 우위를 점할 수 있다
4. 매도자의 심리를 이용하라: 매도자가 왜 파는지, 얼마나 급히 팔아야 되는지 사정을 알 수 있다면 당신은 당당하게 추가 할인을 요구할 수 있다.

2부

실전 투자,

이렇게 한다

5장

생초보,
부동산 전문가 되다

: 리치판다 리얼 투자기

01
아내와 동갑인 아파트에서
신혼생활 시작

강의를 하다보면 '언제 부동산 투자를 처음 시작했냐?'는 질문을 가장 많이 듣는다.

사실, 모든 투자자, 전문가들이 처음부터 투자자, 전문가의 삶을 살지는 않는다. 이 책을 읽는 독자들과 마찬가지로, 나도 전세부터 시작했고, 내집 마련이 절실했고, 투자자로 성장했다.

부린이 시절부터 투자자로 성장하는 과정에 대한 투자 경험을 전해보려 한다. 지금도 과거의 나와 비슷한 고민을 하고 있을 독자들이 많을 것이라 생각한다. 내 경험이 조금은 도움이 될 수 있길 바란다.

또한, 각 장별로 과거의 부린이 리치판다에게 현재 전문가 리치판다가 조언하는 부분을 덧붙이려 한다. 리치판다의 조언을 함께 참고한다면 더 빨리 부린이에서 탈출할 수 있을 것이라 믿는다.

본 투자기는 특정 지역을 추천하려는 목적이 아니다. 당시 왜 해당 지역을 투자했는지에 대한 경험과 판단을 알려드리려는 취지이니 이와 같은 방법을 통해 여러분이 새로운 투자지역을 직접 발굴하기를 바란다.

처음 부동산에 관심을 가진 계기는 결혼이었다.

아내와 나는 연애를 하고 결혼을 준비하는 과정에서 단 한 번의 마찰도 없었다. 하지만, 단 하나 우리가 아무리 열심히 준비해도 해결할 수 없는 큰 벽이 있었다. 바로 보금자리 마련이었다.

결혼 과정에 필요한 비용이 있고, 우리 부부는 보유 예산 내에서 의사 결정만 하면 끝이 났지만, 보금자리 마련은 감히 넘볼 수 없는 벽을 느끼며 결혼 준비를 하며 처음으로 허탈함을 느꼈다. 결혼을 준비하는 과정에서 처음 서울 아파트 가격을 찾아보았던 나는 이 넓은 서울 아래 이 많은 아파트들 중에 우리 부부가 매수할 수 있는 집이 한 채도 없다는 사실에 충격을 받았다.

사실 당시에도 대출을 활용했다면 시작부터 내집 마련을 할 수도 있었지만, 살아오면서 저축과 절약이 생활화되어 있었던 니는 통장 잔고가 늘어나는 것에 희열을 느꼈기에 단 한 번도 남에게 돈을 빌려본 적이 없었다. '대출=빚'이란 선입견이 있었기에 대출을 받을 생각은 전혀 하지 않았고, 예금과 적금을 들고 나서 받는 이자가 기쁨이었던 내게 대출이자는 반드시 피해야만 하는 어리석은 행동이라 생각했다.

마침 우리가 결혼을 준비하던 2012년 초에는 부동산 경기가 침체기였기에 반드시 내집 마련을 해야겠다는 욕심은 없었다. 부동산 투자는 생각조차 해본 적이 없었다.

그래도 여자친구와 번듯한 집에서 시작하고 싶은 욕심에 전세를 살더라도 쾌적하고 넓직한 신축에 살고 싶었다. 우리 예산으로는 경기외각 아파트나 서울 내 신축빌라 전세 정도만 살 수 있었다.

하지만, 신기하게도 집을 보러 다닐수록 안목만 높아져서 우리 예산 안에서 마음에 쏙 드는 집을 찾을 수 없었고, 마음 한 편에 짐처럼 자리 잡았다. 결혼이라는 일생일대의 가장 큰 이벤트를 준비하는 과정에서 보금자리가 차지하는 비중이 이리 클 줄 누가 알았던가? 답답함이 밀려왔다.

그때, 마침 부모님이 전세를 주고 있었던 목동아파트 3단지 27평을 신혼집으로 시작하라는 제안을 해주셨다. 사실 목동아파트는 초등학교 때부터 고등학교 시절까지 살았던 집이라 나에겐 추억이 깃든 소중한 보금자리였다. 부모님의 감사한 제안을 마다할 이유가 없었다. 2012년도에도 목동아파트는 학군이 좋아 주거선호도가 높은 지역이었고 아내 역시 흔쾌히 목동에서의 신혼생활을 환영해주었다.

그렇게 목동아파트는 우리의 신혼집이 되었다. 초등학생 시절부터 많은 추억으로 내 기억 속에는 예쁘게 포장되어 있는 아파트였지만, 내가 나이를 먹고 어른이 된 것처럼 아파트도 심하게 낡아 있었다. 우리의 보금자리가 목동아파트란 걸 알게 된 후 여자친구가 했던 첫 마디가 아직도 기억난다.

"오빠~! 찾아보니까 이 아파트가 내가 태어난 해에 준공되었어. 낡긴 했지만 왠지 친구같이 든든하고 친근감이 느껴지는데?"

신혼생활의 달콤함도 잠시, 오래된 아파트 탑층에서의 현실은 냉혹했다. 우리집은 겨울에 베란다 창문을 조금씩 열어 놓아도 낡은 아파트의 결로 현상으로 인해 베란다 천장은 까맣게 곰팡이로 가득했다. 겨울에는 춥고, 여름에는 무더웠다.

무엇보다 매일매일이 주차와의 전쟁이었다. 야근하고 집에 오면 항상 이중 주차를 할 수밖에 없었고, 이중 주차가 너무 빡빡하게 되어 있다보니 새벽에 전화를 받고 일어나 차를 빼줘야 하는 일도 잦았다. 주차장에 정주차한 날에는 너무 기뻐 며칠 동안은 일부러 대중교통을 이용할 정도로 주차 스트레스가 심했다. 목동아파트의 최고 장점인 뛰어난 학군은 신혼부부에게는 전혀 메리트로 느껴지지 않았기에 점점 더 지쳐만 갔다.

목동에서 신혼생활이 1년 정도 지났을 무렵 아내가 임신을 했다. 우리 부부에게 찾아온 소중한 새 생명에 나는 보금자리에 대해 다시 생각해보게 되었다. 우리 신혼집은 27평이었고, 방 2개, 화장실 1개인 구조였다. 신혼부부일때는 불편함이 없었지만 태어날 아이를 생각하면 방이 하나 더 있으면 좋겠다는 생각이 들었다. 또한, 베란다에 검게 물들어 있는 곰팡이가 더욱 신경에 거슬렸다. 우리 가족을 위한 새로운 집이 간절해졌다.

 전문가 판다가 부린이 판다에게

"순간의 선택이 평생을 좌우한다"는 얘기 들어봤어?

사실 목동에서 신혼생활을 시작했을 때, 노후화된 집이 불편해서 힘들었지? 그 불편한 선택이 널 투자자로 성장시켰다는 걸 감사하게 생각해야 할 거야. 그동안 살면서 아끼고 저축하기만 해왔던 너에게 대출이 얼마나 부담스러운지 잘 알아. 매달 납입하는 대출이자가 허공에 사라지는 의미 없는 지출처럼 느껴졌을 거야. 하지만 대출은 잘 다루기만 하면 투자자에게 매우 훌륭한 무기가 될 수 있어. 투자 성과를 노리는 것과 함께 대출을 빨리 상환하기 위해 절약을 생활화한다면 경제적 자유를 달성하는 시기를 단축할 수 있을 거야.

02
부동산은 미쳤다!
그래도 난 새집이 필요해

아내가 임신을 하고 내집 마련에 대한 고민이 깊어졌을 때, 처음으로 부동산 공부를 해야겠다는 생각이 들었다. 당시에는 부동산 강의나 유튜브가 없었기 때문에 무작정 서점으로 달려갔다. 그리고 운명처럼 그 책을 만났다.

선대인 소장이 2013년에 낸 《선대인, 미친 부동산을 말하다》라는 책이었다. 2013년에는 하우스푸어로 고통받는 사람들이 속출하고 있었는데, 선대인 소장은 하락세가 지속되는 부동산 가격에 여전히 큰 거품이 끼어 있고, 아직도 가격이 미쳤다고 할 정도로 비싸다고 주장하고 있었다.

무주택자였던 나는 책을 읽는 내내 안도감을 느꼈고, 다 읽고 나자 머릿속이 말끔하게 정리되었다. 책 한 권 읽었다고 전문가나 된 양,

당시 2주택자였던 부모님께 "우리가 전세 살고 있는 목동아파트를 매도하셔야 한다"고 조언했다. 지금 생각하면 너무 부끄럽지만, 부동산 공부를 처음 시작하면서 전문가의 생각과 논리에 쉽게 동조하며 맹목적으로 신뢰했던 부린이 시절의 경험담이다.

그렇게 '부동산은 끝났다'며 위안 삼으며 하루하루 살아가고 있을 때 2014년 4월 목동 힐스테이트 아파트의 청약 소식을 접했다. 우리가 사는 곳에서 다소 거리가 멀었지만, 낡은 아파트에 지쳐 있던 우리는 구경이나 해보자는 심정으로 모델하우스를 방문했다.

임신한 아내와 함께 목동힐스테이트 모델하우스를 방문한 그날, 우리는 첫눈에 사랑에 빠지고 말았다. 오랫동안 기다리던 그런 꿈 같은 집이 우리 앞에 펼쳐져 있었다. 태어나서 처음 방문해본 모델하우스 였기에 무척 긴장한 채 들어갔는데, 친절한 분양사무소 직원들의 상담 스킬과 깔끔하고 멋진 인테리어로 가득한 모델하우스에 매료되어 버렸다.

모델하우스는 말 그대로 부동산계의 모델이었다! 아름답고 예쁘게 단장한 내부 모습으로 청약 신청자들의 매수 심리를 한없이 자극하고 있었다.

"오… 오빠, 우리 건강이가 여기서 살고 싶대."

사실 당시 우리가 보유한 자금으로는 4.7억 원짜리 아파트를 사기엔 역부족이었다. 발코니 확장에 취득세 등을 감안하면 5억 원이란 거금이 필요했고, 평생 대출만 갚아야 할지 모른다는 불안감이 엄습

● 목동10단지 맞은편에 위치한 목동힐스테이트(출처: 네이버 지도)

했다. 그렇게 청약 신청을 할지 말지 고민하던 우리에게 상담사가 솔 깃한 이야기를 해주었다.

"두 분, 지금 목동아파트 사신다고 하셨죠? 그럼 더 잘 아시지 않나요? 오래된 아파트에서 이제 그만 버티시고 아이를 위해서 좋은 집에서 사세요. 여긴 59타입이라도 방 3개, 화장실 2개나 있어서 아이가 태어나도 부족함이 없을 거예요. 조금 있으면 만날 아기만 생각하세요. 당장 계약금 10%만 있으면 나머지는 모두 대출이 가능하니까 걱정할 필요 없어요."

현실의 불편함에 아이의 미래까지 연결되자 더 망설일 이유가 없었다.

'그래, 우리 아이를 위해~!'

그렇게 2014년 4월, 생애 첫 청약에 도전하게 되었다.

사실 부동산 정책이 워낙 많이 바뀌었기 때문에 지금 상황에서 보면 "아니, 무슨 신혼부부가 서울 59타입 청약을 넣는다고 그래?"할 텐데, 2014년 4월 당시만 해도 85m² 이하의 경우 가점제 60%, 추첨제 40%였기에 신혼부부도 청약 당첨의 기회가 있었다.

2014년 5월 12일 당첨자 발표날, 우리는 로얄동, 로얄층에 당첨되었다!

목동힐스테이트는 재개발로 공급되는 신축아파트였다. 신정4구역 조합원들이 대부분 로얄동, 로얄층을 가져갔고, 남은 물량을 일반분양으로 받을 수 있었는데, 우리는 운이 좋게도 가장 마음에 드는 곳에 당첨되었다. 뱃속에 아이가 가져다준 선물 같았다.

그러나 기쁨도 잠시, 우리가 신청한 59타입은 2.84:1로 1순위 마감되었지만, 84타입의 경우 전 평형이 모두 미달이라는 소식을 접하게 되었다. 당첨의 기쁨은 일순간 불안감으로 바뀌었다. 뒤늦게 알아보니 일반 분양분 중 89가구가 미달이었고, 평균 1.65:1의 저조한 결과를 확인할 수 있었다.

용기 내어 청약한 아파트가 흥행에 참패했다는 소식을 접하게 되자 단점만 눈에 보이기 시작했다. 목동힐스테이트는 시장 옆에 있어 혼잡스러워보였고, 신정네거리역 초역세권이긴 하지만, 행정구역상 목동이 아니라 신정동이었다.

미분양 소식에 마음이 편치 않았고, 불안감에 하루하루 살며 완판 소식이 들리길 기도했다. 마침 2014년 9월 건강이가 태어났고, 직장

• 분양 당시 조감도. 계약만 하면 새 아파트가 내 품에 올 줄 알았는데, 착각이었다.

생활과 육아를 함께 하느라 정신없는 와중에 마른하늘에 날벼락 같은 소식이 들려왔다.

공사 중단

2014년 11월, 분양받은 지 6개월밖에 지나지 않았는데 신정4구역 조합과 시공사인 현대건설 간에 갈등이 심화되어 공사가 중단되었다는 소식이었다.

문제는 현대건설과 신정4구역조합 간 공사도급계약에서 '입주자 모집공고 후 3개월 이내 일반분양분에 대한 계약률이 50%를 초과하지 못할 경우 조합은 할인 분양해야 한다'는 약정이 있었는데, 3개월이 지난 시점에 계약율이 44%로 50%를 달성하지 못했던 것이다.

이로 인해 현대건설 측은 기존 평당 평균분양가 2,200만 원이었던 분양가를 평당 1,800만 원 수준으로 할인 분양할 것을 요구했고, 조합에서 이를 받아들이지 않자 공사를 중단해버렸다.

재개발 사업지의 공사중단 사태는 재개발조합의 사업성에 심각한 영향을 주기 때문에 조합원들에게 추가분담금이 발생하는 등 위기 상황이다.

내가 당첨된 59타입의 경우 이미 완판된 상태였지만, 분양가가 2억 원 이상 비쌌던 84타입이 평당 1,800만 원선으로 할인 분양했을 경우를 계산해보니 59타입인 우리 아파트와 8,000만 원밖에 차이가 나지 않았다. 부린이였던 내가 보아도 엄청난 악재임에 분명했다.

그 뒤 자그마치 4개월 넘게 공사는 중단되었다. 처음에는 불안감이 극에 달해 인근 부동산 모두 전화를 돌리고, 찾아다니며 59타입 분양권을 프리미엄 500만 원에 전매하고 싶다고 부탁했다. 하지만 모든 공인중개사들이 '공사가 중단된 아파트 분양권을 누가 프리미엄을 주고 사겠느냐? 마이너스 프리미엄에 넘긴다 해도 살 사람이 없다'는 충격적인 대답을 듣게 되었다.

위기 상황에서 나는 미분양이 얼마나 소진되는지 체크하거나 조합의 상황을 모니터링할 생각은 하지도 않고, 그저 허탈한 마음에 부동산 시장을 철저히 외면하려 했다.

사실, 부동산 투자를 하게 되면 원치 않는 일이 발생하는 경우가 많아. 내집 마련이란 부푼 꿈을 안고 청약에 도전했고, 당첨되었을 때 정말 기뻤는데, 공사중단 소식을 듣고 어찌할 바 몰라 망연자실했을 거야.

투자자라면 위기의 순간에도 최선책을 찾기 위해 노력하고 대응해야 해. 사업 주최인 조합에서 공사 중단에 어떻게 대응하고 있고, 조합원들의 움직임이 어떤지 체크하는 게 우선이지. 공사중단이 장기화되며 소송전으로 갈지, 합의점을 도출하여 공사가 재개될지를 예측할 수 있을 거야. 특히, 정부의 부동산 관련 정책과 인근 목동아파트 10단지의 거래량, 거래금액 추이를 함께 모니터링하여 시장 분위기를 감지하는 것이 중요해.

명심해. 부린이가 부정적 현실을 피하고 외면하려 할 때, 투자자는 해결책을 찾고 있다는 것을!

분양권 매도!
와인을 너무 일찍 터트리다

당시에는 잘 몰랐지만, 신정4구역 조합장이 해임되었고, 새로운 조합 집행부와 현대건설 간 협의가 진행되었고, 정부도 침체된 부동산 경기를 살리기 위해 대출 완화와 같은 부동산 부양책을 진행하면서 다시금 시장에 좋은 분위기가 감돌았다.

결국 2015년 3월 공사가 재개되었고, 발코니 확장 무료 등 여러 할인혜택을 부여하여 마침내 전 평형 100% 완판에 성공하게 되었다.

실입주를 생각하고 분양을 신청했지만, 당첨 후 마음고생을 너무 심하게 했던 탓에 분양권을 전매하고 싶었다. 완판이 끝나자마자 거짓말처럼 분양권 매수 문의가 쇄도했고, 500만 원의 프리미엄만 받아도 다행이다 생각했는데, 6,000만 원이란 큰 돈을 받고 분양권을 전매하게 되었다.

아직도 그날의 감동이 생각 난다. 통장에 계약금이 꽂힌 순간 후련한 마음에 환호성을 질렀다. 딸 아이도 일찍 잠들어 주어 아내와 함께 성공적인 매도를 기념하기 위해 와인을 함께 즐겼다.

화려한 축배의 날이 지난 며칠 뒤부터 목동힐스테이트의 분양권이 엄청나게 핫해지며 가격이 치솟았다. 공사중단 사태일 때는 아내가 육아하느라 바빠 아파트에 관심이 없었는데, 정작 매도 후 가격이 점점 오르다 보니 아내의 관심은 날이 갈수록 커져만 갔다.

"오빠, 프리미엄이 1억 원을 넘었데. 와, 진짜 무슨 일이 생긴 거야? 갑자기 왜 이렇게 오르지?"

왠지 기분이 묘했다.

매도의 기쁨도 잠시, 우리에게는 다시 무주택자의 고민과 목동아파트의 불편한 삶이 현실로 다가왔다. 때마침 목동힐스테이트가 시장의 주목을 받기 시작하니, 우리 부부가 당첨된 사실을 알고 있던 여러 지인이 축하인사를 전해주었고, 이미 매도를 해버린 우리 부부는 그때마다 알 수 없는 허탈감을 또 한 번 맛보아야 했다.

얼마 후 분양권 매도 소식을 접한 대다수 지인은 무척 놀라며 안타까움을 전했다. 사실 공사중단 등의 우여곡절을 모르는 상태에서 보면, 그 좋은 아파트 분양권을 프리미엄 6,000만 원이란 헐값에 판 우리 부부의 선택이 이상하게 보였을 수 있다.

이후에도 목동힐스테이트 청약 당첨과 매도 사례는 강의시 내가 빠뜨리지 않고 소개하는 에피소드가 되었다. 여전히 많은 수강생이 이

신정동 목동힐스테이트

매매   23평   376

1,081세대   2016년 5월(7년차)   지도
용적률 252%   건폐율 22%

신정동 주간 방문자 5위   지금 11명이 보는 중 >

매매 전월세   23평 ▼

최근 실거래 기준 1개월 평균

15억

최근 3년   전체 기간   매매/전세   비교 Ⓝ

16억
14억
12억   최고
10억
8억   최저

실거래 42건 / 회전율 26%

거래량

2020.01   2021.01   2022.01

● 목동힐스테이트 실거래가(출처: 호갱노노)

거래에 대해 아쉬워했다. 실제로 해당 아파트는 현재 15억 원에 실거래가 이루어졌으니 분양가 4.9억 원 대비 가치 상승을 생각하면 200% 이상 상승했기에 결과적으로는 당연한 반응이다.

하지만, 이미 엎지른 물이었다. 지나가버린 선택을 돌이킬 수 없었고, 공사중단이란 밑바닥까지 경험한 이후였기 때문에 우리에게는 확정된 수익 6,000만 원이 결코 작게 느껴지지 않았다.

나는 평소 성격이 긍정적이고 지나간 과거에 대해 후회를 잘 하지 않는다. 실제로 현실의 삶에 만족하는 성향이라 특별히 과거 어느 시점으로 돌아가고 싶은 생각도 하지 않는다. 이런 내 성격은 매수, 매도 타이밍을 100%로 맞출 수 없는 부동산 투자에 매우 강점이 있다.

매매에 대한 아쉬움과 허탈함을 이겨내자 불과 약 1년 만에 연봉보다 큰 돈을 벌 수 있었던 부동산 시장이 오히려 매력적으로 느껴졌고, 본격적으로 부동산 투자를 해보고 싶다는 생각이 들었다.

그렇게 나는 여전히 무주택자였지만 부동산 투자자가 되겠다는 생각을 본격적으로 하게 되었다.

🐼 전문가 판다가 부린이 판다에게

사실 가장 좋은 매도 타이밍을 잡는다는 건, 전문가라 자부하고 있는 지금 이 순간에도 가장 어려운 일인 것 같아.

누군가는 "부동산은 파는 게 아니라 모아가는 것"이라 말하고, 또 다른 사람은 "매수는 기술이고 매도는 예술"이라고 하지. 아쉬움이 컸던 상황이었음에도 불구하고, 투자자의 길을 선택한 건 무척 잘한 일이라 생각해.

목동힐스테이트 분양권 매도 후 3가지 매도 철칙을 세우게 되었어.

1. 꼭지에 매도하겠다는 욕심을 버린다.

사실 이 점이 가장 중요하다고 생각해. 부동산은 개인 간 거래를 통해 이루어지는 만큼, 내가 꼭지에 매도를 성공한다는 건, 내게 매수한 사람은 손해를 본다는 의미 아닐까?

내게 물건을 사가는 사람도 수익을 볼 수 있는 그런 시점에 매도를 하는 것이 욕심을 절제할 수 있고, 쌍방 모두 만족할 만한 거래라 생각해.

2. 매도 계획을 미리 수립한다.

다주택자가 되고 나서는 세금 문제가 가장 고민이자 의사결정의 주요 요소가 되었어. 한 해 2채를 매도하면 양도세 합산으로 인해 세금 부담이 가중될 수밖에 없어. 한 해에 1채씩 계획적으로 매도하게 되면 욕심을 절제할 수 있고, 매해 인적공제 250만 원의 혜택도 누릴 수 있다는 점 잊지마.

3. 매도 전 새롭게 매수할 물건을 준비한다.

매도 계획을 잡아놓고 수익을 실현하고 나면 뭘 할 예정이야? 맛있는 거 먹고 즐길 건가? 나는 투자자로서 안목과 경험을 쌓고 싶어서 매도금액을 최대한 많이 받을 수 있는 타이밍을 체크함과 동시에 추가적으로 매수할 곳을 준비해. 결실을 수확함과 동시에 새로운 씨를 뿌릴 수 있다면, 너무 일찍 팔았다는 후회보다 새로운 투자 물건에 대한 설렘이 더 클 것이라 생각해.

04
꿈의 아파트를 방문하다

투자자가 되겠다는 마음을 먹었고, 수중에 자금도 생겼지만 어디서부터 어떻게 투자를 해야 할지 감이 오지 않았다. 당시에는 부동산 강의도 흔치 않았고, 유튜브 같은 플랫폼도 없었다.

나는 그저 홀로 부동산 책을 계속 파고들었다. 다만, 선대인 소장의 책을 읽었던 기억을 떠올리며 특정 전문가의 주장을 맹목적으로 믿지는 않았다. 상승을 주장하는 전문가, 하락을 주장하는 전문가를 가리지 않고 다양한 책을 읽었다.

목동힐스테이트 분양권 매도 후 투자자금이 생기다보니 막상 공부만 하는 것이 쉽지 않았다. 부동산 투자 서적을 통해 간접적으로 만나는 투자 스승들은 하나같이 자신감 넘쳐 보였고, 본인의 주장에 한 점

망설임도 없이 확신에 찬 것 같았다. '집값이 떨어질 것이다', '오를 것이다' 하며 전혀 다른 주장을 펼치고 있지만, 각각 읽다 보면 하나같이 논리적이고 타당한 이야기였다.

그래서 공부를 본격적으로 시작한 뒤로 오히려 투자가 만만치 않게 느껴졌고, 나만의 가치관과 투자 철학을 수립하기가 쉽지 않았다. 부동산 공부를 한다는 것이 너무도 어렵고 힘들게만 느껴졌다. 답이 없는 길을 무작정 걸어가는 느낌이랄까? 어디까지 공부해야 자신 있게 매수를 할 수 있을지 도무지 감이 오지 않았다.

그때 문득 드는 생각이 있었다.

내가 살아온 인생에서 가장 공부를 열심히, 많이 했던 시기는 언제였던가! 바로 고3 때였다.

고3 때를 떠올려 보니 답이 명확하게 보였다. 당시 나는 성적이 좋지도 않았음에도 연세대를 너무 가고 싶었다.

나는 부동산 투자를 통해 돈을 벌고 싶다는 욕심은 있었지만, 정작 중요한 부동산 투자를 통해 이루고 싶은 목표가 없었다. 난 내 목표를 찾기 위해 임장을 다녔고, 그리고 마침내 목표를 찾았다.

아내에게 깜짝 이벤트로 반포에 위치한 JW 메리어트 호텔에서 1박 2일 호캉스를 즐겼다. 근사한 저녁 시간을 보내고 푹 자고 일어난 다음 날 아침, 8시가 조금 넘은 이른 시간에 아내에게 산책을 제안했다.

나는 미리 계획하고 있던 도보 8분 거리 반포래미안퍼스티지 아파트로 유모차를 끌고 아내와 딸아이와 함께 이동했다. 엄청난 규모와 화려한 외관에 아내는 놀라는 눈치였다.

　나 역시 처음 이곳을 방문했을 때 긴장을 많이 했었다. 실제로 임장을 위해 인근 공인중개사무소를 방문했을 때는 중개사가 위아래로 나를 훑어보며 '투자금이 얼마 정도 있는가? 여기 갭투자로도 가격이 비싸다'며 무시하여 불쾌했던 경험도 있었다.

　위화감이 들 정도로 비싼 아파트였기에 포기하고 싶은 생각도 들었지만, 꿈은 크게 가지라고 하지 않았던가? 나는 꼭 이른 아침 단지 내 풍경을 아내에게 보여주고 싶었다.

　"여보. 얼마나 걸릴지 모르지만, 여기가 우리 가족의 보금자리가 될 곳이야. 우리의 미래이자 목표야. 그때까지 조금만 함께 참고 견뎌보자."

　갑작스런 고백에 아내는 당황한 기색을 보였지만, 엉뚱한 나를 잘 이해하는 아내였기에 내 손을 꼭 마주잡고 응원해주었다.

　"오빠가 한다고 하면 나는 믿고 함께 하지. 근데 왜 꼭 이 시간에 여길 데려온 거야? 어? 근데 여기 이렇게 비싼 곳인데 생각보다 젊은 부부들이 진짜 많은 것 같아."

　그렇다. 나는 아침시간에 우리와 별반 다를 바 없는 젊은 부부들이 분주하게 직장에 출근하는 모습, 어린이집 가기 싫다고 우는 아이를 달래고 있는 엄마의 모습을 아내에게 보여주고 싶었다.

　부자 동네 강남에 거주하는 사람도 우리와 크게 다르지 않은 일상을 보내고 있다는 것을 함께 느끼고 싶었다. 그리고 우리도 이런 고급 주거지에서 거주할 수 있다는 자신감과 목표를 심어주고 싶었다.

확실한 목표가 생기자 거짓말처럼 조급함이 점점 사라졌다. 소중한 내 투자금을 잃지 않고 성공적인 투자를 하겠다는 의지가 불타올랐기에 투자 공부를 더 열심히 지속할 수 있었다.

😊 전문가 판다가 부린이 판다에게

결코 이룰 수 없을 것만 같았던 꿈일지라도 열심히 공부하고 투자를 계속한다면 네가 생각한 것보다 훨씬 더 빠른 시일 내에 목표를 달성할 수 있다고 생각해.

다만, 투자자의 삶을 살다 보면 최초에 생각했던 목표가 전부가 아니란 걸 깨닫게 되고, 아는 만큼, 경험한 만큼 꿈의 목표가 더욱 구체화되고 현실화될 거야.

처음부터 완벽한 꿈과 목표를 수립하는 데 많은 에너지를 쏟지 않는 게 중요해. 목표는 인생의 최종 종착지가 아니라 과정이라 생각하는 게 좋을 거야. 방향만 뚜렷하다면 달리는 순간에도 목표를 수정할 기회는 얼마든지 있어. 목표보다 더욱 중요한 건, 지금 바로 시작하는 거야!

05
1년간의 모의투자

초보 부부 둘이서 한 아이를 감당하기 버거웠기에, 목동아파트에서의 신혼생활을 마무리하고, 장인어른 장모님이 계신 도봉구 창동 아파트 인근으로 전세를 구하여 이사를 했다.

1997년에 지어진 아파트였고, 지하주차장이 있었다. 처음에는 지하 주차장이 있다는 사실만으로 주차 전쟁에서 해방될 수 있었고, 방이 3 개였기에 딸아이를 위한 방도 마련해줄 수 있었다.

책 서두에 언급한 투자지로 다시 태어나기 위한 태교 과정에 몰입 하게 되었고, 나는 절약과 저축을 생활화했다. 그리고 많은 임장을 다 니며 우리 예산에서 투자할 수 있는 물건을 찾았다.

1년 동안 공부하고, 임장하고, 모의투자를 지속하다보니 실전 투자는 한 번도 하지 않았지만 갭투자, 재개발, 재건축 등 다양한 투자처에 대한 장단점을 파악할 수 있었다. 자본금이 적고, 목동아파트에서 버텨봤던 경험이 있었기에 나는 재건축이 되길 기다리는 예정지에서 몸테크를 하는 것이 최선이라 생각했다. 목동아파트 4단지 20평, 송파구 한양2차, 건대 우성 등 재건축 예정지만 찾아다녔다. 나는 매일 매일 부푼 꿈을 갖고 임장을 갔는데, 아내의 표정은 점점 굳어져만 갔다.

마침내 좋은 가격의 물건을 찾을 수 있게 되었고, 강동구 명일동에 있는 공인중개사무소 소장님과 약속을 잡고 아내와 함께 방문 상담을 진행했다.

젊은 부부가 현명한 선택을 하는 것이라는 칭찬을 잔뜩 들은 뒤 집 내부 구조를 보러 들어갔다.

목동아파트는 낡긴 했지만 부모님 집이었기에 도배, 장판도 하고 내부 인테리어도 어느 정도 했었는데, 집 내부를 보자 숨이 턱 막히는 것만 같았다. 내가 이런 느낌이 들었는데, 육아휴직을 하고 아이와 24시간 집콕 생활을 하고 있던 아내의 미간이 찌푸려졌다.

아내의 심기가 불편함을 느꼈고, 미래를 위해 조금 더 버텨보자는 내 제안에 아내는 정색을 했다.

"미래의 삶도 중요하지만, 나는 현재의 삶도 중요해. 지금 당장은 거주할 수 없어도, 지금처럼 열심히 아끼고 노력하면 언젠가 거주할 수 있는 집을 사고 싶어. 근데 오빠가 요즘 계속 보여주는 집들은 정말 살게 될까봐 두려운 집들이야."

나는 당황스러웠지만 침착하게 답변했다.

"지금은 구축이지만, 언젠가 재건축하면 우린 서울 새 아파트에서 살게 되는 거야."

"난 지금의 삶도 중요해."

😺 전문가 판다가 부린이 판다에게

사실 투자 공부를 하는 데 가장 큰 의문은 '도대체 언제까지 공부를 해야 실패를 두려워하지 않고 자신 있게 투자를 할 수 있을까'겠지? 아직 한 번의 실패도 하지 않았지만 여전히 실패에 대한 두려움과 불안감은 있어.

다만, 부동산 투자는 학문이 아니라 재테크라는 걸 잊지 않아야 해. 공부만 해서는 성공의 달콤함도 실패의 쓰라림도 경험하지 못했기 때문에 실전경험이 없는 반쪽 자리 전문가에 불과할 거야.

그럴 때 네가 했던 것처럼 모의투자를 통한 간접 경험을 반복하다 보면 투자를 한 번 해보고 싶다는 의지가 생겨날 거야.

명심해. 투자는 공부가 아니라 실전이야. 투자는 1,000번의 고민과 100번의 임장, 10번의 다툼이 밑거름이 되어야 실행할 수 있어.

06
홀린 듯 내집 마련을 하다

무거운 침묵이 흘렀다.

누군 새집에서 살고 싶지 않은가? 안전하게 자산을 늘리기 위해서는 이 방법이 최선인데, 내 진심을 알아주지 못하는 아내가 야속했다. 또 한편으로, 나는 회사에서 거의 대부분의 시간을 보내는데, 24시간 집에만 있어야 하는 아내로서는 내가 야속할 것 같았다.

화제 전환을 위해 우리는 맛있는 점심을 먹고 유모차를 끌고 함께 산책을 했다. 거짓말처럼 딸 아이가 유모차에서 곤히 잠들었다. 햇살이 너무 좋아 한참을 걸었는데 아파트 단지가 운명처럼 나타났다.

고덕아이파크라는 단지였다. 항상 낡은 아파트만 임장을 다니다 2011년에 준공된 아파트를 보니 아주 고급스러워 보였다. 해당 단지는 65평, 54평, 44평 등 대형 평수가 다수 있었고, 그래서인지 단지 내부가 한적하고 여유로워 보였다.

따사로운 햇살, 놀이터에서 들리는 아이들의 해맑은 웃음소리. 무엇보다 딸 아이가 곤히 잠들고 있는데서 오는 심리적 안정감과 해방감(?)에 절로 콧노래가 나왔다.

"여기 살면 참 행복할 것 같아."

아내의 설렘 가득한 목소리에 나 역시 공감했다.

그리고 약속이나 한 듯 아내와 함께 단지 내 상가의 공인중개사무소를 방문했다. 우리의 예산으로 당장 실거주할 순 없었지만, 아직 육아에 있어 장모님의 도움이 필요했기에 당장 거주할 집을 찾고 있진 않았다. 우리에겐 언젠가 살고 싶은 집이 필요했다.

공인중개사는 현재 매수 심리가 증가하고 있는 추세이며, 59타입 갭투자가 가능한 저렴한 물건은 매수희망자들이 다수 있었고, 세입자가 집을 보여주기 싫어해서 미리 약속된 시간에만 집을 볼 수 있는데 그 시간에 집을 보기 위해 지금 3팀이나 오고 있다는 소식을 듣게 되었다.

첫인상이 너무 좋았던 단지였기에 집을 놓치고 싶지 않았다. 어린 아이를 데리고 공인중개사무소를 찾은 우리는 확실한 매수 예정자였다. 공인중개사는 우리가 샀으면 좋겠다며 직접 본인의 집이 같은 평형이라며 본인의 집을 먼저보고 내부 구조와 마감재를 확인해보라고 제안했다.

공인중개사는 가족이 모두 타지 생활을 하느라 홀로 거주하고 있었기에 짐이 거의 없었고, 모델하우스처럼 깔끔하게 정리된 모습과 구조, 마감재 모두 마음에 들었다.

그렇게 우리는 이 집을 뺏기고 싶지 않다는 생각에 공인중개사에게 여러 번 사정을 하여 매물로 나온 세입자를 설득하여 다른 매수희망자보다 30분 일찍 집을 볼 수 있었다.

뭔가에 홀린 듯 계약하기로 마음먹었다. 당시 OTP카드도 갖고 있지 않아서 당장 계약금을 보낼 돈도 없었다. 공인중개사는 어딘지 어리숙하지만 진심인 우리의 모습이 안쓰러웠는지, 본인 돈으로 계약금을 먼저 보내주기까지 했다.

계약금을 보내고 나서, 부모님께 계약 사실을 알리니 갑작스런 결정에 대해 걱정하셨지만, 우리는 언젠가는 이 설렘 가득한 집에서 살 수 있다는 사실만으로 감사하고 기분이 좋았다.

그렇게 우리 부부는 식사 후 산책길에 아이스크림 사먹는 것처럼, 뭔가에 홀린 듯 첫 집을 매수하게 되었다. 2016년 6월 고덕아이파크 59타입을 5.74억 원에 전세(4억 원)를 끼고 갭투자를 한 것이다. 서울의 서쪽 끝 양천구 목동힐스테이트 분양권을 매도한 지 1년 만에, 서울의 동쪽 끝 강동구 고덕아이파크를 매수하게 되었다.

사실 지금 내가 임장 강의를 할 때 절대 하지 말라고 하는 일을 그때는 모조리 해치워 버렸네. 좋은 공인중개사를 만났고 결과가 좋아서 다행이야. 모의 투자를 할 때는 그렇게 많은 지역을 비교 분석하며 준비해놓고는, 정작 실제 거래를 할 때는 처음 들어간 부동산에서 바로 계약을 체결하다니, 지금 와서 냉정하게 생각해보면 큰 실수를 한 거지. 정말 운이 좋았다고밖에 말할 수가 없네.

공인중개사는 비즈니스를 하는 사람이라 일단 무조건 거래를 성사시키는 것이 목적이야. 부린이 시절에는 노련한 공인중개사의 매수 유도에 넘어가기 쉽다는 걸 잊지 않았으면 좋겠어.

특히, 네가 매수한 물건은 가장 작은 59타입이라 반드시 확장형을 구입했어야 하는데, 세입자가 있는 상황이다보니 꼼꼼하게 체크를 하지 못하고 확장이 되어 있지 않은 집을 매수했어. 쫓기듯이 급하게 계약을 진행하다보니 제대로 집도 보지 않은 거지. 고덕아이파크는 부동산 하락장 때 분양을 하는 바람에 상당히 오랫동안 미분양 상태였어. 사실상 후분양이 진행된 셈이지. 분양이 되지 않은 상태에서 무턱대고 확장을 하면 건설비가 늘어날 것이 우려되어 확장을 하지 않은 기본형으로 건설한 곳이 많은 비운의 단지야. 사실 확장의 경우 대부분의 분양 당첨자들이 필수로 선택하는 옵션이긴 하지만, 위와 같이 확장이 되어 있지 않는 경우도 있으니 반드시 집 내부 확인시 체크하고, 한 번 더 공인중개사를 통해 확장 여부를 검토하는 것이 필요해.

진짜로 매수할 집이라면 집주인, 세입자 눈치가 보이더라도 최대한 꼼꼼하게 체크하는 습관을 들여야 한다는 걸 잊지 않았으면 해!

07
미래가 기대되는 재개발 투자

마침내 내집 마련을 했다는 기쁨이 컸다.

감사하게도 갭투자를 한 고덕아이파크는 상승흐름을 타기 시작하여 1년 만에 1억 원 이상 상승했다. 막상 일을 저지르고 보니 운이 좋게도 연봉을 상회하는 큰 시세 상승을 경험하게 되었고, 투자에 대한 확신과 자신감이 더 커졌다.

첫 번째 집은 언젠가 우리가 살고 싶은 집을 매수했으니, 이제는 본격적으로 돈을 벌기 위한 투자를 해야겠다고 생각을 굳혔다.

우리는 아직 젊었고, 당장 돈이 필요하지 않았기에 긴 호흡을 두고 투자를 할 수 있다는 무기가 있었다.

신혼집을 목동에서 창동으로 이사를 가며 전세금액을 5,000만 원 절약했고, 고덕아이파크 전세만기 후 전세금액을 5,000만 원 증액했고, 마지막으로 1년간 부부가 열심히 아끼고 모아 5,000만 원을 모았다.

그렇게 확보한 투자금 1억5,000만 원을 묻어두고 시간을 버티면 돈이 되는 투자처를 찾아다녔다. 예산이 충분치 않았기에 재건축보다는 재개발이 내 조건에 맞는 투자처라 생각했다.

재개발은 재건축에 비해 저렴한 비용으로 미래의 신축을 보유할 수 있었고, 뉴타운 사업이 추진 중에 해제되어 커다란 금전적 손실을 입은 투자자들이 진입하지 않는 투자처로 진입장벽이 높게 형성된 투자처였다.

2017년 장위, 이문 휘경, 홍제, 성남 등 여러 지역을 임장 다닌 끝에, 판교, 분당, 위례 같이 준강남급으로 취급받는 형님들에 둘러싸여 있는 성남의 구도심이 가장 매력적으로 느껴졌다.

주택이 먼저 공급되고 교통, 상권, 학군 등 인프라가 갖춰지길 기다려야 하는 신도시보다, 이미 모든 인프라가 갖춰져 있는 상태에서, 낙후된 주거가 대규모로 새 아파트로 들어서는 구도심 재개발 사업은 매력적이다.

당시 성남은 새개발이 활성화된 시기였기에 투사할 수 있는 곳이 많았지만, 현재 상태가 가장 별로라서 현지인에게 외면받거나 무시당하는 곳에 투자하기로 마음을 먹고, 임장을 다녔다.

그렇게 매일매일 임장을 다녔는데, 지하철 8호선 신흥역 역세권이란 이야기를 듣고 찾아간 중1구역을 방문했을 때 뭔가 느낌이 팍

왔다.

지하철 출구를 통해 나오자마자 처음 보이는 것은 수많은 여인숙, 모텔, 점방, 주점이었다. 바닥에는 청소년 통행금지라고 크게 적혀 있고, 한눈에 봐도 유해한 곳으로 보이는 이곳은 과거 집창촌이었던 지역이었다.

● 도환 중1구역. 골목이 협소하고 전혀 관리되지 않아 심란하기까지 하다.(출처: 네이버 블로그 darklk)

내가 투자를 고민하는 중1구역과 지하철역 사이에 이 유해지역이 존재했고, 지하철을 이용하기 위해서는 반드시 이곳을 거쳐야만 했다. 물론 해당지역을 빙 둘러서 갈 수도 있었지만, 그러자면 역세권이라 하기에 민망할 정도로 시간이 많이 소요되었다.

성인 남자의 입장에서 봤을 때는 눈살 찌푸리고 지나치면 되는 곳이지만, 청소년은 진입이 불가하고, 성인 여성은 안전의 위협을 느낄 수 있는 곳이기에 너무 안 좋은 입지임에 분명했다. 또한, 중1구역은 차 한 대 지나가기 어려울 정도로 도로가 협소했고, 골목마다 술병과 담배꽁초가 수북히 쌓여 있었고, 술에 취한 노인 한 명은 길바닥에 쓰러져 잠을 자고 있었다. 임장을 꾸준히 다녔지만, 주거환경이 이만큼 안 좋은 곳을 보지 못했다.

임장시 관리가 잘되는 단지를 선호하고, 첫인상이 나쁘면 투자를 하지 않는 나였지만, 어차피 싹 다 새로 다시 태어나는 재개발이라면 이야기가 달랐다.

구 성남에서 학창시절을 보낸 친구에게 해당지역에 대해 물어보니 눈살을 찌푸리며 "거긴 사람 살 곳이 아니다"라는 반응이 나왔다. 나는 알 수 없는 설렘에 가슴이 쿵쾅거렸다.

현재의 모습이 열악할수록, 달라진 미래의 모습은 화려하다. 판교, 위례, 분당의 아파트 가격이 고공행진을 거듭할수록 열악한 성남의 구도심이 안전하고 매력적으로 느껴졌다.

중1구역의 경우 관리처분인가가 난 후 이주 및 철거가 진행되고 있어 사업이 좌초될 위험은 없어 보였다. 재개발 투자가 처음이었기에 큰 수익을 노리기보다 재개발 투자를 안정적으로 경험해보고 싶다는 생각이 더 컸다.

특히, 첫 방문시 눈살을 찌푸리게 만들었던 도환중1구역이 재개발로 아파트로 다시 태어날 수 있다면, 중1구역 뒤에 있는 중앙동힐스테이트 아파트와 더불어 블록 전체가 아파트로만 이루어지게 된다.

구도심에서는 좀처럼 만나볼 수 없는 초등학교를 품고 있는 아파트로만 이루어진 구역이 탄생하면 확실한 프리미엄이 생성될 것이라 생각했다. 청소년 출입금지 지역에서 아이 키우는 부모들이 서로 오고 싶어하는 지역으로 바뀌는 것만큼 드라마틱한 발전이 있을까? 심

● 신흥역과 중1구역 사이에 위치한 도환중1구역(출처: 리치고)

장이 두근거렸다.

다만, 신흥역과 중1구역 사이에 있는 도환중1구역은 재개발 사업이 진행될 수 있을지 확신할 수 없었다.

유흥시설, 상업시설, 숙박시설로 밀집된 도환중1구역의 재개발 사업이 진행될지 여부를 파악하기 위해서는 결국 현장에 수시로 방문하여 스스로 답을 찾아야만 했다.

도환중1구역 내 운영중인 모텔, 여인숙, 주점, 점집 등 가게들이 장사가 잘되는지, 손님은 많은지, 유동인구가 많은지 여부를 확인하기 위해 평일과 주말, 낮과 밤으로 나누어 매번 다른 시간에 방문했다. 인근 공인중개사무소는 모두 방문하여 우려되는 부분을 질문하며 상담을 이어갔다.

여러 번의 임장을 통해 도환중1구역의 상권은 이미 회복하기 어려울 정도로 쇠락했고, 건물주들도 영업적 손실이 발생해도 재개발 사업에 호의적이라 판단했다.

단독주택 매매 계약서

No 1

본 부동산에 대하여 매도인과 매수인 쌍방은 다음과 같이 합의하여 매매 계약을 체결한다.

1.부동산의 표시

소 재 지	경기도 성남시 중원구 중앙동 ███			
토　　지	지목 대		면적	62.5㎡
건　　물	구조 시멘트브럭.기와	용 도 주택	면적	101.08㎡

2.계약내용

제1조) [목 적] 위 부동산의 매매에 있어 매수인은 매매대금을 아래와 같이 지불하기로 한다.

매매대금	金 이억육천육백일십만	원정 (₩266,100,000	)	
계 약 금	金 이천육백만	원정은 계약시 지불하고 영수함.	영수인	印
중 도 금	金 오천만	원정은 2017년 06월 07일 에 지불하며,		
	金	원정은 　년　　월　　일 에 지불하며,		
잔　　금	金 일억구천일십만	원정은 2017년 07월 03일 에 지불한다.		
융 자 금		원정은 ... 하기로 하다		

• 당시 작성한 매매계약서

2017년 6월 재개발입주권을 감정가 1.8억 원 물건을 프리미엄 8,000만 원을 주고 매수했다. 계약 당일 80세가 넘는 매도자 분께 예의를 갖추며 대했더니, 젊은 나이에 부동산을 매수하는 제가 기특하다고, 공인중개사에게 계약서를 다시 작성하라고 하여 즉석에서 100만 원을 깎아주어 프리미엄 7,900만 원을 주고 매수하게 되었다.

무이자 이주비 50%를 받은 걸 감안하면 실투자 비용은 1.7억 원이었다. 아직도 계약시에 사인하고 온 그닐 밤을 기억한다.

'과연 내가 잘한 선택일까? 도환중1구역 개발이 잘 안 풀리면 어쩌지? 내가 살고 싶은 집은 이미 샀는데, 괜히 오버해서 욕심 부린 것 아닐까?'

왠지 자신이 없었다.

계약하고 돌아온 뒤 기뻐하기보다 불안해하는 내 모습을 보고 아내는 말없이 손을 꽉 잡아 주었다.

"축하해! 잘 될거야."

사실 나는 중1구역, 도환중1구역을 수십번 방문했을 때, 단 한번도 아내와 함께 가지 않았다. 분명 현실 감각이 풍부한 아내가 중1구역과 인근을 보았다면 결코 투자에 동의하지 않았을 거라 생각한다.

'그래, 모르는 게 약이다.'

난 아내의 손을 꽉 맞잡으며 투자자로서 흔들림 없는 모습을 보이려 했다.

그동안 투자자로 다시 태어나기 위해 매일 같이 반복해왔던 태교과정을 떠올렸고, 이미 모의투자로 성공적인 투자를 지속해온 이기는 법을 아는 투자자라고 자부심을 가졌다.

중1구역이란 구역명은 기억 속에 잊혀졌고, 감사하게도 부동산 시장은 금세 뜨거워졌다. 투자자, 실거주자 할 것 없이 모두 역세권 신축을 선호하게 되었고, 내 예상대로 구 성남의 입지가 재평가되기 시작했다.

신흥역 하늘채랜더스원이란 이름으로 2019년 5월 일반분양을 하게 되었고, 관리처분인가 당시 일반분양가를 평당 1,240만 원을 책정했는데, 실제 평당 2,000만 원대에 분양에 성공하여 조합원들은 비례율이 상승하며 큰 수익을 기대할 수 있게 되었다.

조합원은 감정가에 비례율을 곱한 권리가액이 중요한데, 중1구역은 비례율이 139.54%로 높게 책정되어 비례율 상승에 따른 차액도 상당히 만족할 만한 수준이었다.

추정비례율 산정	
당 초	변 경
비례율 : 100.41%	비례율 : 139.54%

● 일반분양예정가격 반영 등 정비사업비 추산액 변경하여 추정비례율 및 개별부담금 산정 결과 반영하였으며, 향후 사업성에 따라 변동될 수 있음

● 비례율이 상승하여 사업성이 좋아졌다.

일반분양 당시 고분양가 논란이 있었지만, 2022년 9월 입주를 앞두고 현재 전매 가능한 일반분양권의 프리미엄은 타입에 따라 6~10억 원이 붙을 정도로 좋은 성과를 보여주고 있다.

감정가가 비교적 높은 수준이었던 내 물건은 비례율 상승의 혜택을 함께 누려 추가분담금 없이 새아파트를 보유할 수 있게 되었다.

제 1 조 [청산금 및 납부방법]
(1) 분양자는 분양시점을 무분양자별세게 분양하고, 무분양자는 청산금을 선리처분계획에 따라 아래보의 납부방법으로 분양시세게 납부한다.
● 납부방법
(단위 :

청산금		청산금 납부						
		계 약 금	중도금					잔금
분양가격(A)	257,800,000		1회	2회	3회	4회	5회	
권리가액(B)	262,496,000	계 약 시	2020.05.25	2020.11.24	2021.05.24	2021.11.24	2022.04.25	입주지정기간 (입주전일까지)
청산금(차액) (A-B)	-4,696,000	0	0	0	0	0	0	-4,696,0

청산금은 아래 청산금 납부계좌로만 입금하여야 하며, '분양자'는 각 회차별 납부일을 별도 통보할 의무는 부담하지 않는다.
청산금을 지급받는 수분양지의 경우, 상기 청산금 납부방법에 불구하고 관리처분계획 11조1항에 따라 이전고시 후 지급하기로 한다.

● 분양가격보다 권리가액이 높아 준공시 돈을 오히려 돌려받게 되었다.

또한, 중1구역 투자에 있어 가장 큰 고민이었던 도환중1구역 역시 순조롭게 사업이 진행되어 2021년 2월 관리처분인가와 함께 현재 이주를 진행 중에 있다.

신흥역과 지하로 연결되는 주상복합아파트 2,212세대(아파트 1,972, 오피스텔 240)로 재탄생할 예정이며 2026년경 입주를 목표로 하고 있다.

당분간 공사로 인해 소음, 분진과 함께 어수선할 수 있겠지만, 2026년이 되면 내가 꿈꾸며 그렸던 아파트로만 이루어진 5,600세대 규모의 대단지가 조성되어 시너지가 날 것으로 기대된다.

 전문가 판다가 부린이 판다에게

재개발 투자는 결국 입지란 걸 잘 체크했던 것 같아. 구도심의 경우 인프라, 교통망이 이미 조성되어 있기 때문에 노후된 주택만 아파트로 다시 태어날 수 있다면 수요가 풍부할 수밖에 없지.

다만, 구역 내 빌라, 다가구, 상가 등이 혼재되어 있는 사업지의 경우 조합원 간 이해관계가 복잡할 수 있어. 조합원간 이해관계가 충돌하게되면 비대위가 생기거나 소송전으로 이어질 수 있어 사업지연이 일어날 수밖에 없지.

재개발은 돈이 된다는 인식을 갖고 투자하는 사람들이 많아졌지만, 항상 최악의 상황을 염두에 두고 보수적으로 분석을 하는 것이 좋아. 희망찬 투자만 꿈꾸다 사업이 조금이라도 차질이 생기면 극심한 스트레스를 받을 수 있어.

최대한 보수적으로 분석하고 접근해야 소중한 재산을 지키며 투자할 수 있을 거야.

목돈을 투자하여 많은 시간을 인내해야되는 재개발 투자는 여전히 진입장벽이 높은 만큼, 안정적으로 투자수익을 기대할 수 있는 매력적인 투자처야.

08
상급지 갈아타기에 성공하다

내가 거주할 집 한 채, 미래를 위한 소중한 투자 한 채. 사실 이걸로 충분하다고 생각했다. 그런데 감사하게도 2018년 3월 우리에게 둘째가 찾아왔다. 그리고 집에 대한 내 가치관이 또 다시 바뀌었다.

"어떻게 사랑이 변하니!"라는 말 들어보았는가? 사랑은 변한다. 사람에 대한 사랑뿐 아니라 집에 대한 사랑도 세월의 흐름에 따라 변하게 된다.

언젠가 꼭 살고 싶은 그런 꿈의 집이었던 고덕아이파크는 둘째가 태어나는 순간 계륵 같은 존재가 되어 버렸다. 59타입인데 확장이 되어 있지 않았기에 우리는 꿈꾸던 집을 단 하루도 살아보지 못하고 매도를 결심했다.

마침 고덕아이파크를 갭투자한 지 2년이 도래하여 비과세를 받을 수 있는 상태였고, 2018년은 부동산 상승장이 제대로 불붙은 때였기에 이번 기회에 4인 가족이 언젠가 살고 싶은 84타입으로 갈아타 보자는 목표를 세웠다.

2018년의 테마는 신축이었고, 2016년 12월 입주한 3,658세대 대단지 고덕래미안힐스테이트를 매수하기 위해 하루에도 열두 번씩 매물을 체크했다.

불장에서 상급지로 갈아타기 위해서는 반드시 매수와 매도를 같이 해야만 했다. 문제는 내 거래조건이 매우 쉽지 않다는 것이었다. 고덕아이파크는 세입자가 거주 중이었기에 갭투자자에게 매도를 해야만 했고, 나 역시 자금이 부족했기 때문에 갭투자만 가능한 상황이었다.

일차적으로 고덕아이파크를 가장 좋은 값에 팔고 싶은 욕심이 있었다. 그동안 부동산 투자와 공부를 꾸준히 해왔기에 내 보유 물건을 제값 받고 팔기 위해서는 정확한 시세 파악과 매도 예정자, 매수 예정자의 분위기가 가장 중요하다는 걸 알고 있었다.

정확한 시세 파악을 위해 나는 매도자 포지션으로 공인중개사무소에 시세를 파악했고, 아내는 매수자 포지션으로 다른 공인중개사무소에 매수를 문의했다.

공인중개사는 거래를 성사시키기 위하여 매도자에게는 매수세가 약하다며 거래가 성사될 수 있는 직전가격보다 조금 저렴한 가격을 제안한다. 매수자에게는 매물이 별로 없지 않아 물건이 있을 때 무조건 매수해야 된다고 매수자의 초조한 심리를 잘 활용한다.

하지만, 매수, 매도 포지션에서 정보를 입수하는 나는 매수세가 훨썬 강함을 느끼게 되었다. 이런 상황이 되면 재미있는 건, 아내에게 내 물건을 브리핑하는 웃픈 상황이 발생하기도 한다.

실질적인 매수예정자가 내가 원하는 가격에 매수를 희망한다는 의견이 있었고, 나는 고덕래미안힐스테이트 84타입 매수를 진행했다. 이미 수십 번 방문했기에 로얄동, 로얄층이 어디인지 인지하고 있었고, 가장 저렴한 물건을 매수하기로 결정했는데, 안타깝게도 지금은 불장이었다.

고덕래미안 힐스테이트 1단지 84타입 고층을 10.3억 원 매물에 계약금을 넣기로 했는데, 매도자가 변심으로 불발되었다. 다음으로 저렴한 10.5억 원 물건을 고민 끝에 지르자고 마음먹고 계좌요청을 하자 거짓말처럼 또 다시 가격을 올려버렸다.

가격이 상식 이상으로 뛰어올랐지만, 공포보다는 꼭 사겠다는 탐욕이 꿈틀거렸다. 이번 기회에 잡지 못하면 영영 84타입은 입성하지 못할 것 같은 불안감이 들었고, 11억 원도 산다고 의사를 밝히자, 바로 매도인은 내 결심을 비웃기라도 하듯 11.5억 원으로 올려 버렸다. 과연 팔 마음이 있긴 있는건지? 내 탐욕은 분노로 바뀌었다.

나도 자존심 있는 사람이다. 더 이상 고덕래미안힐스테이트는 매수하지 않겠다고 선언했고, 때 마침 고덕그라시움 84타입 분양권이 11.35억 원에 물건이 나와 있는 것을 확인하게 되었다.

내가 보유하고 있던 고덕아이파크는 고덕주공1단지를 재건축하여 공급했던 아파트였는데, 그라시움은 고덕주공2단지를 재건축하여 공급한 아파트였고, 2016년 10월 일반분양을 진행한 단지다. 53개동 4,932세대이고 대우, 현대, SK 3개 시공사가 컨소시엄으로 공사를 진행한 매머드급 단지였다.

1주택자도 추첨제로 청약 당첨을 노릴 수 있어 당시 나도 청약에 넣었지만 탈락의 고배를 마셨던 단지로 이미 그라시움에 대한 가치와 분석은 끝난 상태였다. 누가 봐도 입주 후에는 고덕 인근 대장아파트가 될 만한 입지와 규모였기에 고덕래미안힐스테이트보다 저렴한 가격으로 분양권을 매수할 수 있다는 생각에 매수를 결정했다.

당시 7.65억 원에 분양된 분양권을 프리미엄만 3.7억 원을 주고 사려하는 내 행동에 대해 많은 지인들이 '미쳤다'고 하며 만류했다.

그라시움은 대단지였음에도 불구하고 분양권 매물이 많지 않았기 때문에 이번 기회를 놓치고 싶지 않았다. 분양가의 10%만 지불하면 중도금 60%는 무이자 혜택을 볼 수 있었고, 발코니 확장도 무료로 파격적인 혜택이 제공되었다. 부동산 상승장에 청약당첨자가 추가비용이 들어가지 않는 분양권을 매도할 이유가 없었던 곳이었는데 귀한 물건이 나왔던 것이었다.

입주를 하기 위해서는 1년 이상 시간이 남아 있는 시점이었기에 당장 실거주를 할 수 없는 그라시움에 대한 투지지들의 관심도가 상대적으로 떨어져 있었고, 매도자는 분양권 당첨 후 강동구 고덕의 아파트들이 급격하게 가격 폭등하고 있다는 사실을 미처 모르고 있었기 때문에 순조롭게 계약을 체결할 수 있었다.

2018년 11월 그라시움 84 분양권을 분양금액 7.65억 원의 10프로 계약금 7650만 원, 프리미엄 3.7억 원을 더해서 총 4.46억 원에 매수를 하게 되었다. 당시 분양권은 양도세가 커서 다운 계약이 유행이었지만, 본 거래는 정상계약으로 진행했고 매도자가 양도세를 부담하는 형태로 진행되었다.

분 양 권 매 매 (양 도) 계 약 서

본 분양권 매매(양도) 계약을 체결함에 있어 다음과 같은 계약이행 조건으로 계약을 체결한다.

1. 분양권의 표시

소 재 지	서울시 강동구 고덕동217번지 고덕그라시움 ■■■ ■■■				
분양면적	115.6720㎡	옵션	%	전용면적	84.0460㎡ (대지권: 46.3320㎡)

2. 분양금액과 중도금 등 납부내역

분양 금액	金 칠억육천오백만 (₩765,000,000)원정
납부한 금액	金 사억오천구백만 (₩459,000,000)원정
납부할 금액	金 삼억육백만 (₩306,000,000)원정

3. 총매매금액 (분양금액 + 프리미엄)

프리미엄	金 삼억칠천만 (₩370,000,000)원정
총매매금액	金 일십일억삼천오백만 (₩1,135,000,000)원정

4. 계약내용

제1조 위 분양권의 매매(양도)에 있어 매도인과 매수인은 아래와 같이 매매대금(납부한금액 + 프리미엄)을 지불하기로 한다.

정산지불금	金 팔억이천구백만 (₩829,000,000) 원정		
융 자 금	金 삼억팔천이백오십만 (₩382,500,000)원정은 현 상태에서 매수인이 승계한다.		
계 약 금	金 오천만 (₩50,000,000)원정은 계약시에 지불하고 영수함. 영수자( )(인)		
중도금(1차)	金 일억 (₩100,000,000)	원정은 2018년 9월 20일에 지불하며,	
중도금(2차)	金 ≠	원정은 년 월 일에 지불하며,	
잔 금	金 이억구천육백오십만 (₩296,500,000) 원정은 2018년 11월 21일에 지불하기로 함.		

제2조 잔금 지불과 동시에 매매물건(분양권, 당첨권 등)을 넘겨 주어야 하며, 인감증명 등 서류제출이 필요시에는 변경된 경우에도 즉시 제출해 주어야 한다.
제3조 본 계약을 매도자가 위반할 경우 위약금조로 계약금액의 배액을 상환해 주어야 하며 매수자가 본 계약을 위반하는 경우 계약금 전액이 매도자의 것으로 된다. 본 계약서에 기재되지 않은 사항은 관련법과 일반관례에 따른다.
또한, 지정 기일 중 중도금을 납부하지 않음으로써 발생한 이자 등은 잔금일을 기준으로 계산한다.
제4조 중개보수는 본 계약의 체결과 동시에 당사자 쌍방이 각각 지불하며, 개업공인중개사의 고의나 과실없이 본 계약이 무효, 취소 또는 해제 되어도 중개보수는 지급한다.

[특약사항]
※ 특약사항 별지에 기재함.

● 당시 작성한 분양권 매매계약서

사실 중도금을 전달한 이후에 너무 저렴하게 팔았다고 생각한 매도자가 막무가내로 계약 파기를 통보했다. 상대는 변호사를 고용하여 법적 다툼을 준비하겠다고 통보했고, 나 역시 다방면으로 검토해본 결과, 법정 다툼을 하여도 피곤하겠지만 이길 수 있다는 확신을 갖게 되었다.

법정 다툼과 소송 역시 투자자로 성장하기 위한 소중한 경험일 것이라 스스로를 다독거리며 계약에 따라 거래를 이행할 것으로 내용증명으로 발송하는 등 소송 절차를 준비했다. 나이가 어려서 겁을 주면 취소할 줄 알았던 것 같은데, 담담하게 소송을 준비하는 모습을 보이자 매도인은 계약파기를 포기하고 계약을 예정대로 진행했다. 결국 귀찮고 어려운 것을 피하지 않고 투자자로서 경험하겠다는 마인드로 접근하니 전문지식이 부족한 어려운 일도 해결해 나갈 수 있다는 자신감이 생겼다.

한편, 강동구 고덕의 아파트시세가 불타오르고 있던 걸 누구보다 정확하게 파악하고 있던 나는 고덕아이파크 역시 당초 매도예정가보다 높은 가격에 매도를 성공했다. 많은 사람들이 '매수는 기술이고, 매도는 예술이다'라고 이야기하는데, 시장 분위기를 잘 파악하고 있었기에 2018년 9월 9억5,000만 원이란 최고가에 매도를 할 수 있었다. 단기적으로 보았을 때, 딱 정점인 예술적인 타이밍에 매도를 했던 것 같다.

결국, 2년 동안 1.74억 원을 투자하여 세금, 거래비용을 모두 제하고 3.5억 원의 수익을 실현할 수 있었다. 전세금도 4억 원에서 4.5억 원으로 인상하여 성남 중1구역에 재투자했으니 식후 디저트 사듯이 매수했던 고덕아이파크 투자는 내게 큰 자신감과 동기부여가 되어주었다.

사실 단기 최고점을 찍고 매도에 성공했기에 타이밍을 잘 잡은 것

계약	일	경과	체결가격	타입	거래 동층
	11		매매 8억 2,500	59	113동 1층
	06		매매 8억 4,700	59	113동 5층
19.06	29		매매 8억 4,000	59	114동 5층
	29		매매 8억 3,500	59	114동 8층
	20		매매 8억 500	59	111동 8층
19.05	18		매매 8억	59	111동 4층
19.04	20		매매 7억 9,000	59	111동 11층
18.09	11		매매 9억 4,000	59	113동 12층
	08		매매 9억 5,000	59	113동 7층
	04		매매 9억	59	114동 4층
	04		매매 8억 7,000	59	111동 2층

● 최고점 매도 직후 거짓말처럼 가격이 하락했다.(출처: 아실)

이 더욱 기분 좋게 했다. 이로써 상승장에 상급지 갈아타기에 성공한 것이다.

예술적인 타이밍에 매도했다고 우쭐하고, 너에게 집을 산 사람은 손해를 본 것 같다고 미안해 하고 있었지? 하지만 일반적인 투자자나 실거주자의 경우 매수 직후의 가격 변화에는 일희일비하지 말아야 해.

너에게 신고가로 매수했던 매수인은 집을 사자마자 가격이 1.5억 원 정도 하락했어. 매도인 입장에서는 미안한 마음이 들기도 하겠지만 그 뒤 그 매수인은 2년 5개월 만에 13억3,500만 원에 성공적으로 매도를 진행했어. 실거주하며 너보다 2개월 더 보유하고 너보다 더 큰 수익을 달성했다는 이야기야.

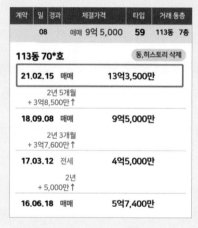

● 아실에서 거래내역을 클릭하면 이후 거래내역도 확인 가능하다.

결국 부동산은 주식처럼 '샀다' '팔았다'를 반복할 수 있는 투자상품이 아니기에 단기적인 시세 변화에 기뻐하거나 우울해할 필요가 없다는 말이야. 투자하는 순간부터 언제 매도를 할지에 대한 계획을 수립해야 하고, 매도 예상 시기에 투자한 아파트의 가치가 현재보다 더 월등할지에 대해서만 집중하고 예측하면 되는 거야.

또 하나 있어. 사실 너는 고덕그라시움 청약이 끝나고 6개월 뒤 전매제한이 풀릴 때 매수하려고 다 준비를 하고 있었잖아. 그때 계약금만 있고 단타로 매도하고 가려는 물건을 프리미엄 4,000만 원에 매수할 수 있는 기회가 있었는데 양도세 매수자 부담이라는 조건으로 6,000만 원이 필요한 상황이었지.

당시 너는 '왜 매수자가 매도자 양도세까지 부담해야 되느냐'며 자존심 때문에 매수를 포기했어. 그리고 불과 1년 4개월이 지난 시점에 프리미엄은 9배가 뛰었어. 분석이 되어 있고 확신이 있었다면 절호의 매수 타이밍을 놓치지 않았어야 했는데, 그걸 놓친 걸 반성해야 해.

다만, 한번 놓쳤던 물건이라고 다시는 쳐다보지 않고 외면할 수도 있었지만, 늦게라도 미래 가치가 여전히 높은 점을 감안해서 매수한 건 잘한 선택이라 생각해.

항상 최고의 타이밍에 매수, 매도를 진행할 순 없다고 생각해. 또한 지나간 과거를 후회해봐야 아무런 발전이 없지. 항상 현재의 상황에서 고민하고, 최적의 대안을 찾는 습관을 들이는 것이 중요해.

09
조정지역 해제 타이밍에
추가 매수하다

2019년 10월, 마침내 고덕그라시움 신축아파트에 입주를 하게 되었다.

성남 중1구역과 그라시움 모두 큰 폭으로 상승하여 기분이 좋았지만, 아내와 아이들이 그라시움의 삶을 너무 만족하여 더 이상 일시적 1가구 2주택 전략을 사용하기 어렵게 되었다. 우리 자리의 보금자리가 정해졌으니 이제는 본격적으로 다주택자의 삶을 살기로 결심했다.

그라시움 입주시 주담대와 신용대출을 최대한으로 받았기에 잔금을 치르고도 1.8억 원 정도 투자자금을 확보할 수 있었다. 이미 투자에 대한 성공 경험으로 대출을 두려워하지 않게 되었고, 매일 투자공부를 지속하고 있었기에 투자에 대한 기대감이 컸다.

그라시움 주택담보대출을 받을 때, 같은 주담대의 성격을 띠고 있는 중1구역 무이자 이주비를 모두 상환했다. 1주택, 1입주권 상태였지만 주담대는 1건만 있는 상황이었고, 비조정지역 분양권 혹은 입주권을 매수시 중도금 대출을 추가적으로 받을 수 있는 상황이었다.

더 이상 비과세 혜택을 받을 수 없는 것이 아쉽긴 했지만, 이제는 2년만 보유해도 취득세 1.1%, 양도세 일반과세를 받을 수 있는 비조정지역에 투자를 하기로 결심했다. 비조정지역 투자를 위해 수원, 의정부, 김포, 파주, 양주 일대를 매일 같이 임장다녔다.

2019년 문재인 정부의 강력한 규제정책으로 인해 시장은 크게 조정을 받고 있었고, 많은 전문가들이 부동산가격이 그동안 너무 가파르게 상승했다며 이제 하락할 것이라 했다.

하지만, 2019년 하반기에, 다시금 실거주자 위주로 재편된 부동산 투자시장은 서서히 뜨거워졌다. 투자자들은 규제가 적은 비조정지역을 찾아다녔고, 이로 인해 전국의 부동산이 모두 상승하는 기현상이 발생하기 시작하여 대부분의 수도권 비조정지역의 가격은 단기적으로 큰 폭으로 상승하고 있었다.

당시 비조정지역인 김포와 파주는 입지상 고양시에 비해 열위였는데, 비조정지역이란 특혜로 인해 형님인 고양시보다 가격이 더 높게 형성하는 단지가 나올 정도였다.

규제를 피해 투자자가 유입될 수 있다는 조건만으로도 급지의 한계를 극복해버리는 에너지를 깨달았지만, 그라시움 입주 때 투자자금이 생겼기에 뒤늦게 따라 들어가기에는 부담스러운 상황이었다.

그리고 드디어 기회가 찾아왔다.

2019년 11월 6일 국토교통부는 부산광역시 동래구, 수영구, 해운대구, 경기도 고양시, 남양주시가 조정대상지역에서 해제되었음을 발표했다.

고양시가 조정지역이란 이유로 김포에 비하여 저평가받고 있었던 시기였기에, 비조정지역으로 풀리는 순간 기다리던 기회가 찾아왔음을 직감했다. 김포, 파주, 고양은 주기적으로 임장을 다니며 친분이 있는 공인중개사들도 확보해놓은 상태였다.

고양시 재개발 사업 중 이미 관리처분인가가 난 덕양구 구도심 원당4구역이 매력적으로 느껴졌다. 이미 이주가 상당 부분 진행 중이었고, 멸실전이라 주택매수시 취득세 1.1%이고 이주비 대출도 바로 받을 수 있기 때문에 타이밍이 아주 좋다고 생각했다.

● 원당역 도보 5분 초역세권에 위치한 원당4구역

제일 먼저, 원당4구역 재개발 물건보다 인근에 위치한 래미안휴레스트의 가격 변화를 체크했다.

계약	일	경과	체결가격	타입	거래 동층
19.10	26		매매 4억 3,000	84	207동 17층
	16		매매 4억 1,750	84	201동 8층
	10		매매 4억 4,000	84	202동 18층
19.09	23		매매 4억	84	205동 19층
	05		매매 4억	84	213동 2층
19.08	27		매매 4억 1,700	84	207동 6층
	26		매매 4억 3,000	84	206동 18층
	14		매매 4억	84	205동 21층
	04		매매 4억 500	84	202동 5층

● 래미안휴레스트 84타입 매매 실거래가격(출처: 아실)

래미안휴레스트는 조정지역으로 묶여 있는 상황임에도 실수요자들의 매수세에 힘입어 4억 원에서 4억 원 중반으로 치고나가는 모습을 보여주었다. 비조정지역으로 풀린다면 투자자 유입이 가속화되며 가격이 폭발할 것이란 확신이 들었다.

그러나 다주택자인 내게는 이주비 대출을 받을 수 있어 투자금이 적게 들어가는 재개발이 훨씬 매력적이었고, 휴레스트의 흐름을 보니 원당4구역의 가치가 저평가되어 있음을 확신했다.

원당4구역 84타입의 조합원 분양가는 3.9억 원이었는데 프리미엄

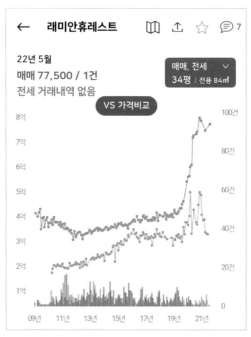

래미안휴레스트

22년 5월
매매 77,500 / 1건
전세 거래내역 없음

매매, 전세
34평 | 전용 84㎡

VS 가격비교

• 2019년 11월 조정지역해제 이후 가격이 폭등했다

0.9억 원을 더하면 4.8억 원 수준이었다.

래미안휴레스트는 원당역까지 도보 15분 거리이고, 실제 임장 결과 도보 이동 간에 언덕이 있어 도보역세권은 아니었다. 원당4구역은 도보 5분 내 이동이 가능하여 입지상 우위에 있었고, 래미안휴레스트는 2009년 준공된 아파트로 원당4구역이 입주하는 2024년에는 연식에서 15년차가 나는 상황을 감안했을 때, 원당4구역의 투자가치는 충분하다고 판단했다.

또한, 고양시는 신규 물량이 거의 없다시피 했고, 1기 신도시 일산이 구도심화되고 있었기에 고양 시내 신축에 대한 니즈가 컸고, 고양시의 1등 호재인 GTX A노선과 직접적인 연관관계는 없었지만, 원당역에서 2정거장만 이동하면 대곡역에 도달할 수 있었다. GTX A노선이 정차하는 대곡역 인근은 개발이 더딘 상황이었기에 원당역 초역세권인 원당4구역은 GTX 개통에 따른 수혜를 톡톡히 볼 수 있다고 생각했다.

시간이 관건이었다. 원당 재개발 지역의 공인중개사무소에 전부 연락을 했다. 감사하게도, 조정지역이 해제되기 전에 등록되었지만 오랫동안 팔리지 않고 문의조차 없던 매물을 찾을 수 있었다. 비조정지역으로 해제될 것이란 이벤트가 발생했지만, 현실의 삶이 바쁜 매도자는 해당 이벤트에 대해 신경 쓰지 않고 있는 것 같았다. 오히려 마침내 매수자가 나타났다는 사실에 기뻐했으며, 200만 원 가격 할인 요청도 흔쾌히 승낙해주었다.

재개발 물건들은 84타입을 신청했느냐 59타입을 신청했느냐에 따라 프리미엄이 달라졌다. 84타입에 대한 압도적인 선호도로 프리미엄이 훨씬 높게 붙었는데, 프리미엄이 가장 저렴한 해당 매물은 선호도가 제일 떨어지는 59B타입의 물건이었다.

하지만, 조합 등을 통해 확인해본 결과, 원당4구역은 사업시행 변경인가를 추진 중이었고, 조합원 평형 신청을 다시 하는 걸로 이미 결정이 되어 있었다. 내가 매수 검토 중인 물건은 감정가가 높아 84타입을 충분히 배정받을 수 있는 물건임을 확인할 수 있었고 84타입 변경을 노리고 매수를 결정했다.

감정가 1.87억 원 물건을 프리미엄 8,800만 원을 주고 매수하기로 했는데, 비조정지역이었기 때문에 감정가의 50%인 9,350만 원을 이주비 대출로 승계받을 수 있어 1.81억 원 예산에 딱 맞게 매수할 수 있었다.

심장이 두근거렸다.

부린이 시절이었던 중1구역 매수할 때는 사고 나서 잘한 건지 걱정이 되어 불안했는데, 이번에는 고양, 김포, 파주의 시세 변화를 정확히 인지하고 있었기에 결코 놓치고 싶지 않았다.

난 바로 가계약금을 1,000만 원 송부했다. 매도자의 변심이 두려워 계약서 작성부터 잔금까지 1달 내 모든 걸 처리하기로 협의했다. 또한, 중도금을 넘기면 배액 배상을 하더라도 계약을 일방적으로 파기할 수 없다는 걸 알고 있었기에 이주비 승계받는 9,350만 원을 중도금 항목으로 명시하여 계약 파기를 예방했다.

3주 만에 계약부터 잔금까지 모두 끝내는 속전속결이었음에도 불구하고, 이미 투자자들이 유입되어 가격은 크게 상승하고 있었고, 잔금일에 매도자는 공인중개사에게 속아서 헐값에 팔게 되었다며 중개수수료를 내지 못하겠다며 언쟁이 오가고 있었다.

이번 거래를 통해 느낀 것이 있다. 주식과 코인은 실시간으로 거래가 이루어지며 시장의 뉴스가 빠르게 시세에 반영되는 투자처다. 그래서 "주식은 호재 뉴스에 사는 게 아니라 처분해야 한다"는 격언이 있을 정도다.

● 당시 매매계약서. 중도금을 이주비 승계금액으로 대체하여 날짜를 명시했다.

하지만 부동산은 목돈이 들어가는 투자처이고, 계약한 이후부터 잔금일까지 빠르면 1달, 길면 3달 정도 시간이 걸릴 정도로 긴 호흡이 필요한 투자상품이다.

따라서, 부동산은 정책과 규제가 발표될 때마다 정확히 의미하는 바를 분석하고, 향후 어떻게 시장이 흘러갈지 파악할 수만 있다면, 뉴스를 보고 남들보다 빠르게 움직이기만 해도 큰 수익을 얻을 수 있음을 깨달았다.

고양시는 비조정지역으로 풀리자마자 그동안의 설움을 딛고 다시금 큰 폭의 상승세를 보여주었다. 이로 인해 2020년 6월 이후 다시 조정지역이 되었다.

이뿐만 아니라 고양시는 실거주 목적이 아닌 시세차익을 노린 투기적 거래가 늘어나고 있다며 원당4구역이 포함된 덕양구의 주요 재개발 사업지역을 2020년 7월부터 2년간 토지거래허가구역으로 지정해 버렸다. 이로 인해 투자자들의 유입이 끊겨 거래가 이루어지지 않는 변수가 발생했다.

원당4구역은 중도금 대출을 받을 수 없는 상황이지만, 중도금 대출을 연체하거나 자납하는 형태로 입주 시점까지 끌고 갈 예정이다.

🐼 전문가 판다가 투자자 판다에게

시장의 변화가 일어날 때, 호재인지 악재인지를 가늠할 수 있는 투자자는 이미 많아. 하지만 너처럼 뉴스기사를 보고 바로 실행에 옮기는 사람은 흔치 않아.

중요한 건 호재가 발표된 이후에 임장을 가고 물건을 찾아보려면 이미 늦는다는 거야. 운이 좋게 너는 김포, 파주 투자를 준비하며 상대적으로 입지가 우월한 고양시도 함께 임장하고 분석했기에 고양시의 시세를 잘 파악하고 있었어.

문재인 정부는 일관된 규제정책으로 시장을 컨트롤하려 했는데, 이는 심각한 부작용을 초래했어. 윤석열 정부가 비정상의 정상화를 지향하고 있는 만큼, 정책적 변화가 많을 것으로 생각해.

투자자라면 윤석열 정부의 부동산 공약을 분석하고 미리 준비해야 해. 그리고 정책 변화가 예측한 대로 일어나면 남들보다 빠르게 투자하는 것만으로도 수익을 기대할 수 있을 거야.

10

공시지가 1억 원 이하
초기재개발 투자

부동산 투자 경험과 함께 자산이 크게 증가하자 부동산 투자와 공부가 삶 자체가 되었다. 지인들에게 투자 컨설팅을 해주면서 간접투자 경험이 늘어났고, 여러 스터디모임을 직접 운영하며 전문가들과 활발하게 교류했다.

그러던 중 2020년 7월 10일 부동산 대책이 발표되며 투자자에게 큰 변화가 생겼다. 8월 12일부터 다주택자의 취득세 중과가 시행되면서 추가 매수를 하기가 부담스러워졌다. 3억 원 투자 물건을 매수할 때, 무주택자는 취득세 330만 원을 납부하면 되지만, 3주택자는 취득세만 3,000만 원 이상 납부해야 했고, 시작부터 10배 이상의 세금을 감수해야 하는 상황은 투자 심리를 얼어붙게 만들었다.

구분	개정 전		개정 후	
유상거래 취득세율	개인	1주택	개인	1주택
		2주택		
		3주택		
		4주택 이상		
	법인	주택 가액에 따라 1~3%	법인	12%

구분	개정 전	개정 후
유상거래 취득세율	개인 1주택: 주택 가액에 따라 1~3%, 2주택·3주택: 주택 가액에 따라 1~3%, 4주택 이상: 4%. 법인: 주택 가액에 따라 1~3%	개인 1주택: 주택 가액에 따라 1~3%. 2주택 조정* 8%, 비조정 1~3%. 3주택 조정 12%, 비조정 8%. 4주택 이상 조정 12%, 비조정 12%. 법인 12%. ※단, 일시적 2주택은 1주택 세율 적용(1~3%) *조정: 조정대상지역, 비조정: 그 외 지역
증여 취득세율	3.5%	조정대상지역 내 3억 원 이상: 12% 그 외: 3.5%

● 다주택자, 법인 취득세 강화(출처: 관계부처 합동 보도자료)

하지만, 부동산 투자와 공부가 취미이자 특기이자 삶 자체가 되어 버린 내 생각은 달랐다. 문재인 정부에 투자한 사람들은 대다수 큰 수익을 얻었고, 주식, 코인 등으로 자산을 분배한 사람도 있지만, 여전히 부동산 시장에 재투자하고자 하는 투자자가 많음을 직감했다. 따라서 주택 수 합산 및 중과 제외 주택인 공시지가 1억 원 이하 부동산이 틈새시장으로 각광받을 것이라 생각했다.

사실, 공시지가 1억 원 이하 주택이 취득세 중과에서 제외될 수 있었던 이유는 너무 저렴한 지역이라 투기대상으로 보기 어려웠고, 주택시장 침체지역에 배려가 필요하다는 주장 때문이었다.

실거주할 이유가 전혀 없는 지방에 공시지가 1억 원 이하란 이유만으로 투자를 하고 싶지 않았다. 광주시, 남양주시, 파주시 등 미래 교통망이 개선될 지역들 중에서도 읍, 면 지역만 집중적으로 임장을 다녔다.

주택 투자 후 매도하는 시점에 수도권 읍, 면 지역에 위치한 공시지가 3억 원 이하 주택은 양도세 중과도 배제되는 이점이 있어 다주택자의 가장 큰 고민인 취득세와 양도세 모두 커다란 이점이 있었다.

아파트, 빌라 등 많은 지역을 찾아보았지만 리스크가 커서 실거주자는 물론 투자자들도 꺼려하는 진입장벽이 높은 투자처에서 기회를 찾아보기로 마음먹었다.

리스크는 불확실성으로 인해 생겨나는데, 그 리스크를 컨트롤하고 대응할 수 있는 정보와 자금, 역량을 갖추고 있다면 진입장벽이 높은 투자처에서도 실패하지 않는 투자를 할 수 있을 거라 생각했다.

남양주시 퇴계원 임장을 갔을 때 투자자의 직감이 발동했다. 남양주시 퇴계원면은 다주택자에게 취득세와 양도세 부분에서 절대적으로 유리한 지역인데, 지하철 8호선 연장, GTX B노선 정차역인 별내역과 경춘선으로 1정거장 떨어진 곳에 위치해 있다.

면지역이라 지역 상권이 발달되지 못했지만, 별내역의 교통망 개선에 따른 수혜지역 중 하나였다. 특히, 별내신도시가 별내역으로부터 다소 떨어진 곳에 위치하는 점을 감안했을 때, 퇴계원이 별내의 훌륭한 배후지역이 될 수 있을 것이라 느껴졌다. 마침 퇴계원에은 1~7구역으로 초기재개발 관련 사업 움직임이 있었다.

리스크가 큰 초기 재개발 사업에서 실패하지 않는 투자를 하기 위해 3가지 원칙을 세웠다.

첫째, 리딩하는 투자자가 있는 지역이어야 한다.

퇴계원 재개발지역은 2000년도 후반 뉴타운 호재로 집값이 큰 폭으로 상승했었지만, 경기침체에 따른 구역해제로 지역주민들에게 오랜 아픔과 재개발사업에 대한 반발심이 큰 상황이었지만, 임장을 갔을 때, 조합설립에 성공한 타지역의 집값이 크게 상승한 걸 이미 확인한 후였기에 조금씩 관심을 보이는 게 느껴졌다.

또한, 재개발사업 추진을 위한 오픈채팅방이 개설되어 있었고, 재개발사업을 초기단계부터 추진해본 경험이 있는 투자자들이 주도하여 조합설립을 위한 동의서 징구와 같은 구체적인 계획을 수립하려는 움직임을 확인할 수 있었다.

재개발사업이 좌초된 아픔이 있는 지역이었기에 지역주민들로만 재개발사업을 재추진하기에는 부담스러울 수밖에 없었는데, 재개발을 리딩할 수 있는 경험과 전문성을 지닌 투자자들이 유입되고 있는 모습에 도전할 가치가 있어 보였다.

둘째, 절대가격이 저렴한 물건이어야 한다.

매물이 많지 않았는데, 그 중에서도 월세 세입자를 낀 물건의 가격이 상당히 매력적이었다. 매도자는 2009년 재개발을 기대하고 해당 물건을 1억 원을 주고 매수했는데, 재개발 사업이 취소되며 장장 11

다세대 매매 계약서

매도인과 매수인 쌍방은 아래 표시 부동산에 관하여 다음 계약 내용과 같이 매매계약을 체결한다.
1. 부동산의 표시

소 재 지	경기도 남양주시 퇴계원면.리 ▨▨ 번지 제지하층 1호				
토 지	지 목	대	대지권 190	면 적	30.49㎡
건 물	구조/용도	철근콘크리트/다세대주택		면 적	15.91㎡ 坪

2. 계약내용
제1조 (목적) 위 부동산의 매매에 대하여 매도인과 매수인은 합의에 의하여 매매대금을 아래와 같이 지불하기로 한다.

매매대금	금 일억원정은 (₩ 100,000,000)		
계 약 금	금 팔백팔만원정은 계약시에 지불하고 영수함.	영수자( )	(인)
융 자 금	금		
중 도 금	금 삼천만원정은	2009년 9월 15일 에 지불한다.	
	금	에 지불한다.	
잔 금	금 육천이백만원정은	2009년 10월 21일 에 지불한다.	

제2조 (소유권 이전 등) 매도인은 매매대금의 잔금 수령과 동시에 매수인에게 소유권이전등기에 필요한 모든 서류를 교부하고 등기
절차에 협력하며, 위 부동산의 인도일은 2009년 10월 21일 로 한다.
제3조 (제한물권 등의 소멸) 매도인은 위 부동산에 설정된 저당권,지상권,임차권등 소유권의 행사를 제한하는 사유가 있거나, 제세
공과 기타 부담금의 미납금 등이 있을때에는 잔금 수입일까지 그 권리의 하자 및 부담등을 제거하여 완전한 소유권을 매수인
에게 이전한다. 다만, 승계하기로 합의하는 권리 및 금액은 그러하지아니하다.
제4조 (지방세등) 위 부동산에 관하여 발생한 수익의 귀속과 제세공과금등의 부담은 위 부동산의 인도일을 기준으로 하되,지방세의
납부의무 및 납부책임은 지방세의 규정에 의한다.

● 매도자는 2009년 1억 원에 해당 물건을 매수했다.

다세대/연립/빌라 매매 계약서

아래 부동산에 대하여 매도인과 매수인은 합의하여 다음과 같이 매매계약을 체결한다.
1.부동산의 표시

소 재 지	경기도 남양주시 퇴계원읍 퇴계원리 ▨▨ 제지하층 제1호				
토 지	지목	대	대지권(비율)	190분의 30.49	면적	190 ㎡
건 물	구조	철근콘크리트	용도	다세대주택	면적	52.62 ㎡

2. 계약내용
제1조 [매매대금 및 지급시기] ① 매도인과 매수인은 매매대금 및 지불시기를 다음과 같이 약정한다.

매매대금	金 일억	원整(₩ 100,000,000	)
계 약 금	金 일천만	원整은 계약시에 지불하고 영수함	영수자	印
중 도 금	金 일천만	원整은 2020 년 11월 28일 에 지불하며,	
	金	원整은 년 월 일에 지불한다.	
잔 금	金 일천만	원整은 2020 년 12월 18일 에 지불한다.	
융 자 금	金	원整은 현상태에서 승계한다.	

② 제1항의 매매대금은 달리 정함이 없는 한 개업공인중개사의 입회하에 지불하기로 한다
제2조 [소유권이전] 매도인은 매매대금의 잔금을 수령함과 동시에 소유권 이전등기에 필요한 모든 서류를 교부하고 부동산을
인도하여야 한다.
제3조 [제한권 등 소멸] 매도인은 소유권의 행사를 제한하는 사유나 공과금 기타 부담금의 미납이 있을 때에는 잔금수일 이전까지
그 권리의 하자 및 부담등을 제거하여 완전한 소유권을 이전하여야 한다. 다만, 달리 약정한 경우에는 그러하지 아니하다.

● 매도자는 11년 뒤 1억 원에 다시 해당 물건을 매도했다.

년 동안 가격이 매수가격보다 떨어져 스트레스를 받았던 물건이었다.

재개발사업 재추진을 위해 외부 투자자들이 하나둘 유입되다 보니,

매도자는 11년이 지난 후에 본인이 매수한 가격에 매물을 내놓았었

다. 보증금 500에 월세 40만 원인 월세 매물이라 초기투자금이 9,500만 원이어서 투자금이 전세 낀 매물에 비하면 많았지만, 매매가격이 그만큼 저렴했다. 특히, 재개발 사업이 계획대로 잘 진행되지 않는다고 가정하여도 월세 수익률이 5%가 넘어 저금리 시대에 나쁘지 않은 투자처라 판단했다.

공인중개사를 통해 세입자는 연세 지긋한 노부부였으며, 월세를 자녀가 납부하고 있어, 노부부가 6년 넘게 거주하고 있었지만 단 한 번도 월세를 연체하지 않았다는 고급 정보도 입수할 수 있었다.

초기 재개발 빌라의 경우 사업이 계획대로 추진된다 하여도 실제 철거하는 데까지 최소 5년 이상 시간이 소요되기 때문에 매수하려는 빌라의 상태를 반드시 체크해야 하는데, 해당 물건은 다행히 수리가 어느 정도 되어 있고, 세입자인 노부부가 오래 거주하고 싶어하는 집이었기에 공실에 대한 위험이 적었다.

셋째, 직접 추진위의 일원이 된다.

계약서에 사인을 하자마자, 재개발 사업을 추진하기 위해 외부투자자들이 소통하는 오픈채팅방에 소유주임을 인증하고 적극적으로 참여의지를 보여 추진위의 멤버로 합류할 수 있었다. 추진위에서는 정기적으로 화상회의를 통해 사업추진에 대한 아이디어를 교류했고, 마을 이장님, 부녀회장님을 찾아 뵈어 과거와 달리 현재는 충분히 사업성이 나올 수 있음을 설득했다. 지역주민에 영향력 있는 분들을 통해 재개발사업의 가능성을 전파했으며, 직접 현수막을 만들고, 홍보 팜

플랫도 만들어 배포하면서 가시적으로 사업이 추진되고 있음을 입증하자, 점점 더 많은 투자자들이 유입되었다.

조합사무실이 별도로 없었는데, 지역 공인중개사무소의 협조를 받아 마침내 동의서 징구를 받는 작업을 시작했고, 추진위의 일원이었기에 동의서 징구율 같은 결정적인 정보를 가장 빠르게 입수할 수 있었다. 또한, 동의서 징구를 위해 지역 주민들을 설득하다 보니, 동의를 하지 않은 지역 주민들이 강하게 반대하는 것인지, 동의를 할지 말지 고민하는 상황인지 직접 체감할 수 있었기에 동의율 75% 달성 여부를 다른 투자자에 비해 판단하기 용이했다.

리스크가 큰 투자처라 할지라도 위와 같이 직접 사업을 이끌어가며 고급 정보를 입수할 수 있다면 리스크를 직접 컨트롤할 수 있고, 정확한 매도 타이밍도 잡을 수 있으리라 생각한다.

😀 전문가 판다가 투자자 판다에게

윤석열 정부의 부동산 공약 중 임대사업자제도 부활이나 다주택자 취득세 완화 등 투자자들의 기대를 받고 있는 공약들이 있어. 만약 현실화 되면 미래에 재개발 사업이 기대되는 지역의 공시지가 1억 원 이후 썩은 빌라(실거주 가치가 낮은 노후한 저렴한 빌라), 일명 '썩빌 투자'가 유행할 거라 생각해.

공시지가 1억 원 미만 주택도 조합설립 이후에는 취득세 중과 예외를 적용받지 못하기 때문에 많은 다주택자들이 조합설립조차 안된 초기 재개발을 매수하기 위해 혈안이야.

사실 네가 직접 경험한 것처럼 초기 재개발은 타이밍을 잘못 잡으면 10년 넘는 세월 동안 수익 하나 내지 못하고 마음 고생만 심하게 할 수도 있다는 점을 잊지 말아야 해. 썩은 빌라라 할지라도 멸실이 되지 않는 이상 세입자가 있고, 노후화된 빌라는 누수, 보일러고장, 결로 등 크고 작은 하자들이 발생할 여지가 다분하고 이를 유지보수 하는 데 드는 비용도 무시하지 못한다는 점 잊지 말아야 할 거야.

썩은 빌라 투자가 황금알을 낳는 거위가 될지 보기만해도 스트레스를 유발하는 골칫덩이가 될지 누구도 장담할 수 없으니, 공인중개사의 장밋빛 전망에 혹해서 호구 잡히지 말고 스스로 분석하고 판단하는 힘을 키운 후에 투자해야 할 거야.

11

지방 공시지가 1억 원 이하 테마 투자

공시지가 1억 원 이하 테마에 대한 투자자의 관심은 상상 이상이었다. 2021년은 전국의 부동산이 '개집 빼고는 다 올랐다'는 이야기가 있을 정도로 그야말로 불장이었다. 공시지가 1억 원 이하 투자 열풍은 전국을 불장으로 만들었고, 불타오르는 열차에 탑승할 용기만 있었으면 누구나 성공을 맛볼 수 있었다.

대출 규제, 금리 인상 등의 여파로 서울, 수도권 주택거래량이 급감하다 보니 공시지가 1억 원 이하 투자는 테마를 넘어 대세로 자리 잡았고, 야수의 심장을 지닌 투자자들이 수십 채, 수백 채를 매수하기에 이르렀다.

공시지가 1억 원 이하 투자가 대세가 되자 그동안 부동산 투자와는 담을 쌓고 실거주 1주택만 보유하고 있던 실거주자들이 적극적으로

강원도
18%

서울 15.1%

인천
32.2%

경기도
27.6%

충청북도
17%

세종
4.9%

경상북도
11.7%

충청남도
15%

대전
19.8%

전라북도
13.6%

대구
9.1%

울산
10.5%

경상남도
11.6%

부산
16.2%

광주
14.6%

전라남도
4.4%

제주도
24.3%

• 2021년 1년간 부동산 가격변동률(출처: 아실)

투자시장에 뛰어들었다. 이미 실거주하고 있는 집의 가격이 많이 오
른 상태에서, 공시지가 1억 원 이하 투자는 큰 자금이 필요하지도 않
다는 장점이 있어 투자가 증가했다. 후발 투자자들의 유입으로 인해

공시지가 1억 원 이하 물건들은 경이로운 수익률을 보이며 연일 신고 가 행진을 이어갔다.

나 역시 추가 자금이 생긴 2021년 5월 추가 투자를 계획하게 되었 다. 공시지가 1억 원 이하 투자를 통해 큰 수익률을 보겠다는 기대보 다는 지방시장의 흐름을 직접 경험해 보고 싶은 생각이 컸다.

실질적으로 주택 수가 많아질수록 세금에 민감해질 수밖에 없었고, 그동안 내가 투자해온 재개발 입주권의 경우 입주 직전에 매도를 하 는 경우 양도세 중과없이 일반과세로 매도 가능하다.

이미 투자를 마친 재개발 물건들의 양도차익이 컸기 때문에, 설사 공시지가 1억 원 이하 투자를 했다가 손해를 본다 하여도 1년에 2건 매도를 할 경우 양도세 합산과세를 활용하여 세금을 줄일 수 있었다. 공시지가 1억 원 이하 투자에 대한 내 판단이 틀렸다면 세금이라도 적게 내겠다는 마음가짐으로 지방 공시지가 1억 원 이하 투자를 뒤늦 게 찾아보게 되었다.

양도세 합산과세란 리스크 관리 방안이 있어 손실도 각오하고 투자 를 시작했지만, 나는 몇가지 기준을 수립하여 실패하지 않는 투자를 하려 했다.

뉴스를 통해 2021년 4월 9일 산업통상자원부 장관과 반도체산업협 회 회장단 간 간담회가 진행되었고, 이를 통해 정부가 미국, 중국 등 주요 국가들의 반도체 패권 경쟁에 대응하기 위해 K반도체 벨트 전 략을 수립하기로 하고, 정부가 반도체산업 육성을 위한 예산 편성, 세 제지원을 대폭 늘릴 것이란 내용을 접하게 되었다.

2021년 이후		
과표	세율	누진공제
1,200만 원 이하	6%	-
4,600만 원 이하	15%	108만 원
8,800만 원 이하	24%	522만 원
1.5억 원 이하	35%	1,490만 원
3억 원 이하	38%	1,940만 원
5억 원 이하	40%	2,540만 원
10억 원 이하	42%	3,540만 원
10억 원 초과	45%	6,540만 원

한 해에 A와 B 주택을 동시 매도할 경우, A주택 5,000만 원, B주택 5,000 만 원의 양도차액이 발생했을 경우, 1억 원에 대한 세금은 35%가 된다. 만약, A는 12월 31일 매도하고, B주택은 다음 해 1월 1일 매도했다면 각각 5,000만 원에 해당하는 24%의 세율을 적용받는다. 물론, 1년에 한 번 적용 받는 인적공제 250만 원도 2회 모두 적용 가능하다.

이때, 만약 A는 1억 원 이득 B는 5,000만 원 손실이 발생했을 경우, 같은 해에 A, B를 모두 매도하면 1억 원~0.5억 원이 적용되어 5,000만 원에 대한 양도세만 납부하면 된다. 즉, 투자 실패에 따른 손실이 발생할 수 있지만, 이미 양도차액이 큰 보유물건의 양도세 감소 효과가 있어 리스크를 관리할 수 있다.

신규 지역에 공장을 조성할 수 있겠지만, 기존 시설에 증설할 확률이 높다고 판단했고, 서울, 지방에서 출퇴근이 어려운 지방 반도체 공장 인근에 투자하기로 마음먹었다. 이천, 천안, 온양, 청주, 평택 등으로 임장을 다녔고, 인구수가 지속적으로 상승하고 갭이 최대한 붙어 있던 청주지역에 투자하기로 결심했다.

청주시도 꽤 큰 도시였기에 투자처를 찾는 데 고민이었는데, 매매가격은 오랜 기간 침체되고 있지만 전세가격이 꾸준히 유지되며 전세 물량이 적은 지역을 선정했다. 또한, 구축의 시세는 침체되었지만, 지역 내 신축 대장아파트들의 가격 상승세가 매서운 지역을 대상으로 실거주자들의 선호도를 감안하여 초등학교 가까운 단지만을 대상으로 했고, 59타입이라도 방 3개가 있는 계단식 아파트만 대상으로 삼았다.

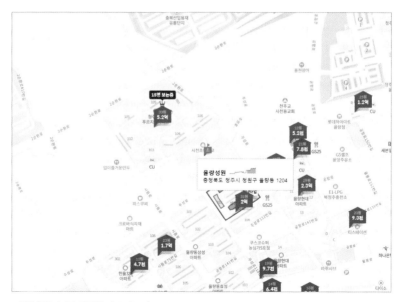

● 율량성원아파트 위치(출처: 호갱노노)

여러 지역을 검토했지만, 최종적으로 계약을 체결한 청주시 청원구 율량동 성원아파트는 사천초등학교 근거리에 위치해 있으며, 시세를 리딩해 줄 수 있는 신축인 청주사천푸르지오 인근에 위치해 있다.

또한, 1997년 애매한 연식과 300세대가 조금 넘는 아파트 단지로서 2015년 3월 1.8억 원으로 정점을 찍은 뒤 지속적으로 가격이 하락하고 있는 단지였다. 하지만, 전세가격이 빠지지 않고 유지하고 있는 걸로 보아 실수요는 충분하다고 판단했다. 공시지가 1억 원 이하 테마를 탈수만 있다면 전고점 정도까지는 투자수익을 기대할 수 있을 것 같았다.

• 2021년 5월 매매, 전세 역전 현상 발생

여기까지는 대부분의 투자자들이 비슷하게 기준을 삼고 있었지만, 난 실패하지 않는 투자를 해야 했기에 나만의 색다른 기준 몇 가지를 추가하여 검증했다.

첫째, 시장에 매매, 전세 매물이 적은 지역

투자세력들이 시세를 이끌어나가기 위해서는 필히 거래량이 동반되어 시장의 주목을 받아야만 한다. 그러기 위해선 거래 가능한 물건이 많아야 하고, 리더, 전문가들과 그의 추종자들이 동시에 시장의 매물을 모두 매수하여 흐름을 만들어야 한다.

설사 투자가치가 더 높은 단지가 있다 하여도 거래가능한 물건이 적으면 해당 단지는 타겟이 될 수 없다. 내재된 가치가 뛰어나다면 언젠가는 시장의 주목을 받을 것이란 확신이 있었기에 미리 선진입하여 다른 투자자들의 유입을 기다리는 것이 낫다.

공시지가 1억 원 이하 아파트였던 성원아파트뿐만 아니라 인근 삼성, 현대 등 율량동 대부분 아파트가 전세가 매우 귀한 현상을 보이고 있었다. 율량성원의 경우 최근 2년간 전세가 나오면 바로 계약이 체결될 정도로 귀했고, 많아야 1~2건 뿐이 없었다.

시장에 매물은 매매뿐 아니라 전세 물건도 적어야 한다. 전세 물건이 귀하다는 말은 해당 단지에 실거주하고자 하는 수요가 많다는 뜻이며 전세를 내놓을 투자자들의 유입이 적다는 걸 의미하기 때문이다.

● 율량 성원아파트 최근 2년간 전세 물량

둘째, 매도자가 전세입자로 거주하고 싶어하는 지역

시역 임장을 갔을 때, 매도자의 매도 조건에 본인이 전세를 거주하는 조건을 거는 경우가 있다.

이런 경우는 지방 구축아파트에 종종 발생하는 케이스인데, 장기간 지역부동산시세가 하락하거나 보합상태인 경우, 주택소유자들이 추가 하락을 우려해 주택을 매도하고 싶어하지만, 타 지역으로 이동할 생각은 없기에 실거주는 지속하고 싶어한다.

투자자인 나의 눈엔 미래가 기대되는 지역인데, 현재 가치에 초점이 맞춰져 있는 지역주민들 입장에서 거주하고 싶어하는 지역이라면 투자에 확신을 가져도 좋다.

청주의 경우에는 신축아파트 가격이 치고 나갈 때에도 구축들은 매매가격이 계속 하락하는 추세였기 때문에 집주인이 전세로 거주하는 조건으로 매도한 후, 무주택 상태를 유지하며 신규분양을 노리려는 움직임을 읽을 수 있었다.

셋째, 주차가 어렵지 않은 단지

서울은 출퇴근시 대중교통을 이용하는 경우가 많지만, 지방의 경우 지하철이 없는 경우가 대다수이기 때문에 출퇴근시 자차를 이용하는 경우가 많다. 지방 공시지가 1억 원 이하의 경우 주차공간이 부족한

• 단지 내 주차뿐 아니라 야간에는 단지를 둘러싼 모든 도로를 주차구역으로 활용

경우가 대다수이기 때문에 투자지역 선정시 주차가 용이한지가 중요한 포인트였다.

지방이라 임장을 자주 갈수 없었던 상황이었음에도 낮과 밤의 주차 상태를 모두 체크했고, 해당지역은 주차공간이 너무 부족한 주택가다보니 저녁시간에는 인근 도로를 암묵적으로 주차공간으로 활용하고 있음을 확인할 수 있었다. 공인중개사무소를 통해 체크해본 결과 주차공간 활용은 오래전부터 관습화되어 있어 주차위반 단속을 하고 있진 않다는 정보를 입수할 수 있었다.

넷째, 리모델링이 되어 있는 물건

공시지가 1억 원 이하 아파트의 경우 주거 쾌적성이 현저히 떨어지는 물건일 수밖에 없다. 가격만 보고 매수하면 전세를 맞추기 위해 추가적으로 리모델링 비용이 발생할 수 있다. 투자비용을 최소화하는 것이 실패하지 않는 투자를 하는 것이기에 세입자를 맞출 수 있을 수준으로 리모델링이 되어 있는 물건만을 투자처로 선정했다.

같은 이유로 대지지분이 큰 오래된 연식의 주공아파트 투자는 향후 재건축 진행시 기대가치가 커도, 실거주 가치가 떨어지기 때문에 투자대상으로 고려하지 않았다. 큰 수익을 기대할 수 있어도, 실패하지 않는 투자를 하겠다는 내 투자원칙에는 맞지 않았다.

내가 투자한 율량 성원아파트는 신혼부부가 거주하고 있어 인테리어와 내부 컨디션이 깔끔한 상태였다. 실제 매매후 전세를 놓았을 때 전혀 수리를 하지 않고 다른 세입자와 계약할 수 있었다.

다섯째, 2년 뒤에도 공시지가 1억 원 이하일 가능성이 있는 매물

공시지가 1억 원 이하 테마는 2년 후 매도를 염두에 두고 투자를 결정했기 때문에, 2년 뒤에도 공시지가 1억 원 이하 테마가 유지되어 실거주자와 투자자 모두에게 관심을 받을 수 있기를 희망했다.

물론, 내가 매수하자마자 가격이 크게 오르는 것도 기분이 좋을 수 있지만, 2년 뒤 출구전략까지 고민해 보았을 때는, 해당 단지가 서서히 꾸준히 상승하며 2년 뒤인 2023년 5월 말의 가격과 공시지가가 내게는 가장 중요한 의미였다.

2021년 기준으로 공시가격이 9,000만 원을 넘어가면 매도 시점에 1억 원이 넘을 것이 분명했기 때문에, 공시가격이 저렴한 걸로 매물을 선택했고, 결과론적으로 2022년 공시지가는 9,000만 원으로 책정되어 매도예정 시기인 2023년에도 공시지가 1억 원 이하를 유지할 확률이 높아졌다.

공시기준일	단지명	동명	호명	전용면적(㎡)	공동주택가격(원)
2022.1.1	성원아파트(성원)		산정기초자료	59.7	90,100,000
2021.1.1	성원아파트(성원)			59.7	86,500,000

☑ 2022년 1.1기준 공동주택가격   ☑ 열람지역 : 충청북도 청주청원구 사뜸로76번길 42(청주청원구 율량동 1204)

이 모든 과정을 통해 1.29억 원에 매수를 했고, 1.25억 원에 전세를 맞춰 400만 원 갭으로 또 한 번의 투자를 했다.

그리고 예상대로 2021년 5월 문재인 대통령이 삼성전자 평택캠퍼

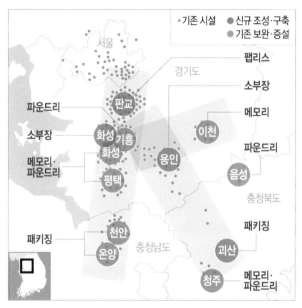

● K-반도체 벨트

스를 방문하여 K-반도체 벨트를 선언했고, 이에 화답하듯 삼성전자,
SK하이닉스 등 국내 반도체기업은 10년간 510조 원 이상 투자를 약
속했다. 물론 K벨트에 청주도 포함되었다.

결국, 투자금 400만 원짜리 갭투자였지만 그 과정은 수억 원의 투
자금이 들었던 것보다 더욱 치열하게 노력하고 준비했다. 내가 평소
하시 않았던 투자방식이기도 했고 지방투자를 처음 히는 것이었기
때문에 만약 실패하게 될 경우 지방투자에 대한 안좋은 선입견이 생
길 것이 우려되어 더 철저하게 준비했던 것 같다.

판다 너의 투자철학은 '실패하지 않는 투자를 한다'이고 그를 위해 진입장벽이 높은 투자처를 고집해왔는데, 시대의 흐름을 읽고 투자의 영역을 넓히기 위해 노력한 건 잘했다고 생각해.

다만, 현 시점에서 공시지가 1억 원 이하 투자에 대해서는 매우 조심스럽게 접근해야 해.

공시지가 1억 원 이하 테마가 형성된 2020년 8월 이후 대거 투자자들이 유입되다보니 1억 원 이하 아파트에 대한 실태조사를 하게 되었지. 조사결과 개인이 269가구, 법인 1,978가구 매입한 사례가 언급되며 사회적으로 큰 파장을 일으키며 전수조사를 진행하게 되었어.

2022년 2월 조사 결과가 발표되었는데 투자자라면 해당 데이터를 투자적으로 활용할 줄 알아야 해. 공시지가 1억 원 이하 매매 건 중 외지인의 비중이 가파르게 상승하고 있는데, 이는 투자자 유입으로 매매가격이 단시간에 급격하게 상승하는 효과가 있지만, 전세가격이 다운되거나 2년뒤 시점에 많은 매도 물량이 나올 수 있음을 인지하고 있어야 해

(외지인 투자 비중 2020년 7월 29.6% → 2020년 12월 36.8% → 2021년 8월 51.4%)

또한, 평균 매수가격이 1억233만 원이고, 단기 매수, 매도한 6,407건의 평균 차익이 1,745만 원이고 평균 4개월 만에 매도한 사실을 보면 단타 투자자들은 큰 수익을 노리기보다는 작은 갭을 노리고 들어가 단기간에 매도하고 있으며, 실질적인 수익은 크지 않다는 점을 주목해야 해.

즉, 공시지가 1억 원 이하에 투자하는 법인, 개인의 경우 높은 단기세율을 감안하더라도 저렴할 때 매수를 하여 뒤늦게 따라들어오는 매수자들에게 물건을 넘겼다는 이야기야. 이미 시세 상승을 주도했던 투자세력들이 매도하고 떠난 곳이 과연 2년 뒤에 가격이 오를 수 있을까를 고민해보고 투자지를 결

정해야 해.

이제는 공시지가 1억 원 이하 테마면 모두 올랐던 시기에서 내게 물건을 매도하는 사람이 현지인이 아니라 이미 선진입한 투자자일 수 있다고 생각해야 하고, 특히 나보다 먼저 진입한 사람들이 왜 지금 시점에 매도를 하고 떠나는지에 대해 고민해보고 투자를 하는 것이 좋을 거야.

특히, 법인, 외지인 매수가 집중된 지역은 천안·아산(약 8,000건), 부산·창원(약 7,000건), 인천·부천(약 6,000건), 청주(약 5,000건), 광주(약 4,000건) 등인데 해당지역을 뒤늦게 투자하려고 생각하고 있다면 실거주자가 매수에 동참하고 있는지 여부가 중요하기 때문에 더욱 더 신중하게 접근할 필요가 있어.

네가 수익을 노리고 갭투자하려는 단지가 이미 누군가 다 먹고 나가는 물건일지 모른다는 사실을 명심해.

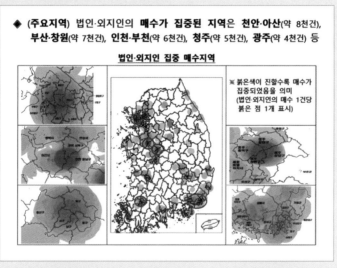

◆ **(주요지역)** 법인·외지인의 **매수가 집중된 지역**은 **천안·아산**(약 8천건), **부산·창원**(약 7천건), **인천·부천**(약 6천건), **청주**(약 5천건), **광주**(약 4천건) 등

법인·외지인 집중 매수지역

※ 붉은색이 진할수록 매수가 집중되었음을 의미 (법인·외지인의 매수 1건당 붉은 점 1개 표시)

● 공시지가 1억 원 이하 법인 외지인 투자집중지역(출처: 국토교통부 실태조사 결과 보도자료)

12
주택 수에 포함되지 않는
재개발구역 토지 투자

2021년부터 부동산 강의와 투자를 지속하다보니 지인들의 투자 고민을 상담해주는 경우가 많아졌다. 대부분 내가 부동산 투자를 통해 큰돈을 벌었다 하면 '한 턱 쏴'라는 말이 대부분인데, 매우 친한 친구가 본인의 신세를 한탄하고 좌절하는 모습을 보게 되었다.

"너는 과거에 투자를 시작해서 부자가 되었어. 이제 부동산 가격이 너무 많이 올라버렸으니 더 이상 투자할 때도 없고, 나만 벼락거지가 된 기분이야. 어차피 내집 마련은 글렀으니 평생 즐기다 갈래."

친구에게 부동산 투자가 아직 늦지 않았다는 사실을 알려주고 싶었다. 그렇게 친구의 보유 예산 2억 원 내에서 투자할 수 있는 안전한 투자처를 찾아보기로 마음을 먹었다.

사실 재개발 투자에 있어 2억 원은 아주 적은 투자금이다. 물론 초기 재개발의 경우 2억 원으로도 매수할 수 있는 물건이 많이 있지만, 투자를 처음 하는 친구는 내가 처음 투자를 했을 때처럼 관리처분인가가 난 안전한 투자처를 추천하고 싶었다.

서울은 투자할 곳이 전혀 없었고, 서울 출퇴근이 가능한 위치를 감안하여 경기도 지역 재개발 물건을 전수 조사하기로 마음 먹었다.

경기도청 홈페이지를 방문하여 [정보공개] – [사전정보공표]를 클릭하고 공표목록 검색창에 '도시정비사업'이라고 입력하면 분기에 한 번씩 업데이트되는 재건축, 재개발 정보를 조회 가능하다.

• 경기도청 홈페이지

사실 해당 데이터는 오류가 다소 많지만, 각 지역별로 재개발 사업이 어떻게 추진되고 있는지를 한눈에 파악할 수 있어, 내가 분기별로

2022년 1/4분기 일반 정비구역 유형별 추진단계 현황

구분	합계	정비 예정구역	추진 현황								비고
			소계	정비구역	추진위원회	조합설립	사업시행	관리처분	착공	준공	
합계	427	154	273	8	11	25	28	29	49	123	
재개발	130	42	88	6	2	8	13	17	27	15	
재건축	240	100	140	0	7	16	10	11	13	83	
주거환경개선	40	11	29	2	0	0	3	0	6	18	
주거환경관리	8	0	8	0	0	0	0	0	3	5	
도시환경	9	1	8	0	2	1	2	1	0	2	

● 경기도 내 재개발, 재건축 등 모든 정비구역에 대한 상세 데이터 확인 가능

반드시 체크하는 데이터다.

특히, 재개발 사업지는 사업성이 중요한데, 쉽게 설명하면 조합원 수보다 일반분양 세대수가 많을수록 좋고, 임대세대는 적을수록 좋다.

서울의 경우 양질의 임대주택 공급을 위해 재개발사업시 임대비중이 매우 높은 편이다. 실제 서울 내 대규모 재개발 공급처인 상계뉴타운의 경우 임대비율이 20%를 넘어서는 구역도 있다. 또한, 서울은 오래전부터 투자자들의 관심이 집중된 곳이다보니 조합원수 대비 일반분양 비율이 적은 곳이 대부분이다.

반면, 경기도의 경우 5% 내외로 임대비율이 정해져 있고, 투자자 유입이 비교적 적어 조합원 대비 일반분양 비율이 높은 경우가 많아 일반분양을 완판시킬 수 있는 지역이라면 사업성이 좋았다.

그렇게 여러 후보지역을 선발하여 또 다시 임장을 다녔다. 찾아낸 여러 물건을 친구에게 소개해주었지만, 친구는 꿈쩍도 하지 않았다. 공부가 덜 되어 있었기에 투자금 2억 원대로 투자할 수 있는 물건들

은 초보의 눈에는 매력이 없어 보였다.

친구는 이렇게 말했다. "이런 시골에서 사느니 그냥 전세 살란다."

그렇게 나의 친한 친구는 도전하길 거부했고, 진심을 다해 친구를 위해 분석했던 내 노력이 이대로 끝나는 것이 너무 아쉬웠다. 다주택자인 내가 투자해도 매력적인 물건들로 다시 한번 추려보았다.

파주시의 경우 관리처분인가를 앞둔 새말지구의 경우 입주권을 받을 수 있는 토지가 있어서 매력적으로 느껴졌다. 또한 경의중앙선 금촌역에 매우 가깝게 위치한 1군브랜드 신축 대단지의 잠재력이 높아 보였다.

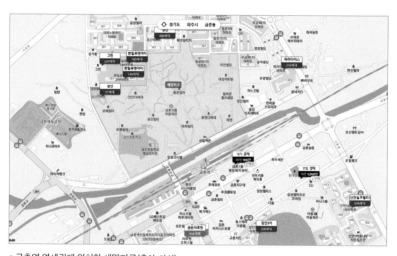

● 금촌역 역세권에 위치한 새말지구(출처: 아실)

새말지구는 파주시 금촌동 금촌역 역세권에 위치하고 있으며 롯데건설, 중흥토건이 컨소시엄으로 사업이 진행 중이었다.

무엇보다 매력적인 건 총 2,583세대인 대단지임에도 불구하고 임대비율이 5%이며, 조합원이 646명밖에 되지 않아, 일반분양분이 조합원수 대비 매우 많았다. 분양만 완판될 수 있다면 사업성이 높아질 것이라 확신했다.

특히, 조합사무실을 방문해 보니 11월 관리처분총회가 예정되어 있는데 무난하게 통과가 예상되는 상황이었고, 관리처분총회를 앞두고 있어 사업진행 속도가 빠른 구역임에도 불구하고 프리미엄이 아직 1억 원 정도밖에 붙어 있지 않았다.

사실 그동안 파주하면 과거 군부대만 떠오르고 워낙 낙후된 이미지, 서울에서 멀다는 이미지만 가득했는데, GTX A 운정역 초역세권에 위치한 운정신도시 아이파크의 경우 43평이 15억2,000만에 거래되는 등 파주시의 대장인 운정신도시의 위상이 남달라 보였다.

파주시 인구는 매년 증가하여 2022년 인구수 50만 명을 넘을 것으로 예상된다. 인구수 50만 명을 2년간 유지하면 2024년에는 대도시특례를 받을 수 있게 되는데, 이로 인해 파주시가 도시계획사업 실시변경과 도시재개발 권한을 갖게 되어 도시개발이 더욱 활발해질 것으로 기대되었다.

특히, 2030 파주도시기본계획을 체크해보면 운정신도시에 이어 금촌, 문산 라인을 개발 주축으로 삼고 있음을 확인할 수 있다.

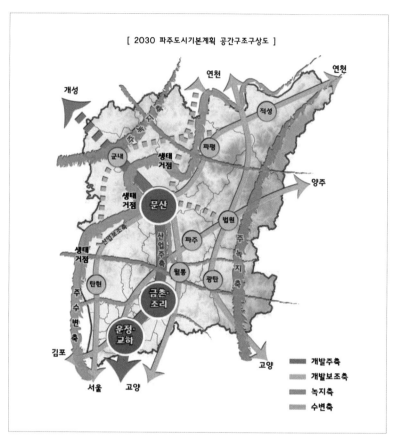

[2030 파주도시기본계획 공간구조구상도]

● 2030파주도시기본계획상 금촌은 하나의 개발 주축을 담당하고 있다.(출처: 파주시청)

금촌동 금촌역 역세권에 위치한 새말지구 84타입의 조합원 분양가는 3.4억 원이었고, 프리미엄 1억 원을 더할시 총 투자금액 4.4억 원에 84신축을 보유할 수 있었다.

또한, 관리처분총회 직전 단계였던 새말지구에서 주택을 매수할 경우 취득세가 12.4%라 부담스러웠는데, 토지물건을 매수할 경우 주택이 아니기 때문에 4.6%만 납부하면 되어 부담이 적었다.

한 가지 걸리는 점은 무난하게 통과될 관리처분총회를 앞두고 있는 시점에 왜 하필 매도자가 주택 수에 포함이 되지 않는 토지 매물을 매도하는지 궁금했다.

공인중개사를 통해 매도자의 사정을 확인한 결과, 매도자는 상속을 받아 남매가 공동명의로 보유 중인 물건이었다. 각자 가정이 있는 남매가 주택 수에 포함되면서까지 오래 들고 가기보다는 적당한 선에서 처분하여 수익화를 시키려 하는 것을 알게 되었다.

신속히 매도하고 싶어하는 매도자의 사정을 알게 되었기에 빠른 잔금을 약속하며 프리미엄을 200만 원 깎을 수 있었다. 그렇게 84타입 입주권이 확보된 토지 감평 1억600만 원짜리 물건을 프리미엄 9,400만 원을 주고 총 매가 2억 원에 매수했다.

● 내가 매수한 토지. 조그마한 텃밭도 아파트 입주권을 받을 수 있다.

투자금이 적게 들어가는 편은 아니지만 사업속도가 빠른 재개발 구역이기 때문에 잘 투자했다고 생각해.

2021년 11월 진행된 관리처분총회 자료를 체크해보면 분양예비비 200억 원, 예비비 160억 원을 책정하고 있는데, 미분양이란 최악의 상황이 벌어지지 않는다면 예비비 360억 원은 단지고급화 혹은 비례율 상승으로 이어질 것이라 생각해.

또한, 관리처분총회 당시 책정된 59타입 일반분양가가 3.3억 원인데 2021년 11월 분양한 용적률 524% 주상복합 아파트 '금촌역 신일해피트리 더 루츠'가 분양권 전매가 불가한 단지였음에도 불구하고 59타입 3.8억 원(발코니 확장 포함)에 완판된 건 무척 고무적이라 볼 수 있어.

이제 이주가 진행중인 새말지구가 일반분양할 시기에는 분양가가 더 높아질 수 있을 거야. 다만, 재개발사업 진행시 어떤 예측하기 어려운 일이 발생할지 모르니 입주 전에 매도할 수 있다는 생각을 갖고 관심 갖고 지켜봐야 할 거야.

6장

앞으로 5년, 시장은 어떻게 변할 것인가?

: 새 정부 맞은 부동산 시장 분석

01
변화의 키워드는 '정상화'

윤석열 정부의 향후 5년간 부동산 시장의 변화를 예측하고 대응할 수만 있다면 우리는 돈을 벌 수 있다.

윤석열 정부의 부동산 정책에서, 핵심은 한 단어로 표현된다.

'정상화'

사실, 이 말에 모든 것이 담겨 있다. 부동산 시장에서 정상화는 어떤 의미로 해석해야 할까?

문재인 정부의 부동산 정책이 '비정상'이었다는 생각에서 출발하면 어렵지 않게 답을 찾을 수 있다. 문재인 정부는 시장 논리를 인정하지 않고, 부동산 가격을 정부의 정책과 의지로 컨트롤 할 수 있다고 판단했고, 그로 인한 부작용으로 틈새시장, 풍선효과가 발생하여 전국의 모든 종류의 부동산이 모두 폭등했다. 결국, 윤석열 정부의 부동산 정상화의 방향성은 정부가 시장을 컨트롤 할 수 있다는 오만함을 내려놓고 시장의 기능을 존중하겠다는 이야기다.

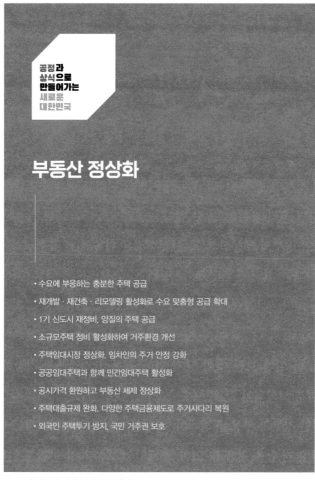

공정과 상식으로 만들어가는 새로운 대한민국

부동산 정상화

- 수요에 부응하는 충분한 주택 공급
- 재개발 · 재건축 · 리모델링 활성화로 수요 맞춤형 공급 확대
- 1기 신도시 재정비, 양질의 주택 공급
- 소규모주택 정비 활성화하여 거주환경 개선
- 주택임대시장 정상화, 임차인의 주거 안정 강화
- 공공임대주택과 함께 민간임대주택 활성화
- 공시가격 환원하고 부동산 세제 정상화
- 주택대출규제 완화, 다양한 주택금융제도로 주거사다리 복원
- 외국인 주택투기 방지, 국민 거주권 보호

● 20대 대통령 선거 국민의힘 정책공약집 중 '부동산 정상화' 부분

시장의 기능을 존중하게 되면 어떤 일이 벌어질까?

정부가 정책과 의지로 컨트롤하지 못하는 해외자본에 개방되어 있는 주식시장을 살펴보면 쉽게 답을 얻을 수 있다. 주식시장을 보면 오르는 종목은 계속 오르고, 어떤 종목은 상장폐지도 된다. 즉, 윤석열 정부의 부동산 시장은 어느 지역은 상승하고, 어느 지역은 하락하는 차별화 장세가 이어지고, 자연스럽게 지역의 양극화가 도래한다는 의미다. 즉 어느 지역은 오르고, 어느 지역은 떨어지는 '지역의 양극화'가 도래한다는 의미다.

또 하나, 주택을 보유한 다주택자가 제공하는 임대물량을 인정하면서 주택 보유에 따른 자산 양극화를 인정한다는 의미도 내포하고 있다. 양극화로부터 시작되는 차별화 장세, 부동산 시장의 정상화 시대가 열린 것이다. 이제부터는 새롭게 구성될 정책의 방향성에서 기회를 찾아 차별화된 시장을 선점해야만 한다.

문재인 정부 시절은 투자금과 용기만 있다면 부동산 투자를 했다는 이유만으로 모두가 돈을 번 행복한 시대였다. 새로 들어선 윤석열 정부 때는 투자자들의 진검 승부가 펼쳐질 것이기 때문에 제대로 공부하고 준비를 해야만 성공적인 투자를 이어갈 수 있을 것이다.

20대 대통령 선거 당시 국민의힘에서 내놓은 정책공약집 중에서, 주요 부분을 발췌해서 살펴보고 투자 관점에서 포인트를 체크해보자.

02
"시장 안정과 국민 주거수준 향상을 위해
수요에 부응하는 주택을 충분히 공급하겠습니다."

핵심 내용 : 5년간 250만 호 이상 공급(수도권 130만 호 이상)

대선 당시 윤석열 후보가 250만 호, 이재명 후보가 311만 호를 공약으로 내걸었는데, 자세히 들여다보면 윤석열 후보 쪽은 임대아파트 61만 호 공급이었지만, 이재명 후보는 기본주택 140만 호 공급이었다는 큰 차이가 있다. 주택의 총 공급수는 윤석열 대통령이 적지만, 임대아파트가 아닌 거래 가능한 분양아파트는 윤석열 후보의 공급이 더 많다는 의미다.

과거 문재인 정부의 공급정책이 숫자 채우기에 급급했다면, 윤석열 후보는 수요에 부응하는 주택을 충분히 공급하겠다고 선언한 만큼, 모두가 살고 싶어하는 도심에 주택을 공급하겠다는 전략이다. 이를 위해서는 필연적으로 민간주도의 재건축, 재개발, 리모델링 사업이 활성화시키겠다고 선언했다.

이는 매우 효율적인 정책이다. 이재명 후보의 140만 호 기본주택공급처럼 재원을 어디서 마련할 것이냐는 공격을 받을 필요가 없다. 재원은 시장경제의 논리에 따라 사업주체인 조합과 조합원들이 납부하고, 그에 따른 과실도 그들의 몫으로 돌아갈 것이기 때문에 양질의 주택공급은 획기적으로 개선될 확률이 높다.

투자 포인트

문재인 정부의 규제로 부동산 가격이 올랐다면, 윤석열 정부가 규제를 완화하고 250만 호 주택을 공급하면 부동산 가격이 떨어질 것이라고 기대하는 사람들이 많을 것이다. 하지만, 윤석열 정부의 공급책은 공공 주도가 아닌 민간 주도란 점을 잊지 말아야 한다. 공공은 손해를 보더라도 배려 차원에서 저렴하게 공급할 수 있지만, 민간은 철저히 이윤에 따라 움직일 수밖에 없다.

이는 필연적으로 정부의 규제 완화와 지원이 동반될 수밖에 없고, 이는 투자자의 입장에서는 투자하기 좋은 타이밍이 도래했음을 잊지 말아야 할 것이다.

03
"재개발·재건축·리모델링을 활성화하여
수요가 있는 곳에 공급을 늘리겠습니다."

**핵심 내용 : 재건축 정밀안전진단 기준 조정, 재건축 초과이익 환수제 완화,
분양가 규제 합리화**

윤석열 정부는 재개발, 재건축, 리모델링 사업 진행을 어렵게 하는 여러 규제를 완화하여 양질의 주택 공급량을 획기적으로 늘리겠다는 전략인데 이는 필연적으로 부작용을 동반할 수밖에 없다.

재건축, 재개발, 리모델링 사업을 하면 노후화된 주택이 사라지고, 양질의 주택이 공급되면서 주택의 가격은 올라갈 수밖에 없다.

사실 서울의 주택보급률은 2020년 기준 94.9%(전국 103.6%)이며 주택보급률에 십계된 주택들은 노후도가 심각한 반지하 빌라는 물론 도저히 실거주가 불가능한 빈집까지 포함된 수치다. 서울은 세대수에 비해 주택 수가 현저히 부족한 상황이다.

재개발, 재건축, 리모델링하면 떠오르는 노후화된 주택은 쾌적하진 않지만 주거비가 부족한 서민에게 대안이 되어 주었다. 근데, 동시다

발적으로 사업이 진행된다고 하면 대량의 주거 멸실 사태가 발생할 수밖에 없고 서민들은 당장 실거주할 집을 찾기가 어려워진다.

신규 주택은 뚝딱하고 바로 공급될 수 없는 상황이기 때문에 주거 부족현상은 상당기간 지속될 수밖에 없고, 이는 필연적으로 전세, 월세 주거비용 상승을 불러올 수밖에 없다.

윤석열 정부 시대에도 수도권 공공임대 30만 호를 준비하고 있다지만, 사실 이는 턱없이 부족할 수밖에 없다. 이는 다시금 재건축 재개발사업이 용이한 토지비용이 비싼 지역일수록 전세가격이 상승할 수밖에 없다는 걸 의미한다.

결론은 윤석열 정부가 250만 호 공급 공약을 적극적으로 추진한다 하여도, 임기 5년 내에는 실질적인 공급이 이루어지기 쉽지 않다는 의미이고, 다음 정부 시기에 양질의 주택공급을 위해 개발사업을 진행하면 대량 멸실 사태로 지독한 전세난과 주거비용 상승이란 부작용을 감내해야 한다.

규제를 완화하고 주택을 빠르게 공급하면 공급할수록 당장 거주해야 되는 주택은 감소하는 반작용이 일어날 수밖에 없다. 윤석열 대통령 임기 5년간 3기 신도시 안쪽에 위치한 서울, 수도권의 부동산 가격은 상승할 수밖에 없다.

반면, 문재인 정부의 규제로 인해 풍선효과, 틈새시장으로 각광받았던 지역과 아파트 대체상품들은 규제가 완화되면 매력이 떨어지게 될 것이고, 다시 본질적 가치가 뛰어난 곳으로 수요가 몰릴 수밖에 없는 상황임을 잊지 말아야 한다.

또한, 차기 정부에 본격적인 3기 신도시 공급, 민간주도 공급이 현실화된다면 시장은 과도한 공급으로 인해 하락장이 발생할 가능성이 높다는 걸 인지하고 매수뿐 아니라 매도 타이밍도 미리 준비해야 한다.

04
"1기 신도시를 재정비하여
차세대 명품도시로 재탄생시키겠습니다."

**핵심 내용 : 신도시 재정비사업 촉진을 위한 특별법 제정,
1기 신도시에 양질의 주택 10만 호 공급**

1기 신도시는 넘쳐나는 서울 수요를 효율적으로 분산해주었으며 살기 좋은 신도시란 이미지로 각광받았으나, 이제는 신도시라는 말이 무색할 재건축 연한이 도래하는 구도심이 되었다. 서울의 배후 신도시였던 1기 신도시는 어느덧 3기 신도시의 위협을 받는 지경에 처하게 되었다.

사실 땅값이 비싼 서울이야 시기의 차이가 있을 뿐 언젠가는 알아서 될 지역이지만, 1기 신도시의 운명이 어찌 되느냐에 따라 수도권, 지방의 재건축 가능 여부를 가늠해 볼 수 있기에 1기 신도시의 재건축 추진 여부는 많은 사람들의 관심 대상이었다. 당시 윤석열 후보는 표심을 얻기 위해 지극히 합리적인 공약을 내세웠다.

그런데 당시 윤석열 후보의 공약에서는 '장기적으로 10만 호 이상

의 주택을 추가공급' 하겠다고 하는 부분이 핵심이라 생각한다. 즉시 공급하겠다는 것이 아니라 1기 신도시가 이대로 슬럼화되지 않도록 장기적으로 준비하여 재건축을 추진하겠다는 의미이다.

실질적으로 국가적 관점으로 볼 때, 1기 신도시보다 우선으로 재건축이 추진되어야 하는 곳은 서울이다. 서울 주택의 2채 중 1채가 이미 30년을 넘은 노후주택이다. 오세훈 시장은 시장으로 부임하자마자 대규모 재건축 예정지인 강남, 목동, 잠실 등을 토지거래허가구역으로 묶어서 투자자들의 유입을 차단하는 안전장치를 걸어두었다. 하지만, 현실적으로 대규모 단지를 재건축하는 부분은 상당한 준비가 필요하고, 인근 매매, 전세가격이 크게 흔들릴 수 있다 보니 제대로 사업이 추진되지 못하고 있다.

즉, 서울과 직간접적으로 영향을 주고받는 1기 신도시가 서울과 함께 동시다발적으로 대규모 재건축을 추진하기란 현실적으로 어렵다. 물론, 지자체의 의지와 서울보다 땅값이 비싼 분당의 경우에는 시범적으로 우선 진행될 수 있겠지만, 대부분의 1기 신도시는 서울이나 분당이 먼저 진행되는 걸 보아가며 진행될 확률이 높다.

다만, 고무적인 건 이미 타이밍을 놓쳐 노후주택이 쏟아지고 있는 서울과 같은 우를 범하시 않으려는 의지가 있다는 점이다. 부족한 사업성을 보이는 1기 신도시까지 특별법을 통해서라도 사업성을 보존하여 1기 신도시가 슬럼화되도록 방치하지 않겠다는 의지를 표명한 것이다. 실질적으로 1기 신도시 재정비를 위한 이주 전용 단지를 마련한다는 말은 사실상 3기 신도시 준공 시점은 되어야 1기 신도시의 본격적 멸실이 가능하지 않을까 생각한다.

🐼 투자 포인트

투자적 관점으로 볼 때는 1기 신도시가 공약 발표 직후 기대감에 엄청난 상승세를 보이고 있는데, 공약은 공약일 뿐 아직 정책이 되지 않는다는 점을 잊지 않아야 한다. 또한, 1기 신도시 재건축이 본격적으로 추진되기 전에 특별법이 선행해야 한다는 걸 잊지 않았으면 좋겠다.

다만, 국민의힘뿐만 아니라 더불어민주당 역시 1기 신도시 특별법을 추진하려고 법안을 발의한 상태이며 두 당 모두 1기 신도시에 각종 특혜성 내용이 담겨 있어 실현가능성이 상당히 높다고 볼 수 있다.

특히, 1기 신도시의 경우 교육, 생활인프라가 잘 조성되어 있는 만큼, 노후주택의 거주 불편을 감수할 수 있다면 자녀교육을 하며 몸테크를 도전할 만한 가치가 있다. 다만, 순수 투자목적으로 진입하기에는 전세가율이 낮고 실제 사업이 추진되기까지 많은 시간이 남아있음을 감안해야 한다.

"저층 단독·다가구 주택 정비를 활성화하여 거주환경 수준을 높이겠습니다."

핵심 내용 : 소규모주택 정비사업 적극 활용

투자자가 주목해야 할 부분은, 윤석열 대통령의 공약과 정면으로 부딪치는 문재인 정부의 정책은 폐지되거나 조정될 가능성이 높다는 것이다.

윤석열 대통령 공약에서는 '문재인 정부가 야심 차게 추진했던 2.4 대책으로 공공개발을 추진하고 있으나 보상 재원, 수익성 문제로 일부 시범사업을 제외하고는 실현 가능성이 낮다'고 평가했다.

문재인 정부에서 추진해온 공공 재개발의 경우 민간에게시 토지를 수용한 후, 공공이 직접 개발을 하는 공공주도형 재개발 사업이다. 이 정책은 윤석열 정부의 민간주도 개발과 정면으로 충돌한다.

특히, 민간 재개발로 사업을 진행하기에 사업성이 떨어지는 지역의 경우 지원을 하겠다는 공약이 있기 때문에, 기존 2.4대책으로 공공개발을 추진하려 했던 단지들 중 일부는 다시 민간 재개발로 사업을 선회할 가능성이 생긴다.

투자적 관점으로 볼 때는 문재인 정부가 주도하여 공급하려 했던 공공재개발 사업지 혹은 후보지역들이 지속 가능한 사업인지 분석해봐야 할 것이고, 주민들이 공공재개발을 원하는 형태인지 민간 재개발로 다시 선회하고 싶어하는지 파악하는 것이 우선이다.

공공재개발의 최고 단점은 정책 발표 후에 매수한 투자자들의 경우 조합원이 될 수 없고 현금 청산을 당한다는 이슈가 있었다. 그러나 만약 민간재개발로 선회할 움직임이 보인다면 그동안 입지에 비해서 투자자의 관심을 받지 못했던 지역에 투자자의 관심이 고조될 것이라 생각한다.

06

"주택임대시장을 정상화하여
임차인의 주거 안정을 강화하겠습니다."

핵심 내용 : 임대차법 전면 재검토, 등록임대사업자 지원제도 재정비
매입임대용 소형 아파트(전용면적 60m² 이하) 신규 등록을 허용하고 종부세 합산과세 배제,
양도소득세 중과세 배제 등 세제 혜택 부여

윤석열 대통령은 임대차법 폐지와 같은 강경한 발언도 했기 때문에 개편이 유력시되나, 앞서 말한 것처럼 재개발, 재건축 사업이 활성화되면 임차인의 주거가 불안해지는 상황에서 임대차법이 정상화된다면 기존 임차인들의 피해는 더욱 커질 수밖에 없을 것이다.

한편, 전용면적 60m² 이하의 소형아파트 신규등록을 허용하여 부족한 임대물량을 공급하겠다는 전략인데 이는 임차인의 주거 안정에 기여하는 부분도 있겠지만, 투자 관점에서 훨씬 더 중요한 의미가 있다.

문재인 정부에서 대부분의 부동산 투자자들은 본인들이 기대했던 것 이상으로 수익을 거두었고, 이로 인해 투자자들은 더욱 더 활발한 투자를 원하고 있다. 다주택자의 수익을 직간접적으로 접한 1주택자,

무주택자도 뒤늦게 투자자로 합류하고 있다.

다주택자들은 취득세, 종부세, 양도세중과에 대한 두려움 때문에 투자 의지와 달리 실투자를 하기 어려웠다. 만약, 임대사업자 신규등록시 종부세 합산과세 배제, 양도소득세 중과세 배제와 같은 실질적인 세제 혜택이 부여된다면 다주택자들 중에 주택을 매도하려는 사람이 많을까, 주택을 추가로 매수해서 임대사업을 등록하려는 사람이 많을까?

확실한 건 이재명 후보가 팔지 않으면 징벌적 과세가 예고된 시장을 내세웠다면, 윤석열 대통령의 시대는 임대주택을 제공하는 다주택자의 역할을 존중하고 그에 따른 혜택을 부여하고 있다는 점이다. 다주택자들은 본인이 처한 상황에 따라 매도 외에 임대라는 옵션을 선택할 수 있는 기회가 생긴 것이다.

🐼 투자 포인트

투자자라면 보유하고 있는 물건 중에서 어떤 걸 임대사업으로 8~10년간 묶어두려 할까? 다음 2가지 경우로 나뉠 것이라 생각한다.

1. 서울, 수도권 재건축, 재개발 예정지
서울, 수도권 재건축, 재개발 예정지와 같은 경우 미래를 보고 투자를 하는 곳이기 때문에 현재의 가치를 대변하는 전세가격은 시간이 흐르면 흐를수록 가격이 오르기 쉽지 않다. 임대사업자 신규등록시 최장 10년간 2년 단위로 5%씩만 전세가격을 올릴 수 있다는 단점이 위협이 되지 않는다는 의미다. 반면, 미래에 대한 기대감으로 매매가격이 비싸기 때문에, 종부세 합산과세 배제와 향후 양도세 중과세 배제 혜택을 제대로 누릴 수 있다.

2. 절대적 가격이 저렴한 지방 구축아파트

절대적인 가격이 저렴하지만, 전세가격이 이미 높게 형성되어 있어 투자금이 적게 들어가는 지방 구축아파트에 대한 투자가 인기 있을 것이다. 공시지가 1억 원 이하 테마로 '플피 투자'가 유행했지만 그들 역시 재산세, 종부세는 부담이 될 수밖에 없었다. 근데 임대사업자 등록을 통해 세금 부담으로부터 자유로워질 수 있다면 더 공격적으로 적은 투자금으로 주택 수를 빠르게 늘리는 투자가 다시 유행할 수 있다.

이 2가지 투자법은 미래의 가치를 기대하고 투자하느냐, 현재의 높은 가치를 믿고 투자하느냐로 완전히 방향성이 달리한다. 이미 부동산 상승장이 장기간 지속된 상황에서 8~10년 뒤 미래가 어찌 될지는 아무도 장담할 수 없다.

나는 이미 투자해놓은 물건들의 출구전략이 중요하기 때문에 무작정 보유 물건을 눈앞의 혜택만 기대하고 임대사업자 물건을 등록하진 않을 것이다. 오히려 기존주택은 에정대로 수익실현한 후 포트폴리오를 조정하여 8~10년 뒤가 기대되는 물건을 추가 매수하여 임대사업자 물건으로 등록하려 한다.

윤석열 정부 다음의 정권 때는 3기신도시, 수도권의 대규모 재개발, 재건축, 리모델링 사업추진으로 양질의 주택이 그야말로 쏟아지는 시대가 올 것이기 때문에 하락장을 항시 대비해야 한다.

어찌 되었든 매도 외에는 답이 없었던 다주택자들에게 임대사업자 등록이라는 옵션이 부활한 것이고, 이는 추가매수라는 또 다른 선택이 활성화될 수 있음을 잊지 않아야 한다. 자금이 풍부한 다주택자에겐 아주 훌륭한 선택 옵션이 부활하게 된 것이다. 결국, 문재인 정부 때는 '똑똑한 한 채' 시대였다면, 윤석열 정부 때는 '똑똑한 두 채, 세 채, 네 채'의 시대가 도래했다.

07

"부동산세제를 정상화하겠습니다."

핵심 내용 : 부동산세제 정상화를 위한 TF구성, 취득세, 종부세, 양도세 완화

부동산세제가 정상화될 수만 있다면 무주택, 1주택, 다주택자 할 것 없이 모두가 행복해진다. 공약에 포함된 세금완화 정책을 체크해보면, '보유주택 호수에 따른 차등 과세를 가액기준으로 과세로 전환'된다면 주택의 보유수가 중요한 게 아니라 얼마짜리 주택인지가 중요해진다는 것을 의미한다.

실거주와 투자를 분리할 수 있는 공격적인 투자자라면 10년 후까지 장기적으로 우상향할 양질의 서울 재건축, 재개발 물건은 임대사업자로 등록하여 종부세 합산 배제를 받고, 절대가격이 저렴한 지방저가형 주택을 여러 채 사고팔며 매매를 지속할 것으로 보인다.

1주택자들 역시 종부세 부담까지 공시지가가 남아 있는 사람들은 1주택에 그치지 않고 주택을 추가 매수하여 다주택자로 포지션을 변

경할 확률이 높아질 것이다.

특히 취득세 부분에서도 조정지역 2주택 이상에 대한 누진 과세를 완화한다는 것은 매우 위험한 발상이라 생각한다. 야수의 심장을 탑재한 다주택자들에게 족쇄와도 같았던 취득세 8.8%, 12.4%라는 허들을 낮춰주겠다는 의미이기 때문이다.

취득세 누진 과세가 완화된다면, 그동안 취득세 1.1%로 인해 불장을 연출했던 공시지가 1억 원 이하 테마에 비해 상대적으로 가격이 덜 올랐던 공시지가 1억 원 초과 주택에 대한 투자가 늘어날 것으로 보인다.

또한, 다주택자 양도세 중과를 2년간 한시적으로 배제하겠다는 공약은 이미 인수위 차원에서 1년으로 줄어들었다. 이에 대해 공약을 추진하기도 전에 인수위 단계에서 정책을 축소한다는 것에 대해 많은 다주택자들이 반발하고 비난했다.

하지만, 이는 현실적으로 당연히 필요한 조치라 생각한다. 만약 윤석열 대통령의 공약처럼 2년의 기간이 주어진다면 다주택자들이 주택을 매도하기보다 오히려 추가 매수를 할 확률이 높다. 투자자들에게 지금 사도 2년 뒤에는 양도세 중과를 받지 않는다는 점은 대단한 혜택이기 때문이다.

한편, 다주택자들이 현실적으로 제한된 1년이란 기간 동안에 매도를 진행하기가 쉽지 않다. 무주택 실수요자 입장에서는 이미 부동산 가격이 너무 오른 상태인데다 대출금리가 높아지고 있어 주택을 매수하기가 쉽지 않다. 그리고 대부분의 다주택자 물건들은 세입자가 거주 중인 경우가 많아 1년 내 매도 타이밍을 잡기가 쉽지 않다. 이러한 이유로, 정부의 바람과 달리 다주택자의 물건이 무주택자에게로 이전되는 양은 많지 않을 것이다. 그래서 1년이 지난 뒤에는 양도세 중과 감면 기간을 연장할 확률이 높지만, 100% 확정된 사실이 아니기 때문에 다주택자들의 추가 매수를 억제할 수 있을 것으로 보인다.

한편, 종부세가 부담스러운 다주택자의 물건들이 2022년 잔금 조건으로 급매가 많이 나왔지만, 이제 바겐세일 기간이 끝났다. 다주택자는 어차피 1년치 종부세, 재산세 납부가 결정된 만큼, 급매물을 거두어들일 확률이 높다. 반면, 생애최초주택 구매자에게 취득세 면제 또는 1% 단일세율 적용이 현실화되고, 대출규제 완화가 현실화된다면 무주택자의 주택 매수 움직임이 커질 것이다.

만약, 임대사업자 제도 부활로 주거선호도가 높은 아파트들의 매매 가능한 물량이 줄어들게 된다면 매물 부족 현상에 따른 추격매수 증가로 다시금 큰 폭의 상승장이 이어질 여지가 있다. 이로 인해 가진 자의 여유와 없는 자의 초조함 현상이 심화되어 부의 양극화가 가속화될 것으로 보인다.

세금 완화 공약만 분석해 보면 무주택자, 1주택자, 다주택자 모두 추가 매수에 대한 생각과 함께 엉덩이가 들썩거릴 수 있다. 다만, 이 모든 것은 윤석열 대통령의 공약이 정책으로 현실화될 때를 전제로 한 분석이다.

취득세, 재산세, 종부세, 양도세를 모두 감면하겠다는 공약은 사실상 가장 현실성이 떨어지는 공약이라 생각한다. 물론, 공약이 정책화되어 현실화되면 좋겠지만, 투자자에게 지나치게 유리하기만 한 내용은 보수적으로 접근하는 것이 옳다고 생각한다.

실질적으로 야당의 정권 교체를 주장하는 대선 주자는 얼마든지 할 수 있는 공약이다. 다만, 이미 당선이 되어 국정을 운영하는 대통령의 입장에서 내 곳간에 돈이 줄어드는 감세 정책을 적극적으로 추진하려 할까?

부동산 관련 세금은 국세와 지방세로 나뉘어지는데, 윤석열 대통령과 직접적인 관계가 있는 국세만 한정해서 봐도 2021년 국세 총 344조1,000억 원 중 부동산 관련 세금이 57조8,000억 원이었다. 이는 2020년대비 20조 1,000억 원이나 증가한 수치이며 국세 중 부동산 세금이 차지하는 비중도 놀랍지만, 증가폭이 엄청나다는 사실을 알 수 있다.

이런 막대한 세수 확보로 인해 코로나라는 위기 상황에도 정부는 당초 목표 대비 세금을 20% 이상 더 거두어들이는 데 성공했다. 새 정부가 출범하면 정책자금이 필요한 일이 많을 텐데, 이런 세수 확보에 있어 돈줄과 다름없는 부동산 세금을 전방위에 걸쳐서 획기적으로 줄이기란 쉽지 않을 것이다. 아마도, 1주택 실거주자에 대한 세금 혜택, 무주택자 취득세 감면과 같은 보편 타당한 부분에서의 감세 정도로 우선 추진될 확률이 높다.

투자자라면 공약에 기대어 선진입하여 큰 수익을 노리겠다는 전략보다는 정책의 변화를 예측하고 준비하고 있다가 정책이 현실화되는 걸 확인하고 빠르게 움직여도 충분한 수익을 볼 수 있음을 잊지 않길 바란다.

08
"주택대출규제 완화와 다양한 주택금융 제도로 주거사다리를 복원하겠습니다."

**핵심 내용 : 생애 최초 주택가구 LTV 80% 상향,
지역과 상관없이 LTV 70% 상향, 다주택자 대출**

금리 인상이 지속되는 상황에서 가계부채 리스크는 점점 더 커질 수 밖에 없다. 이로 인해 LTV 규제는 완화하지만 DSR은 유지될 가능성이 높은 만큼, 사회초년생, 신혼부부의 경우에는 충분한 혜택을 기대하기 어렵다.

투기과열지구, 조정지역의 경우 강한 규제로 인해 상급지 갈아타기가 불가능에 가까웠지만, 이번 규제 완화로 인해 균등하게 LTV 70% 내출이 가능해진다면 그동안 억눌렸던 상급지 갈이티기가 본격적으로 진행될 가능성이 높다.

특히, 15억 원 이상 주택 매수시에는 대출을 전혀 받을 수 없었던 상식 밖의 대출 규제를 전면적으로 해지하진 못해도, 대출금지 금액 상한선을 조정될 가능성이 높은 만큼, 15~20억 원 사이의 상급지들

이 매력이 한층 높아질 것으로 예상된다. 또한, 조정지역에서는 대출 금액이 적게 나오고 비조정지역에서 실거주해야만 했던 실거주자들도 비조정지역 풍선효과로 가치가 상승된 주택을 매도하고 조정지역 내 아파트로 갈아타려는 수요가 증가할 것으로 보인다.

투자 포인트

투자자 입장에서는 주거 사다리 복원에 대한 실거주자들의 심리를 예측해야 한다. 일반적으로 실거주자들은 더 좋은 주택으로 이사 가고 싶고, 좋은 지역에 첫 집을 마련하고 싶어한다. 하지만, 정부의 규제로 인해 행동에 옮기지 못했을 뿐이다. 주거 사다리 복원이란 결국, 실거주자들의 선택이 폭이 넓어졌다는 의미이며 비조정지역, 공시지가 1억 원 이하 위주로 투자를 해왔던 투자자들이라면 향후 변화를 관심 있게 지켜봐야 한다.

결국 비조정지역, 공시지가 1억 원 이하 투자에 대한 이익실현은 현지 실거주자들이 매수를 해줘야 가능한 일인데, 해당지역을 매수하기보다 대출을 활용해 조정지역으로 이동하는 현상이 증가할 가능성이 있다.

7장

시장의 변화에
재빨리 대응하라

: 절대 실패하지 않는 투자 전략

01
변화가 몰려올 때
기회도 넘쳐난다

문재인 정부의 부동산 규제정책으로 가격이 폭등하자 윤석열 대통령은 시장에 확실한 공급을 하여 부동산 시장을 안정화시키겠다고 선언했다. 만약, 윤석열 부동산 공약이 정책화된다면 전국 부동산 시장은 안정화되겠지만, 서울, 수도권의 부동산 가격은 큰 폭으로 상승할 수밖에 없다고 판단된다.

윤석열 정부가 추진하는 공급은 다음 정권 때가 되어야 가시화되지, 현 정권 임기 5년 내 서울 도심 공급 폭탄은 사실상 불가능하다. 다주택자의 보유물량 역시 임대사업자등록이란 옵션이 생겨 생각보다 많이 나오지 않을 확률이 높다.

재개발, 재건축, 리모델링으로 인한 상급지의 주택 멸실에 따른 임대물량 감소가 가속화될 수 있고, 임대차 3법이 개정된다면 거주 불안이 심화될 수 있다. 임대사업자 제도가 부활한다면 전세 시장에 안정을 가져다줄 수 있지만, 이는 매매 가능 물건의 감소를 의미하며 매매가격은 필연적으로 상승할 수밖에 없다. 결국, 문재인 정권 임기 내내 얽히고설킨 규제의 실타래를 한 번에 싹뚝 잘라버릴 수 없을 것이다.

윤석열 정부의 부동산 시장은 뒷수습이 될 수밖에 없다. 여소야대인 상황이기 때문에 뒷수습도 쉽지 않고, 국민의 바람과 같이 매매가격과 전세가격을 동시에 안정화하려는 욕심이 담기게 된다면, 또 다른 틈새시장들이 연출되며 부작용이 발생할 수 있다.

투자자라면 현재의 부동산 시장을 안타깝게만 보고 있을 것이 아니라 투자의 기회가 넘쳐나는 이번 기회를 놓치지 말아야 할 것이다. 문재인 정권 때 투자를 결정했다는 이유만으로 돈 벌었던 다주택자는 실력이 뛰어나서 돈을 벌었다고 자만해선 안된다.

이제 윤석열 시대에 펼쳐질 부동산 공약을 분석했으니, 이를 기반으로 유망한 투자처들을 찾아보겠다.

02
서울 갭투자의 시대가 온다

대상자 : 무주택자, 1주택자

매수 타이밍 : 생애 최초 주택 구매자 취득세 면제, 지역과 관계 없이 LTV 70% 단일화

서울은 언제나 비싼 지역이다. 서울은 매매가격은 비싸지만, 전세가율은 생각보다 높지 않다. 문재인 정부가 출범한 2017년 5월 서울 아파트 전세가율은 73.01%였지만, 2020년 8월 54.27%로 3년 3개월간 하락세를 나타냈다.

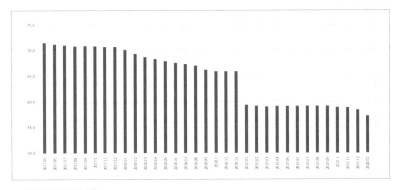

● 서울 아파트 전세가율

이후 전세가율이 상승과 반복을 하고 있으며 2021년 하반기 서울 아파트 매매가격이 조정을 받다보니, 2022년 1월에는 전세가 상승률(0.31%)이 매매가 상승률(0.23%)을 추월하는 현상이 발생했다.

그동안 서울 아파트 전세가율은 왜 낮았던 걸까? 2021년 전국 건축물 현황 통계 자료에 따르면 서울의 주거용 건축물 중 49.73%가 지은 지 30년이 넘은 노후 건물로 이루어져 있다. 서울의 미래가치는 높지만, 현재 주거환경 가치는 높지 않다는 의미이고 이는 낮은 전세가율로 확인할 수 있다. 그래서 갭투자를 하고 싶어도 사실상 갭투자를 하기 어려운 것이 현실이었다. 또한, 2017년 8.2 대책으로 인해 조정지역의 경우 1주택자도 실거주 2년을 해야만 비과세 혜택을 받을 수 있게 변해 서울 갭투자는 현저히 줄어들게 되었다.

하지만 앞으로 다음과 같은 이유로 서울 갭투자의 시대가 열릴 것으로 생각한다.

1. 서울의 주택 부족 현상

윤석열 대통령의 공약처럼 서울 내 재건축, 재개발, 리모델링, 가로주택정비 사업 등이 활발하게 추진된다면 필연적으로 기존 주택의 멸실이 동반될 수밖에 없다.

국토교통부에 따른 주택보급률을 확인해보면 2020년 기준 전국의 주택보급률은 이미 100%를 넘어서고 있지만, 서울은 가장 낮은 94.9%의 보급률을 보이고 있다.

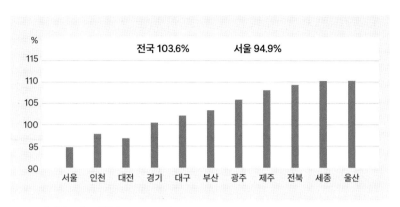

%
115
110
105
100
95
90

전국 103.6%   서울 94.9%

서울 인천 대전 경기 대구 부산 광주 제주 전북 세종 울산

● 2020년 전국 주택보급율(출처: 국토교통부)

이로 인해 신규 아파트가 건축되기까지의 공백기 동안에는 주택 멸실에 따른 전세가격이 상승할 수밖에 없다. 서울뿐만 아니라 1기 신도시도 재건축사업이 활성화된다면 서울 전세가격 상승에 영향을 줄 것이다.

2. 계약갱신청구권 만기시점 도래

2020년 8월 도입된 임대차보호법으로 인해 서울아파트는 임차인이 계약갱신청구권 사용시 5% 내에서만 전세가격을 올릴 수 있어 전세가율이 더욱 낮아졌다. 하지만, 윤석열 대통령은 임대차보호법의 부작용을 인지하고 개편을 예고한 만큼, 2022년 8월 이후부터 임대차보호법 2+2 혜택이 끝난 물건들의 전세가격이 정상화되기 시작하면 전세가율이 크게 상승할 가능성이 높다.

3. 인구 데드크로스에 따른 지방 소도시 소멸

2021년 우리나라 주민등록인구가 2만 명 줄어들어 사상 처음으로 인구수가 감소했다. 2019년부터 25개월 동안 출생자 수가 사망자 수보다 적은 '인구 데드크로스' 현상이 뚜렷하게 나타난 영향이다.

코로나 팬데믹으로 출생률은 줄고 사망자가 늘어 더 급격한 차이를 보이긴 했지만, 지난해 출생자는 27만5,815명으로 전년대비 10.65% 감소했다. 올해 처음으로 30만 명을 밑돌게 되었다. 반면, 사망자 수는 전년 대비 3.1% 늘어나 30만7,764명을 기록했다.

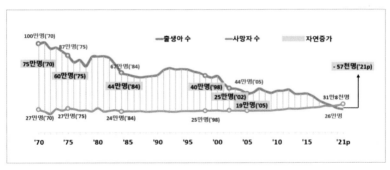

● 2021년 출생·사망 통계(출처: 통계청)

앞으로 이런 인구감소 추세는 장기화될 수밖에 없을 것이고, 지방 소도시의 소멸이 일어날 가능성이 높아졌다. 지방 소도시에 거주하는 사람들일수록 지방도시 소멸에 대한 우려가 커지고 있다 보니 외지인의 서울 주택 매수가 늘어나고 있다.

부동산 시장이 활성화되고 투자자가 늘어나게 되자, 지방거주 투자자의 생각이 바뀌고 있다. '어차피 서울에 거주할 것도 아닌데 서울은 뭐 하러 사?'에서 '여건상 서울에 거주는 못해도 서울 땅 한 평이라도 갖고 싶다'고 생각하는 투자자가 늘고 있다.

한국부동산원 통계자료에 따르면 서울 주택 외지인 매입 비중이 2016년 17.0%에서 2021년 27.1%로 가파르게 상승세를 이어가더니 2022년 1분기 기준 30.3%로 사상 첫 30%를 돌파했다.

서울에 거주하고 있는 사람들 중 10명 중 4명은 내집이 아닌 전세, 월세로 거주하고 있어 서울 주택의 매수 대기자인데, 이들뿐 아니라 외지인의 매수 증가 폭이 크다는 걸 감안했을 때, 서울의 실거주, 투자 수요가 지속될 가능성이 높다.

4. 금리 인상

한국은행은 2022년 5월 26일 기준금리를 1.75%로 4월 대비 0.25% 상승하기로 결정해 금리인상 기조를 확인했다. 이는 신용대출, 주택 담보대출에 영향을 주게 되어 대출을 활용하여 투자를 하는 경우가 많은 부동산 투자에는 악재로 평가받는다. 실질적으로 신용대출 평균 금리 4%, 주택담보대출 금리 7%대가 도래하고 있다.

이런 금리 인상 시기에는 반대로 전세금을 활용한 갭투자의 기회가 넓어진 걸 의미한다. 투자자는 주택을 세입자에게 빌려주는 조건으로 전세금을 무이자로 대출을 받게 된다. 앞서 말했던 것처럼 전세가격이 상승할수록 투자자는 투자금액을 줄일 수 있게 된다.

특히, 문재인 정부의 규제에 따른 풍선 효과로 인해 서울 부동산은 최근 타 지역 대비 상승률이 높지 않다.

　윤석열 정부의 부동산 정책은 비정상화의 정상화가 핵심이고, 이는 서울 부동산의 가치가 더욱 높아질 것이라는 걸 의미한다.

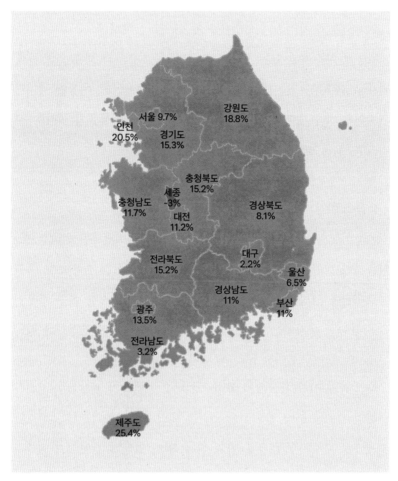

● 2021년 5월부터 2022년 5월까지 1년간 매매가격 변동률(출처: 아실)

'서울 아파트 좋은 걸 누가 몰라? 비싸니까 못 사지'라고 생각하는가?

다시 한번 강조하지만 지금 당장 거주할 집을 매수하거나, 거주할 생각이 전혀 없는 투자상품에 대해 언급한 것이 아니다. 투자자의 삶을 살기 위해 다시 태어난 상태라면 당신이 미래에 살 집을 좋은 타이밍에 매수할 것을 추천한다.

'서울은 비싸서 못 사'라는 선입견만 버린다면 서울에도 당신이 투자할 수 있는 여러 기회가 있음을 깨닫게 될 것이다.

03
저렴하게 상급지로 갈아타는
타이밍 투자

대상자 : 무주택자, 1주택자

매수 타이밍 : LTV 상한을 지역과 관계 없이 70% 단일화, 15억 초과 주택매수시 주담대 가능

상급지 신축아파트는 투자자, 실거주자 모두의 로망과도 같다. 지역을 대표하는 상급지에 거주하는 사람은 "어디 사냐?"는 질문에 지역만 언급하지 않고 아파트 단지명을 함께 이야기한다. 그만큼 지역별 상급지, 대장 아파트에 대한 수요가 넘치지만, 대출 규제 등으로 인해 사실상 상급지 갈아타기가 어려웠다.

LTV 상한을 지역과 관계없이 70% 단일화를 적용하거나, 15억 원 이상 주택도 주담대가 가능한 상황이 온다면 상급지 갈아타기를 위한 좋은 기회가 생긴다.

그럼 모두가 선호하고 좋아하는 상급지 신축아파트를 어떻게 하면 싸게 살수 있을까?

누구나 선호하는 서울 아파트 신축 물량이 대거 출몰하는 시기는 입주 2년차가 도래할 때다. 실거주 2년, 보유기간 2년을 채워서 비과세 요건을 갖춘 매물이 동시에 쏟아지게 되고, 상급지 신축아파트를 저렴하게 매수할 수 있는 기회가 생긴다.

● 서울 신축아파트 물량은 입주 2년차부터 시장에 풀린다. 현재 시점 기준 2년 전에 분양된 아파트를 검색해보자.(출처: 닥터아파트 입주캘린더)

특히, 2020년 8월 임대차3법 도입으로 계약갱신청구권과 전월세상한제가 적용되며 저렴하게 매수할 수 있는 기회가 더욱 커졌다.

투자자, 실거주자 모두가 만족하는 신축아파트라 할지라도 입주장에는 매매, 전세 물량이 늘어나게 되고, 넘치는 물량으로 인해 인근 구축 대비 전세가격이 저렴한 경우가 빈번하다. 보통 이런 경우 2년 뒤 전세가격이 큰 폭으로 상승하는 경우가 대다수인데, 2020년 8월 이후부터는 계약갱신청구권으로 인해 사실상 불가능해졌다.

결국, 2020년 8월 이후 준공되어 입주한 아파트의 경우 최장 4년간 낮은 전세가격을 유지할 수밖에 없게 되었다. 이로 인해 커다란 부작용이 발생되었는데, 신축아파트 단지 내 계약갱신청구권을 사용한 임차인의 전세금과 신규 계약하는 임차인의 전세금이 2배 가까이 차이가 나는 전세 이중가격 현상이 발생한 것이다.

상급지 갈아타기를 노리는 사람이라면 이를 기회로 삼을 수 있어야 한다.

전세입자 계약만기 6개월 전에 잔금을 치러 실입주를 하거나, 계약갱신청구권을 이미 사용했거나 사용할 예정이라 전세금을 5%밖에 올리지 못하는 점을 어필하여 시세보다 저렴하게 매수할 수 있다.

또한, 1세대 1주택 임대인의 경우 2021년 12월 20일부터 2022년 12월 31일까지 직전 계약 대비 5% 이내로 전세금을 올릴 경우, 상생임대인으로 1주택자 양도소득세 비과세 특례 적용을 받기 위한 실거주 요건 2년 중 1년을 충족한 것으로 인정하고 있다.

상급지 갈아타기를 노리는 1주택자는 이 제도를 활용하면 매우 유리한 장점이 있다.

신축아파트는 입주 후 2년, 4년 단위로 매매, 전세물량이 쏟아져 가격이 조정을 받게 된다. 이는 비과세 요건 2년, 전세계약도 2년 단위로 연장되기 때문이다. 근데 위와 같이 매수 후 임차인이 계약갱신청구권을 사용한다면 실거주 1년만 하고 매도가 가능해지기 때문에, 매매, 전세 물량이 넘치는 시기를 피해서 매도계획을 세울 수 있게 된다.

즉, 내집을 팔아 생긴 목돈으로 갭투자를 하는 대신, 실제 입주하는 시점을 2년 뒤로 미루고, 입주할 아파트 인근에서 2년간 월세로 거주하며 버틴다면 아이들 교육환경의 변화를 최소화하며 상급지 갈아타기를 저렴하게 할 수 있을 것이다.

한편, 조금 더 저렴하게 서울 신축아파트 갈아타기를 하고 싶다면, 문재인 정부의 규제정책 시점을 활용하면 더 좋은 기회를 잡을 수 있다.

2017년 5월 문재인 정부가 출범했다. 문재인 정부는 출범 후 1달 만인 2017년 6월 19일 부동산 대책을 발표했다. 서울, 부산 등 일부 지

◆ 강남 4개구 외 **21개구 민간택지**에 적용되는 **전매제한기간**을 현재 1년 6개월에서 **소유권이전등기시**까지로 강화

⇒ **서울 전 지역**의 전매제한기간을 **소유권이전등기시**까지로 적용

< 전매제한기간 조정 내용 >

서울 내 기초지자체	택지 유형	조정 전	조정 후
강남 4개구 (강남,서초,송파,강동)	민간	소유권이전등기시	소유권이전등기시
	공공		
강남 4개구 외	민간	**1년 6개월**	
	공공	소유권이전등기시	

● 서울 25개구 전 지역 분양권 전매금지(출처: 국토교통부 자료)

역이 국지적으로 과열되고 있으며, 청약시장도 과열되고 있다고 판단, 서울 25개구 분양권 전매를 금지시켰다. 사실상 2017년 6월부터 서울은 분양권 거래를 목적으로 한 단기투자자의 유입은 차단되었다고 볼 수 있다.

그러나 여기에는 중대한 틈새가 있었으니, 분양권 청약 중 추첨제가 여전히 남아 있다는 점이었다. 1주택자라 할지라도 투기과열지구 내에서 당첨의 기회가 있었고, 이는 서울 25개구 신축아파트를 보유한 2주택자가 발생한다는 걸 의미한다. 2017년 8월 2일 대책이 발표되면서 투기과열지구 내 85m² 이하의 경우 100% 가점제로만 당첨자를 선발했고, 이때 이후부터는 철저히 분양권 시장은 무주택 실거주자 위주로 흘러갔다.

구 분	< 민영주택 가점제 적용비율 >			
	85m² 이하		85m² 초과	
	현 행	개 선	현 행	개 선
수도권 공공택지	100%	100%	50% 이하에서 지자체장이 결정	
투기과열지구	75%	**100%**	50%	50%
조정대상지역	40%	**75%**	0%	**30%**
기타 지역	40% 이하에서 지자체장 결정		0%	0%

(국민주택은 공급물량의 100%를 순차제 방식으로 무주택세대에 우선적으로 공급 중)

여기서 투자 기회가 발생한다.

윤석열 정부는 다주택자 양도세 중과를 한시적으로 배제하기로 했다. 이 경우 서울 내 2주택 보유자로 종부세, 양도세 중과세율로 고통받고 있던 다주택자의 매물이 나올 수 있다.

2023년 6월 1일 전까지는 다주택자 급매물이 나올 수 있는 만큼, 분양캘린더를 통해 2017년 8월 2일 대책 전 분양했던 아파트 단지를 검색해서 급매를 노려보면 좋은 값에 매수를 할 수 있을 것이다.

• 2017년 8월 2일 대책 전 분양했던 아파트 단지를 검색하면 급매 물량을 확인할 수 있다.(출처: 닥터아파트 입주캘린더)

실제 하나의 사례를 들어 보겠다.

강동구 고덕그라시움 아파트의 경우 2016년 10월 분양한 4,932세대 대단지 아파트다. 고덕그라시움의 경우 청약 관련 규제가 전혀 적용되지 않았던 단지로서 85m² 이하 평형의 분양권은 60%가 추첨제로 당첨되었다. 심지어 85m² 초과 세대의 경우 100% 추첨제로 뽑았으며 일반분양분도 2,010세대로 상당히 많았던 단지이다. 또한, 6개월 뒤 분양권 전매가 가능했으며, 발코니 확장 무료, 중도금 무이자 등 파격 혜택으로 인해 아파트 분양가의 10%인 계약금만 납부하면 입주시점까지 돈 들어갈 일이 없는 단지였다.

또한, 분양 이후 부동산 시장이 상승장으로 전환되며 2019년 9월 입주시점에는 아파트 가격이 많이 상승하여 전세입자에게 받은 전세금을 활용하면 중도금 60%와 잔금 30% 총 90%에 해당하는 잔금을 거의 마련할 수 있을 정도였다.

2021년 9월에 입주 2년차가 되자 비과세 혜택을 받고 매도하는 경우도 발생하고, 임차인이 계약갱신청구권을 사용하여 전세가격이 싸게 책정되어 있는 물건들이 급매 형태로 싸게 나오고 있다.

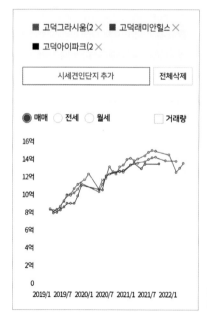

● 고덕그라시움, 고덕래미안힐스테이트, 고덕아이파크 59타입 매매가 변동 그래프(출처: 아실)

실제로 고덕그라시움의 경우 인근 고덕래미안힐스테이트, 고덕아 이파크에 비해 거의 매매가격이 낮았던 적이 없는 지역 내 대장 단지 인데, 최근 더 저렴한 매물이 나오고 있다.

고덕그라시움 137동
매매 13억 2,000
아파트 · 82A/59㎡, 저/9층, 남향
강덕초 입주일매매 입주일협의가능 강추매물 9호선연장호재
고덕명가공인중개사사무소   알터 제공
확인 22.05.13.

고덕래미안힐스테이트 209동
매매 13억 9,000
아파트 · 82P/59㎡, 9/34층, 남서향
24.원입주매물 확장형 시스템에어컨1.편한입주가,집보러오세요
스마트 공인중개사 사무소   매경부동산 제공
확인 22.05.17.

● 출처: 네이버 부동산

심지어 에스지신성건설이 가로주택정비사업으로 시공한 100세대 아파트인 고덕아르테스미소지움의 경우 59타입 호가가 13.5억 원인 것을 감안하면 고덕그라시움 59타입이 저평가되어 있음을 판단할 수

[아파트] **고덕아르테스미소지움** ☆
100세대 / 총 3층 / 2022 02 / 80.57㎡ ~ 112.2 ㎡
매매가 13억 3,000~17억 5,000
전세가 7억~8억 5,000

| 단지정보 | 시세/실거래가 |

| 매매 ∨ | 전체면적 ∨ | 전체동 ∨ |

랭킹순   최신순   가격순   면적순   동일매물 묶기

고덕아르테스미소지움 102동
매매 14억
아파트 · 80B/59㎡, 3/12층, 남서향
황금노선9호선착공 · 에4 풀옵션 한영중고
삼원공인중개사 부동산써브 제공
확인 22.05.18.

고덕아르테스미소지움 102동
매매 13억 5,000
아파트 · 80B/59㎡, 저/12층, 남서향
초역세권 투가가치9호선한영고덕프리미엄 실거주만족도 모두충족
참좋은공인중개사사무소 : 매경부동산 제공
확인 22.05.12.

● 출처: 네이버 부동산

있다.

이 같은 현상은 고덕그라시움을 보유하고 있는 2주택자가 많다는 걸 의미하고, 종부세가 부담되는 다주택자들은 윤석열 정부의 양도세 중과 배제 정책이 시행된 만큼, 2023년 2~5월 양도세와 종부세 혜택을 보기 위해 더 많은 물건이 나오게 될 것이고, 이런 시기에 급매물을 노린다면 좋은 타이밍에 투자할 수 있을 것이라 생각한다.

● 실제로 고덕그라시움의 매물이 압도적으로 많다.(출처: 아실)

상급지 갈아타기는 투자자가 갈아타는 시기를 정할 수 있다는 장점이 있다. 내가 원하는 시기에 원하는 단지로만 갈아타기를 고려하게 되면, 내집은 싸게 팔고 상급지는 비싸게 매수할 수밖에 없게 된다.

앞서 알려주었던 공식을 대입하여 2017년 8월 2일 이전에 분양했으며 입주 2년차가 도래하거나 지난 단지들을 선별하여 적극적으로 임장을 다니다 보면, 현재 시세보다 저렴한 급매물을 구할 수 있음을 잊지 않길 바란다.

한편, 상급지 갈아타기를 할 때, 내집을 팔고 갈아타는 경우도 있지만, 일시적 1세대 2주택 비과세 요건을 활용하여 갈아타는 경우도 있다. 다만, 기존 1세대 2주택(2주택 모두 조정대상지역) 비과세 혜택을 받기 위해서는 신규주택 취득일로부터 1년 내 종전 주택을 양도하고, 세대원 전원이 신규주택에 전입해야 하는 조건이 있어 갈아타기가 상당히 까다로웠다.

그러나 2022년 5월 9일 기획재정부에서 요건 완화를 발표하여 종전주택 양도기한을 1→2년으로 완화하고, 세대원 전원 신규주택 전입 요건을 삭제했기 때문에 상급지 갈아타기를 할 수 있는 기회가 열렸다.

04
단기 몸테크를 활용한 리모델링 투자

대상자 : 무주택자, 1주택자

매수 타이밍 : 리모델링 추진법 제정, 리모델링 사업 활성화

윤석열 정부의 민간 주도 공급정책으로 인해 재건축, 재개발 구역의 경우 이미 미래에 대한 기대감으로 인해 이미 가격이 높게 형성되어 있다. 또한, 어느 정도 사업이 진행된 구역의 경우 전매가 불가능하거나, 토지거래허가구역으로 묶여 있어 사실상 갭투자 불가 지역도 있다.

윤석열 정부의 민간 주도 공급정책에 하나의 축으로 차지하는 것이 리모델링 사업이다. 리모델링 사업의 경우 아직 확실한 성공 모델이 자리잡기 전이기 때문에 기회가 있다. 이제 막 토지가격이 비싸지만, 용적률이 높은 중층 아파트 단지들이 하나둘 리모델링을 시작하고 있다.

다만, 건축물의 내력벽을 유지한 채 일부 증축 및 내부 평면 개선

을 통해 주거 여건을 개선하는 사업이다보니 재건축에 비해 개발과정에서 제약이 많다. 이로 인해 재건축 대비 가치상승이 크지 않은데, 공사비의 경우에는 내력벽을 유지한 채 철거와 공사를 진행하다보니 재건축보다 오히려 더 비싼 경우도 발생하고 있다.

주거환경연구원 조사 결과에 따르면 2021년 재건축사업의 평당 공사비는 499만 원인데, 리모델링사업의 경우 평당 공사비가 562만 원으로 더 비싸게 나왔다.

실제로 2021년 삼성래미안에서 수주한 강동구 고덕아남아파트의 경우 삼성래미안으로 리모델링되는데, 독창적 외관 디자인, 스카이라운지, 커뮤니티 특화 설계 등 고급화를 적용하여 평당 공사비를 669만 원으로 적용했다. 이는 서초구 래미안원베일리 조합원 간 큰 이슈로 작용했던 평당 공사비 583만 원보다도 훨씬 큰 금액이다. 또한, 106세대 규모의 청담신동아아파트의 경우 평당 799만 원 공사비를 제시한 롯데건설을 시공사로 선정했다. 100세대 규모로 소형 아파트이지만 롯데의 하이엔드 브랜드인 '르엘'을 달 정도로 고급화를 추진하는 것으로 보인다.

어떻게 이렇게 믿기 힘들 일들이 벌어지는 걸까? 리모델링 사업의 장점도 상당히 많기 때문이다.

준공 후 30년이 지나야 재건축 추진이 가능한 것에 비해, 리모델링은 15년 만 지나도 추진 가능하다. 또한, 재건축 초과이익 환수제, 조합원 지위 양도제한 등 재건축의 여러 규제를 피할 수 있다는 장점이 있다.

특히, 이미 용적률을 최대치까지 끌어서 준공한 아파트들의 경우 재건축을 하더라도 추가로 세대를 늘릴 수 없어 사업비 증가분을 고스란히 조합원이 부담해야 되는데, 리모델링의 경우 용적률 관계없이 최대 3개층, 기존 세대수 15% 이내 증가가 허용되기 때문에 일반분양분을 만들어낼 수 있다.

서울 신축아파트는 선호도가 높은데, 서울 재건축의 경우 여러 규제의 여파로 답보 상태에 있는 곳이 많다. 반면 리모델링은 사업 추진이 비교적 원활하여 단기간에 사업이 성공적으로 진행되고 있다.

투자자라면 이 점을 주목해야 한다. 이미 리모델링이 추진되고 시공사까지 선정된 단지에 프리미엄을 주고 진입하는 것보다는 앞으로 리모델링 사업이 추진될 만한 가능성이 높은 곳에 실입주하여 버티다 리모델링 조합설립, 시공사 선정 등 시장의 관심을 받을 만한 이벤트가 진행되면 좋은 타이밍을 봐서 매도하고 나오는 방법도 있을 것이다.

그럼, 리모델링 사업을 추진하기에 좋은 단지는 어디일까? 사업이 추진되고 있는 사례들을 분석해보았다.

- 준공된 지 25년 전후 300세대 미만 용적률 250% 이상 아파트

- 초역세권 위치, 초등학교, 중학교 인근에 위치

- 복도식 아파트, 주차공간 협소, 84타입 이하 소형 평수 위주

- 리모델링 사업이 추진 중인 단지의 인근 위치

- 민간택지 분양가 상한제가 대상지역(서울 18개구 309개동)에 위치

● 리모델링 사업지 검색을 위한 필터링 값(출처: 호갱노노)

이중 가장 중요하다고 생각하는 건, 300세대 이하 단지 여부다.

사실 대부분의 투자자, 실거주자 모두 대단지를 선호한다. 기존 세대수에서 10~15% 정도만 가구수를 증가할 수 있는 리모델링 사업의 특징을 감안하면, 300세대 이하 단지는 리모델링 사업이 끝나도 330세대 내외가 되므로 선호도가 떨어지는 단지가 될 수밖에 없다.

다만, 투자 관점에서 중요한 부분은 29세대를 분양하게 될 경우 HUG 주택도시보증공사의 분양가 상한제를 적용받지 않는다. 즉, 분

양가를 원하는 만큼 받을 수 있는 것이다. 또한, 전매가 자유롭게 되기 때문에 일반분양자들의 경우 실입주가 아닌 프리미엄을 받고 매도를 할 수 있다.

실제로 서초구 반포래미안원베일리의 경우 분양가 상한제 적용을 받아 평당 분양가 5,653만 원에 분양했는데, 입지나 규모 등 모든 면에서 열위인 송파더플래티넘의 경우 평당 5,200만 원에 29가구를 분양하여 고분양가 논란이 있었지만 청약 최고경쟁률은 2,797대 1로 완판되었다.

송파더플래티넘의 흥행 이유는 다름아닌 매직 넘버 '29'에 있었다. 기존 299세대 규모 오금아남아파트를 리모델링하여 29세대 늘려 328세대로 준공되기 때문에 모든 규제를 피해 갈 수 있었기 때문이다.

이로 인해 더욱 진화한 케이스가 나오게 되는데, 국내 첫 수직 증축 리모델링 단지인 송파성지아파트의 경우 당초 42가구를 증축하기로 했으나, 분양가상한제를 피하기 위해 자발적으로 29가구로 분양 가구수를 줄였다. 13가구나 줄이는 게 과연 사업성이 더 좋을까 의문스러울 수도 있겠지만, 송파성지아파트가 리모델링하는 잠실더샵루벤의 경우 평당 분양가 6,500만 원을 책정했다.

실제로 전용 106타입 일반분양가는 26.5억 원이었으며 이는 송파역을 사이에 두고 마주보고 있는 2018년 입주한 9,510세대 메머드급 단지인 송파헬리오시티의 110타입 매매 실거래가 26.5억 원에 맞먹는 수준이었다. 더구나, 엄밀히 말하면 헬리오시티의 전용면적이 더 크기 때문에 잠실더샵루벤의 분양가가 더 비쌌다.

● 잠실더샵루벤은 송파역을 사이에 두고 송파헬리오시티와 불과 500미터 거리에 있다.(출처: 네이버 부동산)

　잠실더샵루벤은 2022년 4월 일반분양을 했는데, 고분양가 논란에도 불구하고 평균경쟁률 252대 1을 기록하며 청약을 마감했다. 실질적으로 입주시점에 어떻게 평가될지 여부는 차차 지켜봐야겠지만, 29세대 분양이 가진 힘은 실로 놀라울 수밖에 없었다.

　나는 호갱노노로 필터를 걸어 대상지를 선정한 후, 리모델링 관련 움직임이 있는지를 일일이 체크해 보았다. '이야기'를 클릭해서 리모델링이라고 검색어만 입력해도, 사업에 대한 움직임을 지켜볼 수 있다.

리모델링 사업이 추진되려면 일단 주민 모두가 현재 거주지에서의 삶이 불편해야 한다.

아파트 임장시 1층 입구 게시판에 리모델링과 같은 움직임이 보이는지, 아파트 단지 상가 내 위치한 공인중개사무소에서 리모델링 가능성을 물어보고, 주민 간 리모델링 사업 추진을 위한 단톡방을 개설하고 홍보 활동을 하고 있는지 여부 등을 체크하여 사업 가능성을 체크할 수 있어야 한다.

그동안 300세대 정도되는 아파트 단지는 철저히 시장의 관심에서 벗어나 있었다. 연식도 오래되었고, 용적률까지 높은 단지라면 더욱 더 관심 밖이었던 곳이다. 하지만, 이미 서울 강남 측은 리모델링 사업이 적극적으로 추진되고 있고, 29세대 마법의 룰을 활용한 단지들이 초고가 분양에도 불구하고 완판되는 사례를 보면 투자 기회는 앞으로도 계속 생겨날 것이라 판단된다.

리모델링 사업의 분담금이 부담되어 사업 추진에 반신반의하고 있던 300세대 아파트 단지들이 그동안 소외받았던 설움을 극복하기 위해서라도 리모델링 사업에 적극적으로 나설 가능성이 높다.

물론, 29세대 편법을 활용한 고분양 리모델링 사업이 지속된다면 정부에서 대책을 마련할 수도 있기 때문에 옥석을 가려가며 투자해야겠지만, 아직 상대적으로 덜 오른 곳을 찾아서 몸테크를 한다면 오랜 기간 동안 희망고문으로 버텨야 하는 재건축, 재개발 사업과 달리 단기간에 좋은 매도 타이밍을 잡을 수 있을 것이다.

리모델링 사업단지의 고액 일반분양 전략은 사실 분양시장이 좋을 때만 먹힐 수 있는 전법이다. 분양시점에 부동산 시장 분위기가 좋지 않다면 미분양에 따른 피해를 소수의 조합이 떠안아야 할 수 있다. 특히나 리모델링 사업의 경우 일반분양 가구수가 29가구밖에 되지 않고, 임대주택 증가에도 도움이 되지 않는다면, 정부와 서울시에서 반대로 재건축, 재개발 사업을 우선 추진할 수도 있는 가능성을 염두에 두어야 한다.

또한, 싸다는 이유만으로 무조건 매수하지 않길 바란다. 300세대 미만 소단지의 구성원들이 나이 지긋하신 어르신들로만 이루어져 있다면, 리모델링 사업이 생각보다 쉽지 않을 수도 있다.

결론적으로, 보수적인 관점으로 리모델링 가능성이 높은 단지인지 여부를 다각도로 확인하고 진입하자.

05

규제 완화 시점을 노린 타이밍 투자

대상자 : 무주택자, 1주택자, 다주택자
매수 타이밍 : 조정지역 해제, 임대사업자 제도 부활, 다주택자 취득세 중과 완화

문재인 정부의 다양한 규제책으로 인해 각종 규제가 어느 시점부터 시작했는지 알기도 쉽지 않다. 여러 규제 중 투자자에게 민감한 것 중 하나는 조정지역일 것이다. 비조정지역에서 조정지역으로 바뀌면 실거주자, 1주택자, 다주택자 할 것 없이 모두가 악영향을 끼칠 수밖에 없다.

2020년 6월 17일 인천 중구 무의동에 위치한 작은 섬이자 무인도인 실미도가 조정대상지역으로 지정되었다. 실미도는 영화를 통해 북파 부대원들이 있었던 무인도로 인지하고 있던 터라 수많은 패러디와 함께 세밀하지 않은 부동산 규제정책을 비난했던 사례가 있을 정도로 전국적으로 웬만한 곳은 다 조정지역으로 묶여 있다.

사실, 북한 빼고 남한 전부 조정지역으로 묶어 버리는 것처럼 한날

한시에 전부 묶을 수 없는 이상, 조정지역이 결정되면 인근 비조정지역으로 투자 수요가 몰려가는 풍선 효과가 발생할 수밖에 없었고, 이로 인해 전국 집값이 다 오르고 조정지역도 다 지정될 수밖에 없었다.

하지만, 2021년 말부터 부동산 가격이 조정장세로 들어가며 현지 거주하는 실거주자 보호 차원으로 조정지역 해제를 요청하는 지자체가 늘어나고 있다. 대구, 울산, 광주, 광양, 순천, 동두천, 양주, 파주, 김포, 천안, 청주 등 많은 지역에서 조정지역 해제를 요청하고 있다. 이 지역들은 최근 미분양이 크게 증가하거나 수개월간 평균 매매가격이 마이너스를 보이는 지역들이다.

규제일변도였던 문재인 정부와 달리 윤석열 정부라면 서울, 1기 신도시의 재건축, 재개발, 리모델링 사업을 활성화하는 타이밍에 맞춰 지방 도시들의 규제도 완화해줄 가능성이 있다.
만약 비조정지역으로 풀리게 된다면 인근조정지역, 비조정지역 가격 흐름을 참고한다면 매수 타이밍이 올 수 있다.

지역에 대한 예를 들자면 동두천시의 경우 서울 접근성이 떨어지는 지역으로 경기도 중에서도 가격상승폭이 더딘 곳이었다. GTX C노선 관련 호재로 양주시, 의정부시의 가격이 높아지자 정부는 2020년 6월 두 도시를 조정지역으로 지정했다. 그리고 마침내 투자 수요가 동두천시로 유입되기 시작한다. 동두천시 지행동에 있고, 지행역 도보

역세권인 송내 주공2단지의 가격 흐름을 체크해보자.

지행역은 GTX C노선 정차역인 덕정역에서 1정거장 떨어진 역으로 GTX C노선의 간접 수혜지역이기도 하다.

실제로 2020년 6월부터 흐름을 보면 조금씩 상승하기 시작했고, 2020년 12월부터 강한 거래량을 동반한 상승세가 이어졌다. 그리고 불과 6개월이 지난 2021년 6월 동두천시도 조정지역으로 선정되면서 거래량이 뚝 끊기게 되었다.

하지만, 최근 가격이 조정받으며 거래가 소폭이지만 발생하고 있는데, 이는 해당아파트가 조정지역임에도 불구하고 2021년 공시가격이 1억 원 이하인 단지라 2022년 4월 28일까지 잔금을 치를 경우 공시지가 1억 원 이하이기 때문에 다주택자도 취득세 1.1%로 매수할 수 있기 때문이다.

동두천시의 아파트들은 대부분 2022년 기준 공시지가가 크게 상승했다. 따라서 2022년 4월 29일을 넘어서면 공시지가가 1억 원을 초과하여 조정지역 취득세 중과 대상이 되기 때문에 다시금 투자 수요가 줄었다.

만약, 동두천시가 비조정지역이 될 수 있다면 좋은 투자 타이밍이 될 수 있을 것이다. 윤석열 대통령의 공약 중 GTX C노선을 덕정역에서 동두천시까지 연장하는 방안이 포함되었는데, 동두천시는 노선 연장에 필요한 530억 원을 지자체에서 전액 부담하겠다고 선언하며 강한 의지를 보이고 있다.

아직, 구체화되고 있지 않지만, 원희룡 국토교통부 장관 역시 2022년 4월 GTX 공사현장을 방문하여 "경기, 인천 시민들에게 서울 출퇴근 30분대 꿈을 이뤄드리겠다", "GTX를 확대해 수도권 내 주거입지 격차를 해소하고 주거 안정에 도움이 될 수 있도록 하겠다"고 덧붙인 만큼, 향후 연장 가능성을 관심 갖고, 수혜지역이 어디가 될지 미리 임장을 다니며 준비한다면 조정지역 해제, GTX 연장 확정과 같은 이벤트 발생시 즉시 매수하여도 충분히 수익을 기대할 수 있을 것이다.

동두천시와 같은 소규모 도시를 투자할 때는 해당 도시의 인구 변화 추이와 입주물량만으로 투자 여부를 판단해선 안 된다. 동두천시 전입, 전출 내역을 확인해보면 서울, 양주, 의정부와 상호작용함을 알 수 있다. 동두천과 가까이 있는 양주시의 회천 신도시는 120만 평 규모에 2만 세대 공급이 예정되어 있다. 인구 9만 명의 동두천시 입장에서 볼 때, 상위 입지의 공급 물량은 부담이 클 수밖에 없다.

하지만, 교통이 불편한 양주, 동두천에 있어 GTX의 파급력이 큰 만큼, 덕정역 인근 구축아파트의 시세 변화를 항시 모니터링하고, 회천신도시의 공급속도, 분양가, 청약경쟁률 등을 체크한다면 동두천의 투자 타이밍을 잡을 수 있을 것이다.

06
공시지가 1억 초과 아파트 기회가 온다

대상자 : 무주택자, 1주택, 다주택자
매수 타이밍 : 다주택자 취득세 중과 완화, 공시지가 1억 원 이하 취득세 중과 예외 폐지

2020년 8월 12일부터 다주택자 취득세 중과 시행과 함께 부동산 시장은 공시지가 1억 원 이하냐 초과냐 여부에 따라 투자자의 관심이 180도 바뀌게 되었다. 2020년 기준 공시지가 1억 원까지는 취득세를 110만 원 내면 되는데, 공시지가가 1억1만 원이면 1,240만 원으로 1,100만 원 이상 상승한다.

이로 인해 2020~2022년 2년간 공시지가 1억 원 이하는 투자자의 관심을 한몸에 받으며 기세 좋게 상승세를 이어갔지만, 2020년 기준 공시지가 1억 원을 갓 초과했던 물건은 투자자에게 철저히 외면당했다. 그러다보니 아이러니한 상황이 연출되기 시작했다. 양주시 덕정동에 위치한 덕정 주공2단지 아파트 사례를 예로 들어 보겠다.

덕정 주공2단지는 2000년 11월 준공한 1,935세대 대단지 아파트이며 49타입, 59타입 소형 평형 위주로 단지가 구성되어 있다. 단지 인근을 초등학교, 중학교가 둘러싸고 있는 만큼 아이들 키우는 부모가 선호하는 단지다. 또한, GTX C노선이 덕정역에 정차를 하기 때문에 향후 서울 접근성이 획기적으로 좋아질 지역이기도 하다.

교통망 개선은 투자자, 실거주자 모두의 관심을 받기에 충분했고, 상대적으로 물리적으로 서울접근성이 떨어져서 주공아파트임에도 불구하고 2000년에 준공된 아파트인데 공시지가 1억 원 이하 물건이 있던 곳이다.

동일한 연식의 아파트 단지 내 2가지 타입의 아파트가 있다.

● 복도식, 방2, 화장실1, 49타입 vs 계단식, 방3, 화장실1, 59타입(출처: 네이버 부동산)

초, 중, 고등학교로 둘러 쌓여 있는 단지의 특성상 아이를 키우는 학부모 입장에서 볼 때, 방 3개와 방 2개의 차이는 크다. 또한 계단식 아파트가 방음, 사생활, 보안, 난방에 있어 복도식 아파트보다 비교우위에 있다.

즉, 투자자가 아닌 실거주자 입장에서 봤을 때는 59타입 선호도가 훨씬 높을 수밖에 없고 이는 당연히 시세에도 영향을 줄 수밖에 없다.

49타입과 59타입 두 단지의 매매 시세의 변화를 보면, 2020년 8월 전까지는 두 단지의 가격 차이가 일정한 격차를 두고 안정적인 흐름을 보였다. 하지만, 2020년 8월 이후부터 투자 수요가 몰리기 시작하면서 두 타입 모두 가파르게 상승했고, 두 평형대의 갭은 극히 좁혀졌다.

● 49타입 VS 59타입. 오랜 기간 유지해왔던 갭의 장벽이 허물어졌다.(출처: 아실)

보다 자세히 확인하기 위해 2개 타입별 평균시세 가격차이를 비교해보면, 과거 3,000만 원 정도, 약 20%의 차이를 형성하고 있었다.

거래년월	49타입	59타입	가격차이
20년 08월	12,890만	15,533만	-2,643만
20년 07월	12,123만	15,448만	-3,325만
20년 06월	12,581만	15,600만	-3,019만

● 다주택자 취득세 중과전 공시지가 1억 원 이하 VS 공시지가 1억 원 초과

가장 최근의 데이터만 확인해보면 두 타입별 차이는 불과 750만 원에 불과하다.

거래년월	49타입	59타입	가격차이
22년 03월	28,000만	28,750만	-,750만

● 다주택자 취득세 중과후 공시지가 1억 원 이하 VS 공시지가 1억 원 초과

갑자기 지난 1~2년 사이에 사람들의 선호도가 바뀐 걸까? 매매가격의 변화는 실거주자뿐 아니라 투자자가 유입된 가격이기 때문에 시장가격이 왜곡될 수 있다고 생각한다.

그럼 취득세와는 전혀 관계없는 전세가격의 흐름의 차이를 비교해

보면 어떨까?

2020년 8월 전 전세가격의 차이는 2,000만 원 내외 차이를 보이고 있다.

거래년월	49타입	59타입	가격차이
20년 08월	10,500만	12,150만	-1,650만
20년 07월	10,333만	12,437만	-2,104만
20년 06월	10,500만	12,288만	-1,788만

• 전세가격 추이

이 역시 가장 최근 데이터를 체크해보면 7,600만 원의 차이를 나타내고 있다. 사실 공시지가 1억 원 이하 갭투자의 투자금을 줄이기 위해 올 리모델링을 하고 전세가격을 높게 받는 경우가 많아 개별 거래 내역으로 보면 49타입도 높은 전세금액을 받은 경우도 있지만, 59타입에 비해 평균거래가격은 현저히 낮다.

거래년월	49타입	59타입	가격차이
22년 04월	12,214만	18,633만	-6,419만

• 전세가격 추이

왜 이런 현상이 벌어지게 된 것일까? 해답은 의외로 간단하다.

주공2단지 59타입 25층 건물 중 10층 이상 세대의 경우 2020년 기준 이미 공시지가 1억 원을 넘어서고 있었다.

공시기준일	단지명	동명	호명	전용면적(㎡)	공동주택가격(원)
2022.1.1	주원마을(주공2단지)		산정기초자료	59.42	194,000,000
2021.1.1	주원마을(주공2단지)			59.42	115,000,000

⊡ 2022년 1.1기준 공동주택가격　⊡ 열람지역 : 경기도 양주시 고암길 306-40(양주시 고암동 121-2)

● 주공2단지 59타입 공시지가(출처: 공시지가 알리미)

즉, 투자자의 관심은 철저히 49타입에만 집중될 수밖에 없었던 것이다.

공시기준일	단지명	동명	호명	전용면적(㎡)	공동주택가격(원)
2022.1.1	주원마을(주공2단지)		산정기초자료	49.71	163,000,000
2021.1.1	주원마을(주공2단지)			49.71	94,200,000

⊡ 2022년 1.1기준 공동주택가격　⊡ 열람지역 : 경기도 양주시 고암길 306-40(양주시 고암동 121-2)

● 주공2단지 49타입 공시지가(출처: 공시지가 알리미)

공시지가 1억 원 이하 테마는 여전히 강한 에너지를 보이고 있지만, 여러 변수에 취약하다는 단점을 갖고 있다.

'공시지가 1억 원 이하 주택에 대해서도 다주택자 취득세 중과를 하겠다.'

'다주택자 취득세 중과를 완화해주겠다.'

위와 같은 규제 혹은 완화 정책이 나온다고 하면 공시지가 1억 원 이하를 향한 일방적 쏠림 현상이 줄어들 수밖에 없다. 또한 2020년, 2021년 공시지가 1억 원 이하 테마가 너무 큰 사랑을 받다보니 이제 웬만한 지방도시들도 2022년 기준으로 공시지가 1억 원을 초과하는 경우가 늘어나고 있다.

당신이 매수하고 2년 보유 후 일반과세로 매도하려고 하는 타이밍에 만약 해당 물건이 공시지가가 1억 원을 초과한 상태라면 실거주자에게만 팔 수밖에 없는 물건이 되고, 매력도가 그만큼 떨어질 수밖에 없다.

그럼 투자자라면 어떻게 해야 할까?

1. 무주택자

수도권, 광역시 조정지역 내 2020년부터 공시지가 1억 원을 갓 초과했던 물건을 매수하는 걸 추천한다. 이는 투자자들의 유입이 차단되었던 곳이기 때문에 입지대비 가격이 덜 올랐을 가능성이 높다.

특히, 다주택자 취득세 중과가 적용되었던 2020년 8월 시점에 비조정지역이었는데, 이후 조정지역에 추가되어 규제적용을 받게 된 지역들을 노려보자.

※ 조정지역으로 신규 지정된 수도권 : 2020년 11월 김포시, 2020년 12월 파주시, 2021년 8월 동두천시

해당 지역의 경우 1주택자들이 비조정지역에 주택을 추가 매수하여 2주택자가 되어도 취득세 1.1%에 2년 보유시 일반과세로 매도할 수 있는 장점이 있어 진입한 케이스가 많다.

예상치 못하게 2년을 채우지 못하고 조정지역으로 묶이게 되어 2년 보유를 하여도 양도세 중과 20%의 대상이 되어서 세금에 대한 부담이 커졌는데, 윤석열 대통령의 다주택자 양도세 중과 한시적 배제 타이밍을 놓치지 않고 일반과세로 매도를 추진할 가능성이 높다. 이때 급매물을 노려 매수를 한다면 좋은 타이밍을 잡을 수 있을 것이다.

🐼 리치판다의 조언

윤석열 대통령의 다주택자 양도세 중과 한시적 배제 기간에 다주택자 매물이 나올 확률이 높다. 반드시 2023년·5월 말 잔금 조건으로 매수를 노리기 바란다. 다주택자에게 있어 매년 6월 1일은 1년치 종부세, 재산세를 모두 납부하는 기준일이 된다.

다주택자에게 징벌적인 세금이 부여되지만, 무주택자인 당신에게는 공시지가 1.1억 원을 매수하면 1년 재산세는 17만 원 수준으로 크게 부담스럽지 않는 금액이다.

2. 1주택자

종부세 부담이 없는 1주택자의 경우 현재 비조정지역이면서, 2020년부터 공시지가 1억 원을 갓 초과했던 물건을 갭투자 하는 것이 유리하다. 가급적 서울로 출퇴근이 가능한 지역을 노리는 것이 좋다. 취득세도 1.1%고 2년 보유시 양도세 중과없이 일반과세로 매도할 수 있다는 장점이 있다.

🐼 리치판다의 조언

12억 원을 초과하는 고가 주택을 보유한 1주택자의 경우 12억 원 초과분에 대한 양도세를 내야 한다.

실거주와 보유를 오래하면 할수록 장기보유특별공제를 받을 수 있어 세금 부담을 줄일 수 있는데, 2주택자가 되면 장기보유특별공제를 받을 수 없다는 점을 꼭 명심해야 한다.

비조정지역 추가매수로 인해 종부세 부담이 커지거나, 장기보유특별공제를 못 받게 되는 것에서 오는 기회비용이 훨씬 클 수 있다.

3. 다주택자

현실적으로 취득세 12.4%를 감수하고 투자할 정도로 야수의 심장을 탑재한 투자자는 흔치 않다. 다만, 윤석열 대통령의 공약 중 다주택자 취득세 중과 완화가 현실화되는 타이밍에는 공시지가 1억 원을 갓 넘긴 전용면적 60m² 이하 물건은 급매물건을 노려볼 만하다.

공시지가 1억 원 갓 초과한 물건의 경우 취득세 중과가 완화된다면 절대적인 가격이 높지 않기 때문에 취득세를 줄일 수 있고, 임대사업자 제도 부활을 전제한다면 임대사업자 등록이 가능한 소형 평수를 매수하여 종부세, 양도세 부담을 줄이는 방법이 있다.

🐼 리치판다의 조언

초기에 공시지가 1억 원 이하를 매수하여 큰 수익을 본 다주택자들은 명확한 기준 하에 투자했다. 즉 '인구수 30만 이상 도시', '인구가 증가하는 도시', '향후 공급량이 부족한 도시', '전세가율이 높은 단지' 등에 투자했다.

하지만, 적은 투자금으로 큰 돈을 번 것에 기뻐하면서도 더 많은 투자를 하지 못한 것을 아쉬워한다. 그리고 스스로 정립한 기준을 벗어난 지역도 절대적 가격이 저렴하다는 이유 하나만으로 공격적인 투자를 이어간다. 이는 투자가 아닌 탐욕에 가까운 투기로 변질될 수 있다.

투자의 본질을 잃지 않기 위해 스스로 다잡고, 향후 가능성을 냉정히 검토하고 투자하기 바란다.

07
돈 한 푼 없이 서울 부동산 투자하는 방법

대상자 : 신혼부부, 1인가구, 다주택자
매수 타이밍 : 종부세 납입 전

서울은 정녕 돈 많은 사람들만의 리그일까? 서울에 내집 마련하기를 포기하는 청년들이 늘고 있다. 하지만, 잘 찾아보면 실거주를 하면서도 투자할 수 있는 물건이 있다.

투자금이 적은 투자자라면 공시지가 1억 원 이하 아파트를 서울에서 찾아보는 건 어떨까? '서울에 공시지가 1억 원 이하 아파트가 어디 있어?' 하고 반문할 분이 많겠지만 분명히 있다. 바로, 공시지가 1억 원 이하인 도시형생활주택이다.

도시형생활주택이란 무주택 서민과 1~2인 가구의 주거 안정화를 위해 2009년 정부가 도입한 소규모 주택이다. 300가구 미만이면서 1세대당 주거면적이 85m² 이하로 구성되어 있다.

도시형생활주택은 다주택 투자자들에게 외면받는 투자상품이다.

도시형생활주택 역시 공시지가 1억 원 이하면 취득세 1.1%로 매수 가능하지만, 주택 수에 포함되기 때문에 주택 수에 민감한 투자자들은 오피스텔 투자를 더욱 선호한다. 오피스텔의 기본 취득세가 4.6%인 상업시설이지만, 세입자가 전입신고를 하여 주거용 오피스텔이 될 경우 취득세, 양도세 중과 대상이 된다.

업무용 오피스텔, 오피스텔 분양권에 대한 투자 수요가 몰리며 오피스텔, 아파텔 투자는 테마를 형성했다. 하지만, 실질적인 가치로만 본다면 도시형생활주택은 발코니 확장이 가능한 아파트이기 때문에 공간 활용이 용이하다. 그동안 오피스텔에만 투자 수요가 몰리다보니 도시형생활주택은 주목받지 못하고 있다. 하지만 도시형생활주택은 초역세권에 위치하는 경우가 많아 실거주자 관점에서는 매우 인기가 있다.

매매가격은 1억500만 원 초반인데 전세가격은 1억2,000만 원인 역전현상을 보이는 경우도 종종 있다.

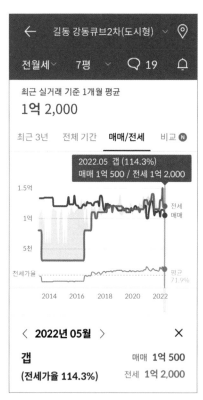

• 서울 업무지구 초역세권 전세 수요는 넘쳐난다.

공시지가 1억 원 이하 테마가 형성되었던 초창기와 같이 높은 전세가율을 활용하여 투자금이 적게 들어가는 투자처다. 다만, 현재 공시지가 1억 원 이하 테마로 접근하는 투자자의 경우 갭이 작은 것만 찾다보니 인구수가 감소하고 일자리도 많지 않은 지방 소도시까지도 투자영역을 확대하고 있다. 어디까지 투자 열기가 이어질지 모르지만, 타이밍을 잘못 잡는다면 큰 손실을 볼 수 있다.

반면, 서울 도시형생활주택의 경우 최악의 경우 내가 실입주하여 버틸 수 있는 힘이 있기 때문에 1인가구 신혼부부가 노려볼 수 있는 투자 방법이다.

매매가격이 오랜 기간 하락만 하고 있기 때문에 선뜻 진입하기가 쉽지 않을 것이다. 하지만, 윤석열 대통령의 공급정책과 서울 2040계획을 미루어 보면 재건축, 재개발, 리모델링, 가로주택정비사업 등 동시다발적 개발이 진행될 예정이며 이로 인해 저렴한 빌라들의 멸실이 점점 가속화될 것이다.

또한, 이재명 후보의 대선공약에는 양질의 공공임대 아파트를 대거 공급하겠다는 계획이 있었지만, 윤석열 대통령의 공약에는 공공이 아닌 민간 주도로 임대아파트를 공급하겠다는 전략이다.

임차인의 입장에서 봤을 때는, 사실 값비싼 민간임대아파트보다 공공임대아파트가 훨씬 더 매력적일 수밖에 없다. 이제 서울 내 공공임대아파트 신규 공급이 줄어들게 되고, 서울 내 저렴한 주택에 거주하고 싶은 수요는 여전하기 때문에 도시형생활주택은 투자자뿐 아니라 실거주자들의 수요도 증가할 것으로 예상된다.

리치판다의 조언

건물은 하나인데 1~6층은 오피스텔, 7~12층은 도시형생활주택으로 혼재되어 있는 경우가 종종 있다. 건물 외관을 보면 전혀 다른 점이 없고, 내부 구조도 차이가 없지만 개발업자의 입장에서 볼 때는 이렇게 섞어서 공급하면 투자수익을 극대화할 수 있다는 장점이 있다.

이 경우, 오피스텔의 가격과 도시형생활주택의 가격을 함께 비교해서 보면 좋다. 주택 수에 포함되지 않는 오피스텔의 가격이 비싼 것에 비해 주택 수에 포함되는 도시형생활주택의 가격이 현저히 싸다면 물건의 실질적 가치는 높은 곳에 위치한 도시형생활주택이 더욱 좋기 때문에 저렴하게 매수할 수 있다.

매년 5월 말까지 종부세 부담이 큰 다주택자의 급매물이 속출하는 경우가 있으니, 매도자의 상황을 잘 활용할 수 있으면 급매가격으로 서울에서 내집 마련을 할 수 있을 것이다.

08
공포장을 노려 급매를 잡는 타이밍 투자

대상자 : 무주택자, 1주택자, 다주택자, 공격적인 투자자
매수 타이밍 : 조정지역 해제, 미분양관리지역 선정

대구의 경우 2011년 인구 251만 명으로 정점을 찍은 후 지속적으로 인구가 감소하고 있다.

반면, 대구는 인구수 대비 적정인구 지난 35년간 공급물량을 검토해보면, 10년을 제외한 25년간 인구수 대비 높은 공급이 지속되고 있다. 특히 문재인 정부의 부동산 상승장과 맞물려 대구 구도심의 재건축, 재개발 사업이 지속적으로 추진되고 있어, 2020년 이후 연일 최대 공급이 쏟아지고 있다.

대구는 2022년 광역시 중 유일하게 가격이 지속 하락하고 있는 지역이고, 미분양 추이도 점차 증가하고 있다

대구는 2021년 3월 미분양 153건으로 준수한 수준이었지만, 2021년 4월 897건으로 증가하기 시작한 이후 지속적으로 상승하고 있으

APT 미분양 추이　　　　　　　　　※ 출처 : 국토부

분양을 했으나 분양되지 않은 주택 수를 시기별로 확인해 보세요.

| 대구 ▼ | 시/구/군 ▼ |

2022/3
미분양(가구 수) : 6,572

가구 수

2019/8　2020/1　2020/6　2020/11　2021/4　2021/9　2022/2

● 대구 월단위 미분양 현황

며, 2022년 3월 기준 6,572건을 보이고 있다. 가파른 상승세가 분명하지만, 사실 대구 시장의 경우 2008년 6월~2009년 4월까지 근 1년간 2만 건이 넘는 미분양 사태를 기록한 바 있다.

아직 미분양 수치가 심각한 수치는 아니지만, 앞서 언급한 바와 같이 재건축, 재개발 사업이 지속 추진되고 있기에 앞으로도 예정된 분양 물량이 상당히 많아 대구의 미분양 사태는 장기화될 가능성이 높다.

지역 내 대장이 되는 신축아파트의 미분양 사태는 인근 구축아파트의 시세도 하락하게 만든다. 또한, 준공 후 입주 시점에는 양질의 주

382　2부 실전 투자, 이렇게 한다

택이 대량 공급되어 전세가격도 동반 하락할 가능성이 높다.

결국 대구시를 보면 부동산 시장은 수요와 공급의 원칙에 따라 움직임을 깨달을 수 있다.

앞서 동두천시 사례의 경우 조정지역에서 비조정지역으로 해제되었을 때 투자 타이밍이 올 수 있다고 말했는데, 대구의 경우에는 비조정지역으로 해제된다 해도 본질적으로 공급량이 감소하지 않기 때문에 섣불리 진입했다가는 오랜 기간 고통받을 수 있다.

많은 전문가는 대구 지역이 조정을 넘어서 하락장에 진입했다고 판단하고 있고, 한번 하락장에 진입한 이상 몇 년간은 꾸준히 하락할 수 있다고 본다. 그럼 투자자 입장에서는 대구를 투자대상 지역에서 제외해야 할까?

윤석열 대통령 시대 공약에 담긴 250만 호 공약이 현실화된다면 대구 부동산 시장의 움직임이 미래 수도권 시장의 움직임이 될 수 있으니 지속적으로 관심 갖고 지켜봐야 하며 절대적으로 저렴한 가격에 매수를 하고 싶은 투자자에게는 대구 부동산 시장에서 좋은 기회를 찾을 수 있다.

이를 위해서는 2가지 전제조건이 성립되어야 한다.

1. 대구의 조정지역이 해제되어야 한다.

대구는 보수의 텃밭과 다름없는 상징성을 지닌 지역이다. 2022년 6월 1일 새로운 대구시장이 선출되었으니 조정지역 해제와 관련된 움직임이 있을 것으로 보인다.

2. 미분양 사태가 장기화되어 대구가 미분양 관리지역으로 지정되어야 한다.

미분양 관리지역으로 지정되면 분양보증발급을 위한 예비심사 또는 사전심사단계가 추가하여 신규 분양의 공급을 감소시킬 수 있게 된다. 즉, 지자체에서 공급에 대한 완급을 조절할 수 있게 된다는 의미이고 대구 과공급 사태가 장기화되는 걸 막아줄 수 있다.

미분양은 쌓여가고, 투자 심리는 위축되고 부동산 가격이 지속적으로 하락하면 어떤 일이 벌어질까? 재개발 사업을 추진하는 지역주민들은 미분양에 대한 두려움, 걱정으로 힘겨운 나날을 보내게 되고, 재개발사업을 반대하는 세력이 증가하여 사업 추진이 어려워질 가능성이 높다.

여기에서 투자 기회를 찾을 수 있다. 대구광역시 홈페이지에 접속하여 '대구재개발'이라고 검색하면 '정비사업 추진현황'이라는 첨부파일을 다운로드 받을 수 있다. 100% 신뢰할 수 있는 데이터는 아니겠지만, 대구 내 재건축, 재개발 등 여러 사업구역에 대한 상세한 정보를 확인할 수 있다.

시도	인허가름	구역변호 (2000기준)	구역/사업/단지명	위치		구역/ 대지면적 (㎡)	해제구역 사업유형 (2000개)	용도 지역	기준 용적률	추진 단계	추진 실 적 (일 정)																					
				동	지번						정비예정구역 고시일			정비구역지정			추진위원회 구성승인			안전진단			조합설립인가			사업시행인가			관리처분 계획인가		
											년	월	일	년	월	일	년	월	일	년	월	일	년	월	일	년	월	일	년	월	일
대구	중구	중구-10-15	북성로2구역	대안동	21-15	26,376	재개발	중심	600%	2	2006	6	12										2009	1	13						
대구	중구	중구-10-30	동인12-1지구	동인동3가	88	26,713	재개발	2종	220%		2006	6	12	2011	9	14	2006	11	6							2014	7	18	2018	4	17	2019 2
대구	중구	중구-10-35	동산3가	동산동3가	192	66,702	재개발	3	220%		2006	6	12	2014	12	22	2006	7	14							2016	12	27	2020	7	24	
대구	중구	중구-10-36	동인4가 7블	동인동4가	139-1	18,194	재개발	2종	220%	2	2006	6	12	2018	11	20	2006	7	27							2021	4	2				
대구	중구	중구-10-38	동성22구역	동인동4가	162	51,417	재개발	3종	250%	3	2006	6	12				2006	8	1													
대구	중구	중구-10-39	삼덕동3가	삼덕동3가	222	43,476	재개발	2종	220%	3	2006	6	12				2006	7	14													
대구	중구	중구-10-40	대봉1-2지구	대봉동	55-3	17,989	재건축	중심	600%		2006	6	12	2006	9	11	2006	7	1	2005	11	4	2006	11	6	2007	10	10	2021	5	
대구	중구	중구-10-41	대봉1-3지구	대봉동	55-66	15,153	재건축	중심	600%		2006	6	12	2007	10	30	2006	8	14	2007	1	8	2008	3	28	2016	6	14	2018	2	
대구	중구	중구-10-47	명륜지구	남산동	452-1	46,330	재개발	준주 /100%	3	2006	6	12	2016	2	22	2006	7	1							2020	6	12				
대구	중구	중구-10-49	대남지구	남산동	257	56,490	재개발	5종	250%	3	2006	6	12				2006	7	28													
대구	중구	중구-10-52	남산4-5지구	남산동	2478	65,805	재건축	5종	250%		2006	6	12	2010	5	31	2007	1	29							2014	6	20	2017	5	8	2018 2
대구	중구	중구-10-56	서문지구	대신동	1021	61,630	재개발	5종	250%	2	2006	6	12	2019	2	28	2006	12	20							2020	12	11				
대구	중구	중구-10-64	역산4	역산동	253	7,289	재개발	중심	600%		2006	6	12				2007	1	16													
대구	중구	중구-20-68	대신동	대신동	744	26,870	주거환경	5종	250%	3	2013	4	1																			
대구	중구	중구-20-70	봉산동(중구70)	봉산동	168-107	16,368	재개발	250% /100%	3	2018	12	31	2021	12	10																	

● 정비사업 추진현황

　데이터를 분석해본 결과 대구 재개발, 재건축의 경우 예정구역만 100개가 넘어가고, 조합설립과 함께 막 시작하는 단계인 곳도 20여 곳이 넘었다.

　아마 미분양관리지역으로 지정이 된다면 사업초기 단계의 대다수 사업지는 사업이 중단되거나 연기될 가능성이 높다. 다만, 이미 사업이 상당 부분 추진되고 있는 사업시행인가, 관리처분인가가 난 곳들은 우여곡절이 있을 수 있지만 사업이 계속 진행될 가능성이 있다.

　현재 대구 재개발, 재건축 사업지 중 착공 단계 35개 구역을 분석해본 결과 이런 내용을 알 수 있었다.

　- 조합설립인가 후 일반분양까지 평균 7.5년 소요
　- 사업시행인가 후 일반분양까지 평균 3.5년 소요
　- 관리처분인가 후 일반분양까지 평균 2년 소요

결국 현재 사업시행인가 단계인 대구 재개발구역의 경우 대구 부동산 시장 분위기가 좋지 않은 상황임을 감안하면 4년이상 뒤에 일반분양을 할 확률이 높고, 준공시점은 7~8년 정도 뒤인 2030년쯤 입주할 가능성이 있다.

대구의 과공급에 따른 미분양 사태가 장기화될수록 현재 사업시행인가 상태의 대구 재개발의 가격이 크게 흔들릴 수 있다.

실제로 서울 왕십리뉴타운2구역 텐즈힐의 경우 미분양이 장기화되며 2013년 할인분양 등으로 조합원들의 손실이 커졌고, 입주를 앞둔 시점에 조합원 가구당 추가분담금이 1억 원 이상 증가하여 홍역을 치른 사례가 있다.

또한, 서울 재개발 북아현 1-3구역(e편한세상신촌)의 경우 역시 미분양에 대한 우려로 2014년 1월 감정가대비 4,000만 원 떨어진 마이너스 프리미엄에 급매물을 내놓은 조합원들도 있었다. 즉, 일반분양 시점에 부동산 시장의 분위기에 따라 홍행 성적이 갈리게 되고, 이미 이주 및 철거가 진행된 뒤에는 되돌릴 수가 없기 때문에 조합원들은 울며 겨자 먹기로 사업을 추진할 수밖에 없다. 미분양이 두려운 조합원은 공포심에 급매로 조합원입주권을 매도하는 사태가 발생한다. e편한세상신촌의 경우 2014년 1월 59타입 조합원 물건을 급매로 매수했다면 3억 원대에 59타입 입주권을 매수했을 것이고, 2022년 현재는 15억 원대에 거래되고 있다. 즉, 대구 재개발 원주민의 공포가 극에 달한 시점에 마이너스 프리미엄으로 급매가 나온다면, 재건축, 재개발 인허가 추이 등을 감안하여 공포장에 선진입하는 것도 투자 타이밍이라 할 수 있을 것이다.

미분양 사태 장기화는 다음 사이클의 공급 부족을 가져다줄 것이 분명하고, 다음 사이클에 신축으로 공급되는 몇몇 단지의 경우 희소성에 따른 프리미엄이 형성될 것이다. 결국, 동두천시와 대구시의 경우 조정지역 해제라는 공통된 트리거가 발생할 경우 관심 갖고 주목해야할 시장이지만, 각 도시의 사정에 따라 매수 타이밍과 투자상품이 달라질 수 있음을 기억해야 한다.

🐼 리치판다의 조언

영원한 상승장도 영원한 하락장도 없다. 다만, 다른 지역은 상승장인데 내가 살고 있는 지역만 하락장이 지속된다면 상실감을 넘어 공포를 느끼게 된다. 공포심은 군중과 함께 있을 때 더욱 더 깊숙이 전파된다. 타 지역 사람들이 생각하는 대구시장과 현지에 사업을 추진하는 조합원들이 체감하는 부동산 시장의 분위기는 크게 다를 수밖에 없다.
준비된 투자자라면 공포심에 충분히 대우받으며 매수를 결정할 수 있을 것이다.

09
윤석열 대통령 시대, 이런 투자는 주의하기 바란다

윤석열 정부의 부동산 시장은 철저한 양극화와 차별화 장세가 펼쳐 진다 했는데, 그럼 사지 말아야 될 부동산도 있지 않을까? 그동안 많은 사랑을 받았던 투자처이지만 새 정부 시기에는 주의해서 투자해야 되는 부분을 이야기해보려 한다.

해당 분야 투자를 절대로 하지 말라는 것은 아니며, 예상치 못한 변곡점이 가능성이 있으니 해당 분야를 전문적으로 투자한 경험자가 아니라 다른 사람들의 말을 듣고 투자하려는 사람은 유의했으면 좋겠다.

1. 신축빌라

서울 집값이 너무 비싸다 보니 많은 사람이 서울에 내집 마련을 하기 위해 고민하는 곳 중 하나가 빌라다. 최근 많이 공급되고 있는 신축빌라는 내부가 신축아파트 못지 않게 화려하다. 고급 인테리어가 적용되어 있으며, 최신 가전제품을 완비하고 있어 모델하우스를 매수하는 기분이 들기까지 한다.

하지만, 개인적으로 봤을 때 부동산 상승장이 지속되면서 빌라도 상승세다 보니 최근 개발업자들이 대규모 신축빌라를 공급하고 있는 점이 불안 요소라 생각한다.

신축빌라 공급이 많아지다보니, 분양사무소, 컨설팅업체, 공인중개사가 협업하여 분양을 성사시키기 위해 조직적으로 움직인다. '한 채 팔면 1,000만 원' 이런 식으로 개발업자에게 수수료를 받아가는 구조다.

신축빌라를 추천하는 사람들은 신축빌라의 장점을 장황하게 설명하는데, 상식적으로 그렇게 진짜 좋은 물건을 생전 처음보는 사람에게 주는 게 오히려 이상하지 않은가? 정말로 특별한 사정에 의한 급매물이라면 취득세 중과를 맞는 한이 있더라도 직접 매수를 하는 게 맞지 않을까?

지금 판매중인 빌라가 비싸고, 안 팔리니까 이 사람 저 사람 다 동원해서 팔기 위한 마케팅이 치열한 것이다. 또한, 신축빌라를 매수하게 되면 분양 완판을 시킨 개발업자들은 칼같이 떠나 버린다.

신축빌라의 경우 겉은 멀쩡하고 화려한데, 집안 혹은 공용부 공간에서 하자가 발생하는 경우가 많은데, 이때 빌라업자들은 이미 최고가에 판매하고 떠난 뒤이기 때문에 제대로 된 하자보수 및 유지관리가 쉽지 않다.

최근 지인이 엘리베이터가 있는 고급 신축빌라를 매수했는데, 엘리베이터가 고장 나고, 엘리베이터 바닥에는 물이 고이는 심각한 상황이 벌어졌는데 개발업자는 이미 연락처가 바뀌고 현장에서 철수한지 오래였다. 사람들끼리 울며 겨자 먹기로 돈을 모아 엘리베이터를 수리하려고 했는데, 2층, 3층 저층에 있는 사람들은 수리비 부담이 부담스러웠었는지, 이정도 불편은 감수할 수 있다며 엘리베이터 수리에 반대의사를 보였다. 편하자고 설치한 엘리베이터가 흉물이 되어버렸고 동시에 주민 간 마찰도 유발하는 경우다. 관리자가 없는 소규모 빌라의 경우 시간이 흐를수록 상태가 나빠질 수 있음을 인지해야 한다.

만약 당신이 대출받기가 두려워 전액 현금으로 빌라를 매수하려 한다면 차라리 대출을 받아 아파트를 사라고 권유하고 싶다. 아파트는 1980년대 대규모 공급이 이뤄지기 시작했다. 1기 신도시가 대거 공급된 시기인 1990년대에 태어난 사람들의 경우 빌라와 단독에서 거주해본 적이 없는 사람들이 있고, 이런 아파트형 삶을 산 사람들은 시대가 흐를수록 더욱 많아진다.

즉, 신축빌라를 매수했다가 신축의 빛이 점점 사라지게 되어 애매한 연식이 되었을 때, 예쁘지 않은 빌라를 매수해줄 투자자, 실거주자가 없을 수 있다. 거래 자체가 성사되기 힘들다는 이야기다.

특히, 최근처럼 부동산 상승장에 힘입어 너나 없이 신축빌라가 공급되고 있는 사태를 감안한다면 빌라 공급은 지속적으로 늘고 있는데, 수요가 많지 않아 매매가 상승이 제한될 여지가 다분하다.

내가 살 때는 분명 인근에서 최고였던 신축빌라였는데, 2~3년만 지나도 헌 집이 되어 버린다. 아파트 신규 공급은 제약이 많아 어렵지만, 빌라 신규 공급은 어렵지 않기 때문에 나의 빌라 인근에 더 나은 조건과 옵션의 빌라들이 추가 공급될 수 있다는 점을 잊지 말아야 한다.

특히, 최근 빌라 공급이 늘어나다보니 전세보증보험제도를 악용한 사기행위가 기승을 부리고 있다. 빌라 업자는 신축빌라를 2년치 이자를 지불하고 고가에 전세계약을 체결한다. 전세대출이나 보증보험에 가입되어 있기 때문에 비싼 가격으로 전세계약을 체결해도 피해볼 게 없다고 전세입자들을 유혹한다.

전세입자는 뭔가 이상하다고 생각하면서도 공짜로 새집에 살 수 있으니 주위 매매시세보다 높은 가격에 전세계약을 체결하고 거주한다. 개발업자들은 높은 전세금을 받고 또 다른 개발을 하거나, 빌라를 매수하려는 사람들에게 '플피', '마피'로 급하게 매도한다고 유혹하여 비싸게 빌라를 매도하고 있다.

세입자가 전세금 3억 원에 거주하고 있다고 해서 그 빌라의 본질적 가치가 최소 3억 원이 되는 건 아니라는 것이다. 해당 물건을 내 돈 한 푼 들이지 않고 3억 원에 매수했다고 좋아했다가는 훗날 땅을 치고 후회할 수 있다.

🐼 리치판다의 조언

신축빌라를 사지 않았으면 하지만, 누군가는 신축빌라를 꼭 사야만 하는 사람들도 있을 것이다. 그런 사람은 분양사무소 직원이나 인근 공인중개사의 말만 믿지 말고, 반드시 직접 주위 시세를 검증해본 뒤 판단해야 한다.

아파트 가격은 네이버 부동산에 조금만 검색해도 과거 거래 히스토리 등을 모두 확인할 수 있어 비교적 투명한 거래가 가능하지만, 신축빌라의 경우 거래내역도 없고, 네이버 부동산으로는 이미 거래된 빌라의 가격 히스토리를 찾아보기 힘들다. 빌라, 상가 등 아파트 외 거래를 확인할 때는 '디스코' 앱을 활용해 보기 바란다.

● '디스코'로 확인할 수 있는 부동산 유형

해당 매물의 주소지만 알고 있으면, 해당 건물의 과거 거래내역과 매물을 확인할 수 있다. 신축빌라의 경우 과거 히스토리 확인이 어려운데, 주변 유사 거래를 활용하여 적정가격을 유추해낼 수 있으니, 반드시 빌라, 단독주택, 상가 등 거래 전에 주위 시세를 검증해보기 바란다.

● 주변 물건의 시세를 검토해볼 수 있다.(출처: 디스코)

2.공시지가 1억 원 이하 투자

공시지가 1억 원 이하 테마는 2020년 8월 다주택자, 법인 취득세 강화 규제와 함께 최고 전성기를 맞이했다. 내가 강의를 하거나 투자 상담을 할 때 가장 많이 듣는 질문 중 하나가 공시지가 1억 원 이하 투자다.

투자금액이 적게 들지만, 높은 전세 레버리지를 활용하여 큰 수익을 벌 수 있기에 매력적인 투자처가 맞다. 또한, 철저히 투자자의 힘으로 가격을 들어올리는 투자법이기 때문에 단기간에 가격상승폭이 경이로울 정도다.

• 클릭 몇 번 만으로 전국의 갭투자 증가지역과 갭투자율을 쉽게 파악할 수 있다.(출처: 아실)

태어나서 한 번도 가본 적 없는 지역의 낡은 아파트들의 거래량이 폭발적으로 증가하는 것은 우리가 투자에 대한 판단을 하기 위해 이용하는 프롭테크 앱을 활용하는 사람들이 늘기 때문이다.

최근 3개월 내 갭투자 증가지역 1위는 천안시에 있는 초원그린타운 아파트다. 1998년에 지어진 애매한 연식의 아파트이지만, 공시지가 1억 원 이하 아파트가 4,000세대가 넘는 대단지이며 단일평형으로 이루어져 있어 가격비교가 용이하다는 장점이 있다. 또한, 매매가격이 1억 원이 되지 않아 투자에 따른 부담감이 적어 많은 투자자가 매수에

• 2020년 8월 이후 매매가격과 거래량이 급속도로 증가했다.

동참하고 있다.

초원그린타운은 2014년에 정점을 찍고, 무려 6년간 시세가 하락했다. 그후 2020년 8월 공시지가 1억 원 이하 테마와 함께 가격이 폭발적으로 증가했지만 최근 부동산 시장이 주춤하면서 매매가격이 조금씩 꺾이는 모양새다.

특히, 2020년부터 2021년 초반에는 매매와 전세 갭이 붙어 있어 투자금이 거의 들지 않는 투자처였는데, 현재는 매매가격이 오른 만큼, 전세가격이 오르지는 않아 투자금액이 조금씩 늘어나는 추세다. 또한, 일부 매물이 나오고 있어 가격도 조정을 받고 있고 평균거래가격보다 낮은 매물도 많이 늘어나고 있다.

최근에 거래된 초원그린아파트의 거래 히스토리를 확인해보았다.

계약	일	경과	체결가격	타입	거래 동층
109동 71*호					동,히스토리 삭제
22.04.22	전세		8,000만		
		3개월 -			
22.04.22	매매		9,300만		
		3개월 +300만↑			
22.01.27	전세		8,000만		
22.01.27	매매		9,000만		
		0개월 -			
22.01.26	매매		9,000만		
		4년 3개월 +950만↑			
18.01.03	월세		500만/35만		
17.10.19	매매		8,050만		

● 2022년 한 해에만 5번의 거래가 이루어졌다.

복잡한 사연이 있겠지만, 단기간에 거래가 5번 이루어졌다. 사실상 공인중개사 수수료, 취득세 등 거래비용을 감안하면 남는 투자라 보기 어렵다. 또한, 개인명의 거래시 1년 이하 투자를 통한 수익의 양도세는 77%를 납부해야 하는 만큼, 사실상 실패한 투자라 볼 수 있다.

공시지가 1억 원 이하 투자는 주식 매매하듯이 단타로 투자하는 경향이 크다. 근데 투자자라면 명심해야 될 부분이 있다. 이미 2020년 8월~2020년 12월 사이 6,000만 원 초반에 선진입해 있는 투자자들이 많다는 점이다. 2022년 8월~2022년 12월 사이 해당 물건은 투자기간 2년을 채우게 되고, 다주택자라 할지라도 일반과세로 매도가 가능하게 된다.

즉, 공시지가 1억 원 이하 투자가 돈이 될 것이라는 걸 깨닫고 미리 움직였던 다주택자들의 이익실현 매물이 앞으로 쏟아질 수도 있다는 점을 반드시 명심해야 한다.

나처럼 1~2채 정도 소량으로 경험을 위해 투자한 케이스도 있겠지만, 공격적인 투자자나 법인투자자들의 경우 적은 갭을 활용하여 수십채를 매수한 투자자도 많다.

2021년 국감자료에 따르면 개인 명의 269채, 법인은 1,978채를 매수했다고 하니 공시지가 1억 원 이하 테마에는 큰손들도 있다는 점을 잊지 않기 바란다.

투자자라면 꼭 기억해야 할 부분이 종부세다. 투자금은 매우 적게 들어가는 투자상품이다 보니 투자금 1억 원으로 20채 이상을 매수할 수 있었다. 다만, 해당 공시가격을 모두 합산하면 10~20억 원 정도일 것이고, 이는 본인거주 주택을 포함시에는 20~30억 원 이상으로 높아질 수 있다. 매해 부담해야 되는 종부세가 적지 않다는 뜻이다.

시세차익이 이미 많이 난 상태이기 때문에 당장은 버틸 수 있겠지만, 일반과세로 매도할 수 있는 기회가 왔을 때 이익 실현할 가능성이 높다고 생각한다. 실제로 윤석열 정부의 부동산 시장은 비정상화의 정상화가 핵심이기 때문에 풍선효과로 활활 타올랐던 공시지가 1억 원 이하 테마투자보다 매력적인 투자처가 많다는 걸 잊지 말아야 한다.

리치판다의 조언

투자자라면 이미 상승 에너지를 뿜어낸 곳을 따라서 추격 매수하는 건 조심해야 한다. 초기에 공시지가 1억 원 이하 매물을 선점했던 투자자들의 다음 행보를 예측하고 미리 움직여야 한다. 앞서 말했듯이 다주택자 취득세 중과 완화, 임대사업자 제도 부활이 현실화된다면, 다주택자들은 그동안 투자하고 싶어도 규제 때문에 할 수 없었던 앞서 추천했던 형태의 물건들을 매수할 확률이 높다.

당신이 투자자라면 쫓기듯이 투자하기보다 시장을 분석하고 예측하여 미리 선점하고 기다릴 줄 아는 투자가가 되어야 한다.

3. 아파텔, 생활형숙박시설 분양

주택이지만 저평가되어 있는 곳에 투자를 하는 공시지가 1억 원 이하 투자 기법이 있다면, 반대로 주택 수에 포함되지 않는 이점을 활용한 아파트 대체 투자상품도 폭발적인 인기를 끌어왔다. 분양권 전매가 가능하고, 주택 수에 포함이 되지 않고, 대출도 자유로운 등 여러 혜택을 등에 엎고 있다 보니 분양가 상한제 적용을 받지 않은 고분양가의 아파텔, 생활형숙박시설이 공급되고 있다.

대부분 위와 같은 상품에 투사하는 투사자의 경우 실거주할 마음은 없이 순수 투자 목적인 경우가 많다. 투자는 하고 싶은데 명의가 없다 보니, 이런 투자상품을 분양 받았다가 입주전에 프리미엄을 받고 매도할 계획을 세운다.

대부분의 투자자들이 비슷한 생각을 갖고 있다 보니 청약경쟁률은 1,000대 1을 넘어가는 경우가 빈번하다. 실제로 청약에 당첨되었다가 계약을 하지 않아도 패널티가 없기 때문에 재미 삼아 분양권을 넣는 경우도 있고, '계약하고 바로 프리미엄을 받고 매도할 수 있지 않을까' 하는 기대감에 청약을 넣는 경우가 많다. 이로 인해 아파트 청약의 경우 철저히 실수요자 위주로 구성되지만, 오피스텔, 생활형숙박시설의 경우 상당히 많은 허수가 포함된 수치임을 잊지 말아야 한다.

앞으로 윤석열 정부의 규제완화, 공급정책이 현실화된다면 아파트 대체제로 각광받았던 투자상품의 매력도는 그만큼 떨어질 수 있음을 생각하여 보수적인 관점으로 접근해야 한다.

아파텔 모델하우스를 가면 모두가 하는 말이 있다.

"아파트랑 똑같은데?"

"너무 살기 좋아 보이는데?"

아파트와 똑같이 만들 수 있겠지만, 아파트가 보유하는 대지지분 만큼 오피스텔은 갖지 못한다. 즉, 연식이 오래될수록 아파트는 높은 대지지분을 기반으로 재건축을 통해 다시 태어날 수 있지만, 오피스텔의 경우 감가상각만 일어날 수 있는 점을 기억해야 한다.

아직도 부동산 투자를
고민하는 분들에게

이 책을 다 읽었다는 건 당신이 재테크에 강한 열망이 있다는 증거일 것이다. 그런데 당신은 열망만 강한 사람인가? 아니면 실행력도 겸비한 투자자인가?

당신이 이 책을 읽고 투자자로 다시 태어나기로 결심한다면 너무 조급하게 생각하지 않았으면 좋겠다. 늦게 시작했다는 초조한 마음에 준비가 덜 된 상태로 쫓기듯 투자를 하는 우를 범하지 않길 바란다.

결코 늦지 않았다. 매일 공부하고 올바른 가치관을 쌓아가며 준비한다면 반드시 실패하지 않는 좋은 투자처를 찾을 수 있다고 확신을 갖길 바란다.

열심히 공부하고 투자를 하다 보니, 나는 어느 순간 목표를 달성했다는 걸 깨닫게 되었다.

처음에는 성취감과 뿌듯함으로 의기양양했는데, 이내 공허함과 무료함이 밀려들었고, 투자에 대한 열정은 나태함으로 변질되어 버렸다. 삶에 대한 열정과 자신감을 되찾기 위해 난 새로운 목표를 찾아 헤맸고, 워런 버핏을 통해 새로운 목표를 설정할 수 있었다.

91세인 워런 버핏은 재산이 133조 원이 넘고 부와 명성으로는 이미 정점을 찍은 투자자다. 그런데도 그가 계속 투자를 하는 이유가 뭘까?

나 역시 투자를 시작하기 전에는 워런 버핏이 왜 아직까지 그렇게 열심히 일하는지 이해할 수 없었다. 하지만, 이 책을 마무리하는 지금, 워런 버핏의 마음을 조금 이해할 수 있을 것 같다.

투자라는 일 자체가 너무 즐겁고 행복해서 계속하는 것 아닐까?

나의 첫번째 새로운 목표는 '실패하지 않는 투자를 지속하며 투자자의 삶을 평생 즐기기'다. 큰 수익만 바라는 욕심을 부리지 않는다면, 하락장이 와도 투자자로서 투자시장에서 활동할 수 있다고 믿는다.

워런 버핏이 위대한 투자자로 추앙받는 이유는 세계 최고 부자이면서 '자산의 99%를 기부하겠다'고 선언했고, 실제로 왕성하게 기부활동을 하기 때문이다.

나의 두번째 목표는 나눔이다. 부끄럽게도 아직 기부를 실천하고 있지는 못하지만, 나의 투자 경험과 지식을 나누기 위해 꾸준히 노력하고 있다. 부디 당신의 투자 인생에서 내가 하는 이야기가 작은 도움이 되었으면 좋겠다.

투자자의 삶은 한편으로는 외롭고 고된 길이다. 성과가 나오기 전까지는 자신감도 떨어지고, 내가 걷는 이 길이 맞는지 확신이 들지 않고 불안하기도 하다. 현재의 삶을 즐기는 지인들과의 만남이 지속될수록 이 책을 읽으며 느꼈던 강한 의지와 동기부여가 눈 녹듯이 사그라질 수 있다. 따라서 당신에게는 한발 앞서 투자자의 길을 개척해가는 선배가 필요하고, 지치고 힘들 때 함께 공동의 목표를 향해 달려가며 힘내라고 응원해줄 동료가 필요하다.

투자자로 성장하고 싶은가? 실패하지 않는 투자를 하고 싶은가? 지치지 않고 즐겁게 투자 생활을 지속하고 싶은가?

네이버 카페 '재테크 지금 바로 시작'에서 리치판다와 많은 투자 동료들이 당신과의 만남을 기대하고 있다.

나는 앞으로도 투자자로서 당신의 곁에서 함께 성장할 것을 약속한다. 부디 당신이 소비자의 삶에서 벗어나 투자자의 삶을 살길 진심으로 기원한다.

이제 당신이 용기 낼 차례다. 투자자의 삶, 지금 바로 시작하기 바란다.

절대 실패하지 않는 부동산 투자

초판 1쇄 발행 2022년 6월 29일

지은이 리치판다

책임편집 최보배
디자인 Aleph design

펴낸이 최현준
펴낸곳 빌리버튼
출판등록 제 2016-000166호
주소 서울시 마포구 월드컵로 10길 28, 202호
전화 02-338-9271 | **팩스** 02-338-9272
메일 contents@billybutton.co.kr

ISBN 979-11-91228-12-0 03320
© 리치판다, 2022, Printed in Korea